全国中等职业学校汽车类专业通用教材

全国技工院校汽车类专业通用教材（中级技能层级）

汽车材料

（第四版）

人力资源社会保障部教材办公室　组织编写

中国劳动社会保障出版社

简介

本书主要内容包括汽车燃料、汽车润滑材料、汽车工作液、汽车轮胎、汽车美容与装饰材料、黑色金属材料及其在汽车上的应用、有色金属材料及其在汽车上的应用、非金属材料与复合材料及其在汽车上的应用、汽车电工材料等。

本书由刘涛担任主编，李颖担任副主编，公茂金、柏玉川、张丹丹、刘晓倩、王芳参加编写。

图书在版编目(CIP)数据

汽车材料/人力资源社会保障部教材办公室组织编写.--4版.--北京：中国劳动社会保障出版社，2020

全国中等职业学校汽车类专业通用教材 全国技工院校汽车类专业通用教材：中级技能层级

ISBN 978-7-5167-4589-2

Ⅰ.①汽… Ⅱ.①人… Ⅲ.①汽车-工程材料-中等专业学校-教材 Ⅳ.①U465

中国版本图书馆CIP数据核字(2020)第142965号

中国劳动社会保障出版社出版发行

(北京市惠新东街1号 邮政编码：100029)

*

北京市艺辉印刷有限公司印刷装订 新华书店经销

787毫米×1092毫米 16开本 13.75印张 266千字

2020年10月第4版 2021年12月第3次印刷

定价：27.00元

读者服务部电话：(010)64929211/84209101/64921644

营销中心电话：(010)64962347

出版社网址：http://www.class.com.cn

http://jg.class.com.cn

前　言

为了更好地适应中等职业学校汽车类专业教学要求，全面提升教学质量，人力资源社会保障部教材办公室组织有关学校的骨干教师和行业、企业专家，在充分调研企业生产和学校教学情况、广泛听取教材用户反馈意见的基础上，对全国中等职业学校汽车类专业通用教材进行了修订。本次修订的教材包括：《汽车文化（第二版）》《英语（第三版）》《机械识图（第四版）》《机械基础（第四版）》《电工与电子技术基础（第四版）》《汽车材料（第四版）》《钳工技能训练（第四版）》《汽车驾驶技术（第四版）》《汽车维修企业管理（第二版）》等。

本次教材修订工作的重点主要体现在以下几个方面：

第一，贯彻最新教学计划、教学大纲及国家职业技能标准。

根据人力资源社会保障部颁发的《技工院校汽车维修专业教学计划和教学大纲（2015）》《技工院校汽车电器维修专业教学计划和教学大纲（2015）》《汽车修理工国家职业技能标准（2014年修订）》对相关内容进行了修订。

第二，根据岗位需求和科学技术发展，合理更新教材内容。

根据汽车类专业毕业生所从事岗位的实际需要和教学实际情况的变化，合理确定学习目标，对教材内容的深度、难度做了适当调整，同时注重综合职业能力的培养。根据相关专业领域的最新发展，在教材中充实新知识、新技术、新材料、新工艺等方面的内容，体现教材的先进性；采用最新国家技术标准，使教材更加科学和规范。

第三，具备鲜明的汽车专业特色，创新教材表现形式。

教材编写以汽车及其零部件为载体或选取汽车行业案例，充分体现专业特色，增加了实操内容在教材中的比重。为了增强教材的表现效果，激发学生的学习兴趣，教材中使用了大量高质量的实物图片，多数教材采用四色印刷，图文并茂，提高了教材的可读性。

第四，开发多种教学资源，提供优质教学服务。

为方便教师教学和学生学习，教材配套提供了电子课件、教案示例、习题册参考答案等教学资源，可通过技工教育网（http：//jg. class. com. cn）下载使用。除此之外，在部分教材中还借助二维码技术，针对教材中的重点、难点内容，开发制作了微视频，可使用移动设备扫描书中二维码在线观看。

本次教材修订工作得到了北京、河北、江苏、山东、广东等省（直辖市）人力资源社会保障厅（局）及有关学校的大力支持，在此表示诚挚的谢意。

人力资源社会保障部教材办公室

2019 年 12 月

目录

下篇　汽车零部件材料

绪　论

学习目标

1. 认识材料在汽车上的应用及其分类。
2. 熟悉本课程的性质和学习任务。

汽车是现代交通的主要工具之一，其从设计、选材、加工制造，到使用、维修和养护等无一不涉及材料。汽车工业更是伴随着汽车材料及其加工工艺的发展而发展。

案例链接

奥迪汽车公司最早于1980年在奥迪80和奥迪100上采用了铝合金车门，随后不断扩大铝合金应用范围。1994年开发了第一代奥迪A8全铝合金空间框架结构（ASF，见图0–1），它是一种高强度的铝合金框架结构，不但可增强车辆的安全性能和操控性能，同时还可大大降低车身质量（大约减轻40%），实现了更低的油耗、更方便的维修。

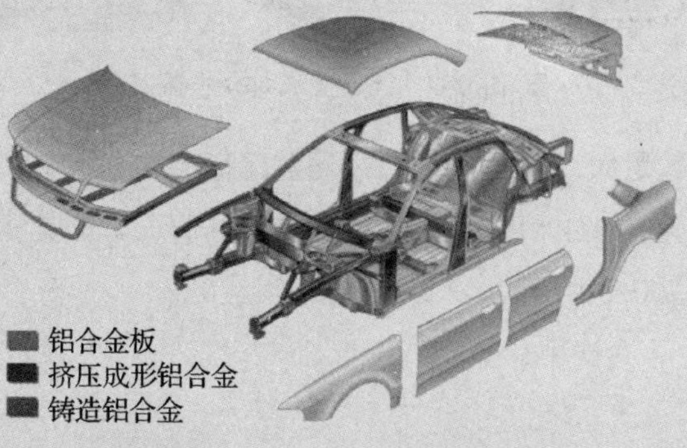

图0–1　全铝合金空间框架结构

随后于1999年推出的奥迪A2，成为首批采用该技术的批量生产轿车。2002年，奥迪铝材及轻量化设计中心又迎来了第二代奥迪A8的诞生。采用铝合金材料制造的奥迪A8型汽车车架比传统钢制车架的质量降低了35%。

汽车材料是指汽车生产制造以及汽车运行中所用到的材料，通常分为汽车零部件材料和汽车运行材料两大类。

一、汽车零部件材料

一辆汽车是由上万个零部件组装而成的，如图0–2所示，而这些零部件又采用了上千种不同种类、规格的材料加工制造而成。工程上，通常把用于制造汽车的工程材料统称为汽车零部件材料。

◆ 图0–2　汽车总成拆分平面图

汽车零部件材料数量大、品种多，几乎涵盖了所有传统和新兴的机械工程材料。据统计，全世界钢材产量的1/4和橡胶产量的1/2都用于汽车及其相关工业。汽车零部件常用材料的分类，如图0–3所示。

- 汽车零部件常用材料
  - 金属材料
    - 黑色金属材料
      - 铁、锰、铬
      - 铁碳合金
        - 钢
          - 非合金钢
          - 低合金钢
          - 合金钢
        - 铸铁
          - 白口铸铁
          - 灰口铸铁
          - 麻口铸铁
    - 有色金属材料
      - 铝及铝合金
      - 铜及铜合金
      - 其他有色金属
  - 非金属材料
    - 高分子材料
      - 塑料
      - 橡胶
      - 胶黏剂
    - 陶瓷材料
      - 普通陶瓷
      - 特种陶瓷
      - 玻璃
  - 复合材料
    - 非金属基复合材料
    - 金属基复合材料

图 0–3 汽车零部件常用材料的分类

资料链接

尼龙材料在汽车上的应用

用尼龙材料制成的发动机罩（见图 0–4）具有良好的表面，如选用有颜色的铸模成形件，还可以避免昂贵的涂装步骤。用尼龙进气歧管（见图 0–5）替代原来的铝进气歧管，可以使生产成本下降 30%，并减轻 50% 的质量。尼龙成形件的轻质量和部件集成能力使其制成的散热器风扇（见图 0–6）比相应的金属制品质量减轻了很多，并且它还具有优异的热稳定性、高硬度、低热变形和耐磨耗能力。

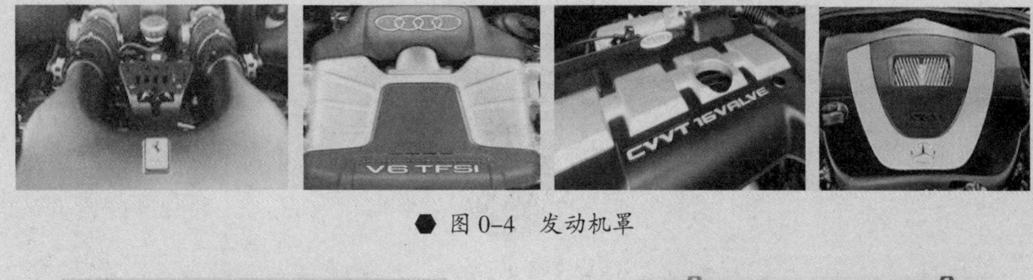

图 0–4 发动机罩

图 0–5 进气歧管

图 0–6 散热器风扇

据统计，目前我国国产中型载货汽车的材料构成比如图0–7所示，国产轿车（以奥迪轿车为例）的材料构成比如图0–8所示。轿车与载货汽车相比，采用了更多的有色金属材料、非金属材料和粉末冶金材料，在新材料的使用上具有明显优势。

图0–9所示为轿车发动机，其各组成零件的制造材料见表0–1。

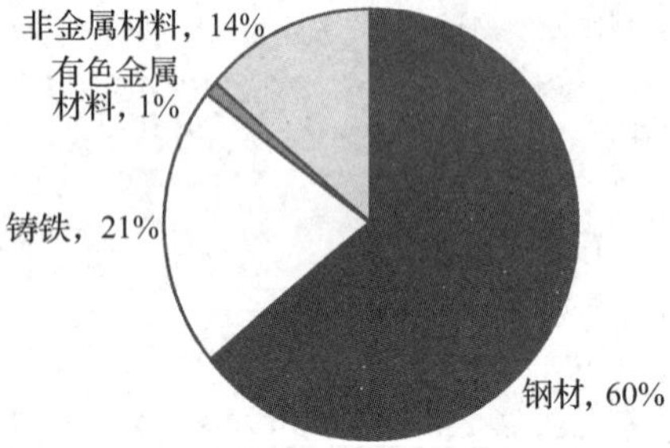

图0–7　国产中型载货汽车的材料构成比

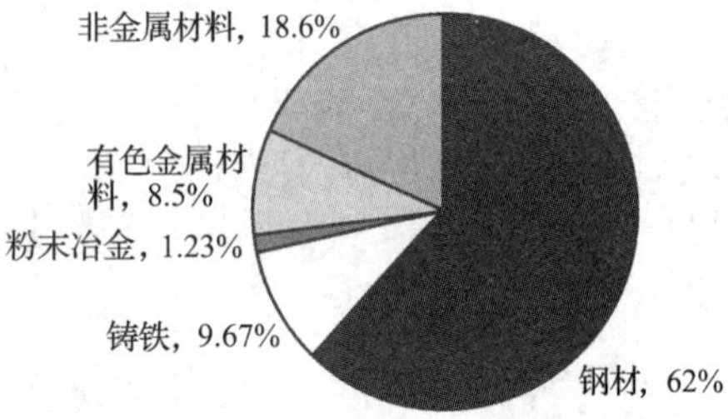

图0–8　国产轿车的材料构成比

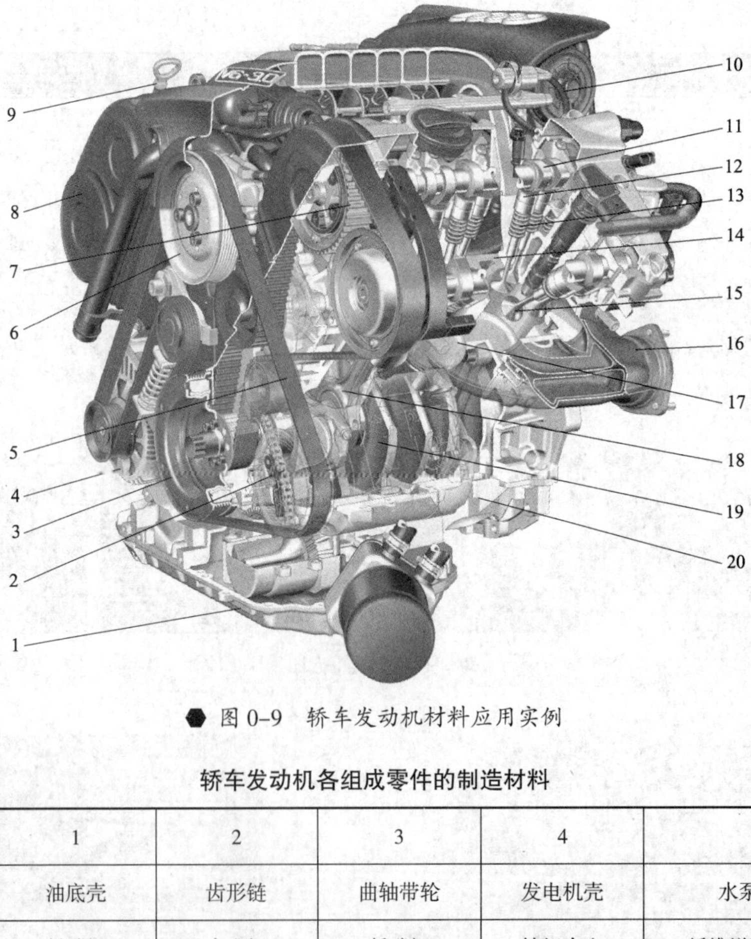

图0–9　轿车发动机材料应用实例

表0–1　轿车发动机各组成零件的制造材料

序号	1	2	3	4	5
零件名称	油底壳	齿形链	曲轴带轮	发电机壳	水泵传动带
材料	低碳钢	合金钢	低碳钢	铸铝合金	纤维增强氯丁橡胶

续表

序号	6	7	8	9	10
零件名称	水泵带轮	正时齿轮	正时齿轮罩	机油尺	真空管
材料	低碳钢	铁基粉末冶金	工程塑料	低碳钢	丁腈橡胶
序号	11	12	13	14	15
零件名称	凸轮轴	挺柱柱体	气门弹簧	气缸盖	排气门
材料	合金铸铁	合金钢	弹簧钢	铸铝合金	耐热钢
序号	16	17	18	19	20
零件名称	排气歧管	活塞	连杆	曲轴	气缸体
材料	球墨铸铁	铝硅合金	中碳钢	中碳钢	铸铝合金

随着对车辆经济性和动力性要求的不断提高，非金属件在汽车上的应用也越来越广泛，图 0–10 所示为塑料件在汽车上的应用。

图 0–10 塑料件在汽车上的应用

讨论

采用传统制作材料的汽车和改用新材料的汽车有哪些区别？

二、汽车运行材料

汽车使用的燃料（汽油、柴油、替代燃料）、润滑材料（发动机润滑油、润滑脂和车辆齿轮油等）、工作液（制动液、防冻液和制冷剂等）、轮胎、美容与装饰材料等统称为汽车运行材料。汽车运行材料已成为汽车技术的重要组成部分，其性能和规格关系到汽车的动力性、燃油经济性、操纵稳定性、行驶平顺性、制动安全性和排放性等性能。若汽车运行材料使用不当，汽车将出现早期损坏，造成资源浪费，污染环境。常用汽车运行材料的分类如图 0–11 所示。

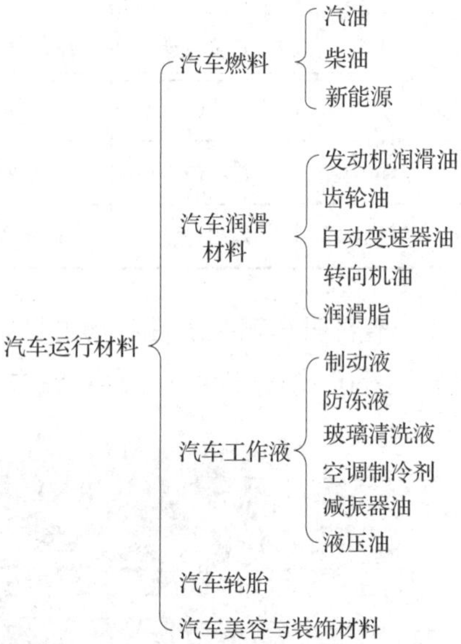

图 0–11　常用汽车运行材料的分类

1. 汽车燃料

目前汽油和柴油仍是汽车的主要燃料。汽油主要有 4 种牌号：89 号、92 号、95 号和 98 号，柴油主要有 6 种牌号：5 号、0 号、–10 号、–20 号、–35 号、–50 号。

随着汽车产量的激增、全球石油资源的短缺和生态环境的恶化不断加剧，开发研制石油替代燃料的重要性越来越突出。目前已应用的石油替代燃料主要有天然气、液化石油气、醇类燃料（甲醇汽油、乙醇汽油）和电能等汽车新能源。图 0–12 所示为使用液化石油气的轿车，图 0–13 所示为正在给车辆加注乙醇汽油。

图 0–12　使用液化石油气的轿车

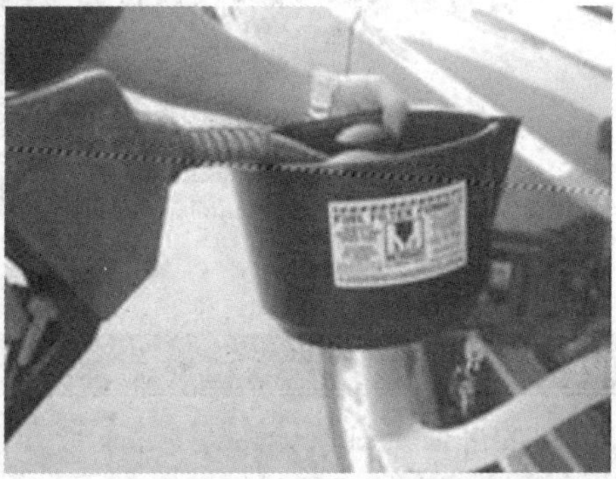

图 0–13　给车辆加注乙醇汽油

小资料

近年来，国际市场石油价格居高不下，我国作为世界第二大石油消费国，日益增长的机动车数量和迅猛发展的石化产业把“油荒”问题摆在了人们面前。自 2002

年以来，我国开始推广车用乙醇汽油，这是进一步调整能源消费结构，开发石油替代资源的重大战略举措。此举还可有效改善汽车尾气排放和大气环境质量，促进生产和消费的良性循环。

2. 汽车润滑材料

汽车是通过许多构件的相对运动实现整体功能的。固体之间的接触表面似乎很平整，但放大细微部分就会发现固体表面凹凸不平，所以有运动就会有摩擦产生。为了减小各运动零部件表面之间的摩擦，延长机件的使用寿命，就必须使用各种润滑材料。常用的润滑材料有发动机润滑油、齿轮油和润滑脂等。

发动机润滑油主要是对发动机的曲轴、连杆、活塞、气缸壁、凸轮轴、气门等摩擦零件进行润滑。齿轮油主要用于变速器、后桥齿轮等传动机构摩擦处的润滑。润滑脂主要用于汽车传动轴（十字轴轴承、滑动叉）、轮毂轴承、钢板弹簧销、转向节销、万向节销等部位的润滑。图 0–14 所示为正在给发动机添加润滑油。

想一想

没有润滑的汽车会是什么样子的？

3. 汽车工作液

汽车的各个工作系统需使用各种工作介质保障汽车的正常工作和安全行驶。例如，液压制动系统需使用的制动液，冷却系统需使用的防冻液，自动变速器需使用的自动变速器油，另外还有减振器油、液压油和空调制冷剂等工作介质，这些材料统称为汽车工作液。图 0–15 所示为给汽车添加防冻液。

图 0–14　发动机润滑油的添加

图 0–15　防冻液的添加

4. 汽车轮胎

汽车轮胎是重要的汽车运行材料，也是重要的部件之一，其使用合理与否，直接影响到汽车的行驶安全性和使用经济性。据统计，汽车使用中轮胎的费用一般占运输成本的 5% ~ 10%，轮胎的技术状况可使油耗在 10% ~ 15% 范围内变化。

5. 汽车美容与装饰材料

随着近年来人们对汽车美观性和乘坐舒适性要求的提高，还出现了许多新型的汽车美容与装饰材料，如汽车清洗剂、车蜡、汽车保护剂、车膜、真皮内饰等，用以满足人们的各种需要。

总之，汽车材料种类繁多，性能各异，它们是汽车制造、运行和维护的基础。汽车的各项使用性能和使用寿命都离不开所用材料性能的保证。因此，只有了解汽车材料的性能及其应用，才能正确、合理地选用材料，使汽车充分发挥其良好的技术和经济性能。

三、课程性质与学习任务

1. 课程性质

本课程是汽车维修、汽车检测、汽车制造与装配等专业的一门重要基础课，为下一步学习专业技术课和培养专业岗位能力而服务。

2. 课程学习任务

通过本课程的学习，掌握汽车材料的基础知识，认识汽车常用金属与非金属材料，了解汽车运行材料的性能、分类、品种、牌号和主要规格，并会对其进行合理选用；了解热处理的基础知识，熟悉国家有关标准或行业标准；培养分析问题和解决问题的能力，养成爱岗敬业的工作作风和良好的职业道德。

思考与练习

1. 汽车材料主要有哪些？
2. 目前我国车用汽油、柴油的牌号主要有哪些？

上　篇
汽车运行材料

汽车的使用和发展离不开运行材料，汽车运行材料的品种在不断增加，性能也在不断提高。目前，我国汽车消耗的汽油占其总产量的85%，消耗的车用柴油占其总产量的20%，消耗的发动机润滑油占其总产量的49%。汽车运行材料大多是石油产品，据统计，全世界石油产品的46%为汽车所消耗，世界上生产的橡胶（天然橡胶和合成橡胶）80%被用来制造轮胎。

第一章

———— 汽车燃料

燃料的种类繁多，通常是指能够将自身储存的化学能通过化学反应（燃烧）转变为热能的物质，其大部分来自石油。目前汽车使用的燃料主要是车用汽油和车用柴油。它们是当今汽车运行的主要动力来源。此外，还有一些新型燃料，主要包括燃气（天然气、液化石油气）、醇醚类燃料（乙醇、二甲醚等）、合成油、生物柴油、氢能等。

§1—1 汽　油

学习目标

1. 了解汽车对汽油的性能要求。
2. 熟悉车用汽油的主要使用性能对发动机的影响。
3. 能根据汽车实际情况选用合适的汽油。

案例链接

有一辆只开了1万千米的捷达汽车，在行驶过程中经常出现突然熄火、加速无力的现象，经检测发现是汽油质量差引起的。

汽油是从石油中提炼得到的，由碳、氢元素组成的烃类化合物。它是一种密度小而易于蒸发的液体燃料。汽油主要分为航空汽油、工业汽油和车用汽油。汽车所使用的为车用汽油。

一、车用汽油的主要使用性能

汽油作为点燃式发动机的燃料，其使用性能的好坏对发动机的动力性、可靠性、经济性以及使用寿命有很大的影响。因此，对汽油的性能要求是：具有适宜的蒸发性、良好的抗爆性和氧化安定性，无腐蚀，不含机械杂质和水等。

知识链接

汽油和柴油都是从石油中提炼得到的，石油是埋藏在地下的天然矿产物，炼制前叫原油。原油是由多种元素组成的多种化合物的混合物，其组成元素主要是碳、氢、硫、氧和氮。

1. 蒸发性

汽油的蒸发性是指汽油由液体状态转化为气体状态的能力。汽油发动机在工作时，汽油先由液体汽化，并与一定比例的空气混合成为可燃混合气后，才能在气缸中燃烧。由于现代汽车发动机的转速高，形成可燃混合气的时间只有百分之几秒甚至更短，因此，汽油蒸发性对形成的混合气品质有很大影响。

想一想

汽油的蒸发性较差会对发动机造成哪些影响？汽油的蒸发性越好是否对发动机工作越有利？

（1）汽油蒸发性对发动机工作的影响

汽油蒸发性越好，就越容易汽化，与空气混合越均匀，燃烧速度越快，并且燃烧彻底，能保证发动机迅速启动、加速和正常运转，反之将导致汽油不能完全燃烧，造成油耗增加，功率下降，同时，未燃烧尽的油滴还会附在气缸壁上破坏润滑油膜，加剧磨损。但是，蒸发性也不宜太好，否则易使汽油在储存、运输中大量蒸发。尤其是在夏季或高原低气压地区，汽油在油路中就蒸发为气体，在汽油泵、油管等处形成气泡，阻碍汽油流通，使供油不畅甚至中断，造成发动机熄火，即产生“气阻”现象。因此，要求汽油具有适宜的蒸发性。

（2）汽油蒸发性的评定指标

汽油蒸发性的评定指标主要有馏程和饱和蒸气压。

1）馏程。馏程是指油品在规定条件下蒸馏所得到的、以初馏点和终馏点表示其蒸发特征的温度范围。

馏程是汽油的一个重要指标。根据汽油的馏分范围可衡量汽油蒸发性的好坏。常用10% 馏出温度、50% 馏出温度、90% 馏出温度和终馏点来表示。

馏程的测定方法如图 1–1–1 所示，取 100 mL 汽油，倒入带有支管的蒸馏烧瓶中。然后按一定的条件加热烧瓶中的汽油，使其蒸发成气体，通过支管进入冷凝器，冷却后又变成液体汽油经冷凝管流入量杯中。蒸馏出第一滴汽油时的温度称为初馏点，馏出 10 mL、50 mL、90 mL 时的温度分别称为 10%、50%、90% 馏出温度，蒸馏完毕时的温度称为终馏点，烧瓶中最后剩下的少量不蒸发物称为残留物。

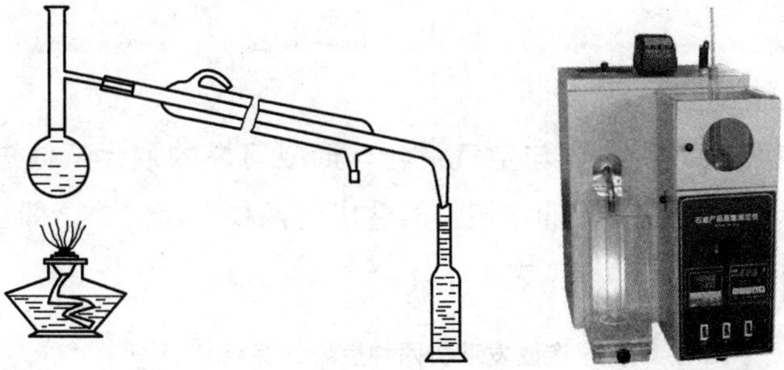

a）　　b）

图 1–1–1　馏程的测定方法与馏程测定仪

a）馏程的测定方法　b）馏程测定仪

① 10% 馏出温度。10% 馏出温度表示汽油中轻质馏分的含量。它对汽油发动机冬季启动性能和夏季是否产生气阻有很大影响。该温度低，表明汽油中所含轻质馏分多，蒸发性好，汽油发动机在低温时容易启动。但温度过低，则易在夏季或高原地区产生气阻。国家标准要求该温度不高于 70 ℃，一般以 60 ~ 65 ℃为宜。

② 50% 馏出温度。50% 馏出温度表示汽油的平均蒸发性。它对发动机启动后到正常工作温度的预热时间、加速性能和工作稳定性有很大影响。该温度低，则汽油在常温下也有较多的蒸发，使混合气中汽油蒸气多，燃烧后产生的热量大，可缩短预热时间，减少油耗。还可使发动机加速灵敏，运转柔和平稳。国家标准要求该温度不高于 120 ℃。

③ 90% 馏出温度和终馏点。90% 馏出温度和终馏点表示汽油中重质馏分的含量。它们对汽油能否完全燃烧和发动机的磨损有影响。两者的温度高，表明汽油中含重质馏分多，蒸发性差，会使汽油燃烧不完全，且耗油量增大。同时，残留的重质馏分还会破坏缸壁上的油膜，加剧气缸磨损。因此，国家标准要求汽油 90% 馏出温度不高于 190 ℃，终馏点不高于 205 ℃。

另外，汽油蒸发完毕后仍有一些胶状残留物，它表示汽油在储存中生成氧化胶状物的含量。这些胶状物会沉淀在进气门、电喷汽油发动机的喷嘴上，破坏发动机正常工作。因此，国家标准严格控制其残留量。

2）饱和蒸气压。饱和蒸气压又称蒸气压，是指在一定试验条件下汽油在规定的密封容器中蒸发时所产生的最大蒸气压力，单位用 kPa 表示。饱和蒸气压是控制汽油产生气阻倾向的指标。饱和蒸气压越高，蒸发性越好，发动机越容易启动，但产生气阻的倾向和蒸发损失也越大。所以，国家标准规定一年中从 11 月 1 日至 4 月 30 日饱和蒸气压不大于 88 kPa，从 5 月 1 日至 10 月 31 日饱和蒸气压不大于 72 kPa。

想一想

汽油的饱和蒸气压与馏程之间有什么联系？

2. 抗爆性

（1）汽油的燃烧过程

汽油发动机工作时，汽油先与空气混合，形成可燃的混合气体进入气缸，经压缩后，由电火花点燃进行燃烧。汽油在燃烧时会出现两种燃烧方式，即正常燃烧和爆震燃烧。汽油发动机两种燃烧的特点见表 1–1–1。

表 1–1–1　　汽油发动机两种燃烧的特点

燃烧方式	示意图	火焰中心	燃烧特点
正常燃烧	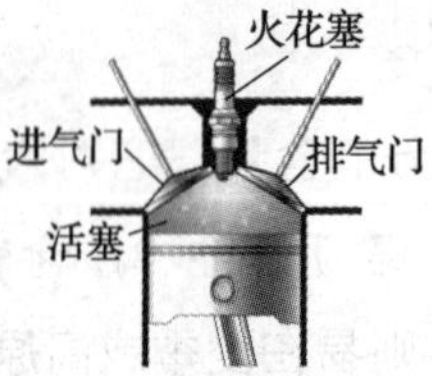	一个	气缸中被压缩的可燃混合气被电火花点燃后，形成一个火焰中心，并向四周传播，从而产生热量，使气缸内压力升高，推动活塞做功，发动机温度上升均匀，动力得到充分发挥，而且运转平稳柔和
爆震燃烧	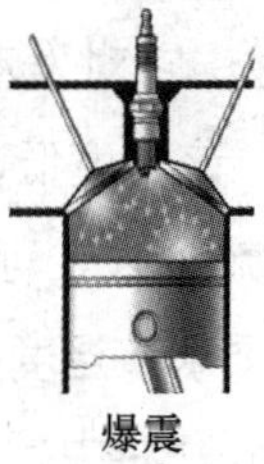	多个	当可燃混合气在气缸内被点燃后，一部分未燃混合气因受到正常火焰焰面的压缩和热辐射作用，温度、压力急剧升高，化学反应加剧，在正常火焰焰面未到达之前，这部分未燃混合气就已自行燃烧，形成多个新的火焰中心，从而使气缸内压力骤然上升，产生强烈的冲击波，撞击气缸壁和活塞，同时发出清脆的金属敲击声

爆震燃烧是一种不正常的燃烧，它对汽油发动机的危害极大，会使发动机过热，功率下降，甚至造成机件损坏。产生爆震燃烧的因素很多，主要有燃料的质量、发动机的压缩比以及燃烧室的结构形式等。

知识链接

压缩比是指气缸总容积与燃烧室容积之比。发动机的压缩比高，其动力就强，但压缩比过高容易产生爆燃。

（2）抗爆性指标

汽油在发动机气缸内燃烧时，抵抗爆震燃烧的能力称为抗爆性。抗爆性好的汽油不易产生爆震燃烧，可用于压缩比高的发动机，以提高其动力性和经济性。评定汽油抗爆性的指标用“辛烷值”表示。车用汽油的牌号也是根据汽油的辛烷值来划分的。

1）汽油辛烷值。在规定的条件下，通过和标准燃料进行比较来测定，采用与待测定燃料具有相同抗爆性的标准燃料的辛烷值来表示。标准燃料由异辛烷和正庚烷的混合物组成，异辛烷的抗爆性优良，辛烷值定为100；正庚烷的抗爆性差，辛烷值定为0。将这两种燃料按不同体积比例混合，可制成辛烷值为0～100的标准燃料，例如，某一汽油测试结果正好与98%异辛烷及2%正庚烷的混合液的爆震程度相同时，被测汽油的辛烷值即为98。

2）辛烷值的分类。测定辛烷值的方法有马达法（MON）和研究法（RON）两种，分别称为马达法辛烷值和研究法辛烷值。马达法辛烷值表示汽车在接近长途公路上行驶或大功率重载情况下工作的汽油抗爆性，研究法辛烷值则表示汽车在城市道路上行驶时的汽油抗爆性。由于两者测试条件不同，通常研究法辛烷值比马达法辛烷值高7～9个单位。我国用研究法辛烷值划分车用汽油的牌号。

3）抗爆指数。为反映汽油的灵敏度，有的汽油规格标准采用了抗爆指数这一新指标。它表示在一般条件下汽油的平均抗爆性能，抗爆指数是同种汽油研究法辛烷值和马达法辛烷值的平均数，即：

抗爆指数 =（研究法辛烷值 + 马达法辛烷值）/2

由于汽油抗爆性对发动机工作影响很大，所以人们一直致力于提高汽油辛烷值，目前主要有三种途径：改进加工工艺、加入高辛烷值成分和加入抗爆剂等。

3. 氧化安定性

汽油的氧化安定性是指汽油在储存和使用过程中抵抗氧化生成胶状物的能力。由于受到空气中的氧气、光线和温度的影响，氧化安定性差的汽油易发生氧化反应，生成酸性物质和胶状物质，使汽油的颜色变深、酸值增加、辛烷值降低。使用这种汽油易造成燃油供给系统阻塞、积炭增加、气缸散热不良和引起爆震燃烧等。因此，汽油应具有良好的氧化安定性。

评定汽油氧化安定性的主要指标有实际胶质和诱导期，其含义和作用见表1–1–2。

表1–1–2　评定汽油氧化安定性的主要指标及其意义

指标	含义	作用	标准
实际胶质	指在规定条件下测得的发动机燃料蒸发残留物，用100 mL试样中所含毫克数表示	主要用于判断汽油生成胶质的倾向	不大于5 mg/100 mL
诱导期	指在规定的加速氧化条件下，油品处于稳定状态所经历的时间周期，单位为min	用于判断汽油氧化变质的倾向，诱导期越长，汽油越不易被氧化	不小于480 min

为了提高汽油的氧化安定性，一般采用的方法有两种：一是在石油炼制时采用催化重整和加氢精制等工艺；二是在汽油中加入抗氧防胶剂和金属钝化剂。

4. 腐蚀性

汽油在储存、使用过程中不可避免地要与各种金属接触，这就要求汽油对金属不应有腐蚀性。汽油中的各种烃类物质本身并不腐蚀金属，引起金属腐蚀的物质主要是硫及硫化物、有机酸和水溶性酸或碱等物质。

此外，汽油还有清洁性要求，不允许汽油中含有机械杂质和水分，因为它们会加剧发动机机件的磨损，严重影响发动机的正常工作。

二、国产车用汽油标准、选用及使用注意事项

1. 我国车用汽油标准

国家质量监督检验检疫总局和国家标准化管理委员会于2016年12月23日发布了国家标准《车用汽油》(GB 17930—2016)。该标准中规定车用汽油（Ⅳ）按研究法辛烷值分为90号、93号和97号3个牌号，车用汽油（Ⅴ）、车用汽油（ⅥA）和车用汽油（ⅥB）按研究法辛烷值分为89号、92号、95号和98号4个牌号。车用汽油中所使用的添加剂应无公认的有害作用，并按推荐的适宜用量使用。车用汽油中不应含有任何可导致车辆无法正常运行的添加物和污染物。车用汽油（Ⅴ）的技术要求和试验方法见表1-1-3。

表1-1-3　车用汽油（Ⅴ）的技术要求和试验方法（摘自GB 17930—2016）

项目		质量指标			试验方法
		89号	92号	95号	
抗爆性					
研究法辛烷值（RON）	不小于	89	92	95	GB/T 5487
抗爆指数（RON+MON）/2	不小于	84	87	90	GB/T 503、GB/T 5487
铅含量[①]/（g/L）	不大于	0.005			GB/T 8020
馏程：					GB/T 6536
10%蒸发温度/℃	不高于	70			
50%蒸发温度/℃	不高于	120			
90%蒸发温度/℃	不高于	190			
终馏点/℃	不高于	205			
残留量（体积分数）/%	不大于	2			
蒸气压[②]/kPa					
11月1日至4月30日		45～85			GB/T 8017
5月1日至10月31日		40～65[③]			

续表

项目		质量指标			试验方法
		89 号	92 号	95 号	
胶质含量 /（mg/100 mL） 未洗胶质含量（加入清净剂前） 溶剂洗胶质含量	 不大于 不大于	 30 5			GB/T 8019
诱导期 /min	不小于	480			GB/T 8018
硫含量[4] /%（mg/kg）	不大于	10			SH/T 0689
硫醇（博士试验）		通过			NB/SH/T 0174
铜片腐蚀（50 ℃，3 h）/ 级	不大于	1			GB/T 5096
水溶性酸或碱		无			GB/T 259
机械杂质及水分		无			目测[5]
苯含量[6]（体积分数）/%	不大于	1.0			SH/T 0713
芳烃含量[7]（体积分数）/%	不大于	40			GB/T 11132
烯烃含量[7]（体积分数）/%	不大于	24			GB/T 11132
氧含量[8]（质量分数）/%	不大于	2.7			NB/SH/T 0663
甲醇含量[1]（质量分数）/%	不大于	0.3			NB/SH/T 0663
锰含量[1] /（g/L）	不大于	0.002			SH/T 0711
铁含量[1] /（g/L）	不大于	0.01			SH/T 0712
密度[9]（20 ℃）/（kg/m^3）		720 ~ 775			GB/T 1884、GB/T 1885

注：①车用汽油中，不得人为加入甲醇以及含铅、含铁和含锰的添加剂。

②也可采用 SH/T 0794 进行测定，在有异议时，以 GB/T 8017 方法为准。换季时，加油站允许有 15 天的置换期。

③广东、海南全年执行此项要求。

④也可采用 GB/T 11140、SH/T 0253、ASTM D7039 进行测定，在有异议时，以 SH/T 0689 方法为准。

⑤将试样注入 100 mL 玻璃量筒中观察，应当透明，没有悬浮和沉降的机械杂质和水分。在有异议时，以 GB/T 511 和 GB/T 260 方法为准。

⑥也可采用 GB/T 28768、GB/T 30519、SH/T 0693 进行测定，在有异议时，以 SH/T 0713 方法为准。

⑦对于 95 号车用汽油，在烯烃、芳烃总含量控制不变的前提下，可允许芳烃的最大值为 42%（体积分数），也可采用 GB/T 28768、GB/T 30519、NB/SH/T 0741 进行测定。在有异议时，以 GB/T 11132 方法为准。

⑧也可采用 SH/T 0720 进行测定，在有异议时，以 NB/SH/T 0663 方法为准。

⑨也可采用 SH/T 0604 进行测定，在有异议时，以 GB/T 1884、GB/T 1885 方法为准。

资料链接

汽车加错油的应对措施

1. 错加劣质汽油

劣质汽油的杂质很多，油品也不纯，对汽车的损害很大，会造成发动机功能下降、损害活塞汽油泵等。加了劣质汽油，有可能引起动力不足、发动机难以启动等问题。

如果出现这样的状况，千万不要再启动汽车，应与专门的汽车维修厂或4S店联系处理。

2. 错加低牌号汽油

错加低牌号汽油，如果牌号相近，汽车会出现动力不足、油耗偏高等现象，但是车主不必过于担心，只要不是长期将高牌号汽油加成低牌号汽油，是不会对发动机造成多大损害的。

要是加的汽油牌号相隔太大，比如要加98号却加了92号，在汽车还没发动的情况下，当场把油箱的油导出，并联系修理厂清理下油箱以及油路系统即可。

3. 错加高牌号汽油

错加高牌号汽油，那么汽油的抗爆性就高于发动机的出厂设定，在火花塞点火之前有着更好的抗爆性，降低了爆震对发动机所造成的损害，但是会导致汽油出现滞燃现象，使汽油燃烧不够充分。

4. 柴油车错加汽油

柴油车加入汽油，一开始是能发动的，但很快就会出现动力不足等问题。在行驶一段路程后，汽车会出现怠速不稳定、发动机异响变大、排气管冒白烟等现象。这时车主应立即停车，更换燃料。

5. 汽油车错加柴油

汽油车加入柴油，会出现尾气冒黑烟、抖车以及无法打火等现象，对汽车的油路系统造成磨损，严重的还会损伤发动机。如果车主发现错加了柴油，应当将油箱中的油全部导出，然后对油箱进行彻底清洗。如果错加柴油后汽车已经启动或已经熄火，应立即联系修理厂，清理油箱以及油路系统，并对发动机进行彻底检查。

综上所述，汽车加错油会对汽车造成一定的损坏，因此，车主在加油时一定要看清楚，避免给汽车加错油。

课堂实践

说一说图 1-1-2 汽油牌号的含义。图 1-1-2a 中数字“101”是否为汽油牌号？请利用网络查询有关资料并与同学分享有关内容。

a）

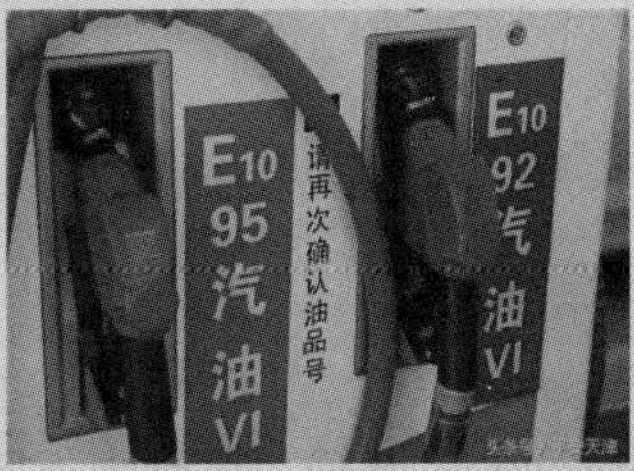

b）

图 1-1-2 汽油牌号

2. 车用汽油的选用

（1）根据汽车使用说明书，选择适当的汽油牌号。

（2）在无汽车使用说明书时，常用类比方法选用汽油牌号。用相近牌号汽油代替时，应注意“就高不就低”原则。

知识链接

国外进口的车辆要求使用 91（RON）号汽油的，可用国产 90 号汽油代替。因为我国国产汽油的实测辛烷值一般比规定的辛烷值高 1 个单位以上。

3. 车用汽油的使用注意事项

汽油在使用、存储过程中质量的变化主要表现为蒸发、氧化和脏污，影响因素有汽油的物理安定性、温度、表面积、空气流速和油箱的充满程度等。

（1）尽量减少汽油与氧气的接触，以防止胶质生成，并减少蒸发损失，避免混入机械杂质或其他油品。在炎热的夏季或高原地区，应加强发动机的散热，采取隔热降温措施。预防燃料蒸发和变质可采取以下措施：采用合理的存储方式，正确选用储油容器；采用正确的灌装方式；在保证预留的膨胀空间的前提下经常加满油箱。

（2）在燃料的保管过程中应注意防火、防爆，禁止烟火，防止电火花。油库等储油场所应清洁通风、配备消防器材。油罐车、储油容器要配备接地装置。

思考与练习

1. 车用汽油的主要使用性能有哪些？
2. 我国车用汽油的牌号是如何划分的？
3. 如何选用车用汽油？车用汽油使用的注意事项有哪些？

§1—2 柴 油

学习目标

1. 了解柴油的主要使用性能对发动机的影响。
2. 能依据当地的实际气候情况选用合适的柴油。
3. 能安全使用燃料。

案例链接

2019 年 1 月，一辆雪铁龙 C3-XR 汽车在加完油行驶一段距离后，车辆突然开始抖动，发动机故障灯亮。靠边停车熄火后再次启动，车辆开始剧烈抖动，直至车辆无法启动。经 4S 店维修人员检查发现，是由于汽车车主没看清加油柜标志，误加柴油导致。

柴油和汽油一样，是从石油中提炼的，由碳、氢元素组成的烃类化合物。柴油可分为轻柴油、重柴油和军用柴油等品种，汽车用高速柴油发动机采用的是轻柴油，简称为柴油。随着柴油发动机技术的不断提高，汽车柴油发动机的使用范围越来越广泛，所以，轻柴油作为汽车燃料的需求量越来越大。

知识链接

柴油发动机和汽油发动机相比较，具有燃料经济性好、工作可靠性好、使用寿命长、功率使用范围宽、使用安全性好等优点。

因此，柴油发动机广泛用于汽车、拖拉机、坦克、铁路机车、船舶、舰艇等运载工具，以及工程机械、抽水机、发电机、取暖设备等。

车用柴油与汽油相比较，具有馏分重，自燃点低（20 ~ 300 ℃），黏度、相对密度大，蒸发性差，储存和运输过程中损耗少，使用安全等特点。

由于柴油发动机可燃混合气在燃烧室内形成，采用压燃着火方式，所以车用柴油所具有的使用性能与汽油不同。

一、车用柴油的主要使用性能

柴油发动机对柴油的性能要求是：有良好的燃烧性、良好的低温流动性、良好的雾化和蒸发性、适宜的黏度，无腐蚀性，柴油本身清洁等。

1. 燃烧性

柴油的燃烧性是指柴油既容易被压燃着火，又能有效防止柴油发动机工作粗暴的能力。

（1）柴油的燃烧过程

车用柴油在柴油发动机内的燃烧过程可分为滞燃期、速燃期、缓燃期、后燃期四个阶段。柴油发动机工作时，柴油从喷油嘴喷入燃烧室后并不立即着火，而要经过短暂的燃烧前准备，即雾化、蒸发、扩散与空气混合等，这段时间称为滞燃期。尽管滞燃期很短，但对柴油发动机的工作影响很大，见表 1–2–1。

表 1–2–1　　柴油滞燃期对柴油发动机工作的影响

滞燃期	燃烧状况	燃烧过程
较短	正常燃烧	先期喷入气缸的柴油能迅速完成燃烧前准备，着火燃烧，并逐步引燃随后进入气缸的燃料，气缸压力上升平稳，柴油发动机工作柔和
过长	工作粗暴	使喷入气缸的柴油积存量过多，以致燃烧开始后有过量的柴油一起参加燃烧，气缸压力升高过快，造成柴油发动机运转不平稳，并产生强烈的撞击声

柴油发动机工作粗暴与汽油发动机爆震燃烧一样，会使功率下降，油耗增大，严重时甚至会损坏机件。

（2）燃烧性指标

评定柴油燃烧性的指标用十六烷值来表示。

柴油十六烷值是指在规定条件下的标准发动机试验中，通过和标准燃料进行比较来测定的，采用与被测柴油具有相同燃烧性能的标准燃料的正十六烷值表示。

1）柴油十六烷值的测定。按照国家标准《柴油十六烷值测定法》（GB/T 386—2010）的规定进行，与汽油辛烷值相似。即人为规定：燃料正十六烷的十六烷值（CN）为100，α－甲基萘的十六烷值为0。标准燃料是用不同体积的正十六烷和 α－甲基萘混合而成的，每种标准燃料中含正十六烷的体积百分数，即为标准燃料的十六烷值。例如，某一柴油的燃烧性恰好与含有45% 的正十六烷和55% 的 α－甲基萘的标准燃料相同，则该柴油的十六烷值为45。

2）柴油十六烷值与其燃烧性能的关系及对发动机工作的影响。具体见表 1–2–2。

因此，车用柴油十六烷值应适宜，国家标准要求其十六烷值不得小于45。

表 1–2–2　　柴油十六烷值与其燃烧性能的关系及对发动机工作的影响

柴油十六烷值	低	高	过高
自燃点	高	低	很低
燃烧情况	燃烧困难	燃烧性能好	燃烧过程中形成的过氧化物太多，自燃速度极快
发动机情况	发动机工作不平稳	燃烧完全，发动机工作平稳	燃料来不及燃烧就随废气排出

2. 低温流动性

柴油的低温流动性是指柴油在低温下不致因凝固而失去流动能力的性能。柴油的低温流动性能直接影响到柴油能否可靠地供给气缸，发动机能否正常工作。评定柴油低温流动性的主要指标有凝点和冷滤点。

知识链接

低温流动性差的柴油在低温时会析出石蜡结晶或凝固，使供油中断，影响柴油发动机正常工作。

（1）凝点

凝点又称凝固点，是指油料在一定的试验条件下，遇冷开始凝固而失去流动性的那一刻的温度，用 ℃做单位。凝点是柴油的重要性能指标之一，它是判断柴油适宜在何种气温下使用的依据。我国轻柴油的牌号是按柴油的凝点划分的，牌号中的数字即为该柴油的凝点。为保证柴油发动机正常工作，选用柴油的凝点一般应比其使用的最低温度低 4 ~ 6 ℃。

（2）冷滤点

冷滤点是指在规定条件下，柴油试样开始不能通过规定滤网时的最高温度，用 ℃做单位。冷滤点通常比其凝点高 4 ~ 6 ℃，与柴油的实际使用温度有良好的对应关系，可作为选用柴油牌号的依据。

小资料

美国和欧洲一些国家用柴油的冷滤点划分柴油牌号。

为了改善柴油的低温流动性，扩大柴油的使用范围，除在炼制时采用脱蜡的方法外，一般常采用掺入裂化煤油和添加低温流动性能改进剂等方法来降低其凝点。

3. 雾化和蒸发性

柴油的雾化和蒸发性是指柴油在柴油发动机气缸内经喷油器喷出时分散成液体雾粒及液体蒸发的能力。柴油发动机的喷油时间很短，混合气形成时间大大短于汽油发动机，柴油自身的雾化和蒸发性决定了可燃混合气形成的品质和速度。

柴油雾化和蒸发性的主要评价指标有馏程和闪点。

（1）馏程

柴油馏程的测定方法与汽油馏程的测定方法基本相同，但其馏出温度分别为 50% 馏出温度、90% 馏出温度和 95% 馏出温度。

50% 馏出温度用来表示柴油的平均蒸发性。它对柴油发动机的启动性能影响很大，该温度低，柴油蒸发性就好，有利于形成良好的混合气，使柴油发动机容易启动。柴油 50% 馏出温度与启动性能的关系见表 1–2–3。但它也不宜过低，否则会造成柴油机工作粗暴。

表 1–2–3　　柴油 50% 馏出温度与启动性能的关系（参考值）

柴油 50% 馏出温度 /℃	200	225	250	275	285
发动机的启动时间 /s	8	10	27	60	90

柴油 90% 馏出温度和 95% 馏出温度表征柴油中重质馏分的含量。

我国车用柴油的馏程范围一般在 180 ~ 380 ℃，国家标准规定柴油 50% 馏出温度、90% 馏出温度和 95% 馏出温度分别不高于 300 ℃、355 ℃和 365 ℃。

（2）闪点

闪点是指石油产品在规定条件下加热，其蒸气与周围空气形成的混合气接触，火焰发生瞬间闪火时的最低温度，用 ℃做单位。柴油闪点既是控制柴油蒸发性的指标，也是保证柴油安全性的指标。柴油闪点低，蒸发性好；但闪点过低时，会因蒸发太快，使发动机工作粗暴。而且低闪点的柴油由于蒸发量大，还会造成失火隐患。因此，为控制柴油蒸发性过强，国家标准采用“不低于”指标加以控制。

知识链接

油品的危险等级就是根据闪点划分的，闪点在 45 ℃以下的为易燃品，闪点在 45 ℃以上的为可燃品，在储存运输中禁止使油品达到它的闪点温度。

闪点按测定的仪器不同分为开口闪点和闭口闪点，开口闪点比闭口闪点高 10 ~ 20 ℃。一般轻质油多用闭口闪点，而重质油多用开口闪点。

4. 黏度

黏度是指液体在外力的作用下发生移动时分子间产生的内摩擦力，它是表示油品稀稠程度的一项重要性能指标。

柴油的黏度与柴油的雾化性能、燃烧性能和润滑性能有着密切关系。柴油的黏度大，雾化质量会变差，燃烧不完全，油耗增大。但柴油黏度也不宜过小，否则会降低对燃料系中精密偶件的润滑，使磨损加剧。为保证柴油机正常燃烧和良好润滑，柴油的黏度应当适宜。

5. 腐蚀性

柴油的腐蚀性是指柴油中的硫对金属材料的腐蚀作用。硫燃烧后不仅排放污染严重，而且生成的硫化物对机件有很强的腐蚀作用，使积炭变得坚硬，容易擦伤气缸壁，加剧机件磨损，流入曲轴箱还会促使润滑油过早老化变质。所以，国家标准中规定柴油的硫含量不得大于 0.05%。

6. 安定性

柴油的安定性是指柴油在储存和使用过程中能保持其外观颜色、组成和使用性能不变的能力。安定性差的柴油容易生成胶质堵塞滤清器和喷油嘴，并使燃烧室积炭严重。其评定指标有实际胶质、10% 蒸余物残炭和颜色等。

7. 清洁性

柴油中的灰分、水分和机械杂质等对柴油发动机的工作危害很大。灰分虽不能燃烧，但它是造成气缸和活塞环磨损的主要原因之一；机械杂质会造成供油系统零件的磨损和偶件的卡死，喷油器喷孔的堵塞；水分会降低柴油的发热量，冬季结冰容易堵塞油路，并增加硫化物对机件的腐蚀作用，国家标准规定，柴油的水分含量不大于痕迹（0.03%）。

二、国产轻柴油标准、选用及使用注意事项

1. 轻柴油的规格和牌号

我国车用柴油根据国家标准《车用柴油》（GB 19147—2016）规定，按凝点分为 5 号、0 号、-10 号、-20 号、-35 号和 -50 号六个牌号，适用于全负荷转速不低于 960 r/min 的高速柴油发动机使用，车用柴油（Ⅵ）的技术要求和试验方法见表 1-2-4。

表 1-2-4　车用柴油（Ⅵ）的技术要求和试验方法（摘自 GB 19147—2016）

项目		质量指标						试验方法
		5 号	0 号	-10 号	-20 号	-35 号	-50 号	
氧化安定性（以总不溶物计）/（mg/100 mL）	不大于	2.5						SH/T 0175
硫含量[1]/（mg/kg）	不大于	10						SH/T 0689
酸度（以 KOH 计）/（mg/100 mL）	不大于	7						GB/T 258
10% 蒸余物残炭[2]（质量分数）/%	不大于	0.3						GB/T 17144
灰分（质量分数）/%	不大于	0.01						GB/T 508

续表

项目		质量指标						试验方法
		5号	0号	−10号	−20号	−35号	−50号	
铜片腐蚀（50 ℃，3h）/ 级	不大于	1						GB/T 5096
水含量③（体积分数）/%	不大于	痕迹						GB/T 260
润滑性 校正磨痕直径（60 ℃）/μm	不大于	460						SH/T 0765
多环芳烃含量④（质量分数）/%	不大于	7						SH/T 0806
总污染物含量 /（mg/kg）	不大于	24						GB/T 33400
运动黏度⑤（20 ℃）/（mm^2/s）		3.0 ~ 8.0		2.5 ~ 8.0		1.8 ~ 7.0		GB/T 265
凝点 /℃	不高于	5	0	−10	−20	−35	−50	GB/T 510
冷滤点 /℃	不高于	8	4	−5	−14	−29	−44	SH/T 0248
闪点（闭口）/℃	不低于	60			50	45		GB/T 261
十六烷值	不小于	51			49	47		GB/T 386
十六烷指数⑥	不小于	46			46	43		SH/T 0694
馏程 50% 回收温度 /℃ 90% 回收温度 /℃ 95% 回收温度 /℃	 不高于 不高于 不高于	 300 355 365						GB/T 6536
密度⑦（20 ℃）/（kg/m^3）		810 ~ 845			790 ~ 840			GB/T 1884 GB/T 1885
脂肪酸甲酯含量⑧（体积分数）/%	不大于	1.0						NB/SH/T 0916

注：①也可采用 GB/T 11140 和 ASTM D7039 进行测定，结果有异议时，以 SH/T 0689 方法为准。

②也可采用 GB/T 268 进行测定，结果有异议时，以 GB/T 17144 方法为准。若车用柴油中含有硝酸酯型十六烷值改进剂，10% 蒸余物残炭的测定应使用不加硝酸酯的基础燃料进行。车用柴油中是否含有硝酸酯型十六烷值改进剂的检验方法见国家标准《车用柴油》的附录 B　柴油中硝酸酯型十六烷值改进剂的检验。

③可用目测法，即将试样注入 100 mL 玻璃量筒中，在室温（20 ± 5）℃下观察应当透明，没有悬浮和沉降的水分。也可采用 GB/T 11133 和 SH/T 0246 测定，结果有异议时，以 GB/T 260 方法为准。

④也可采用 SH/T 0606 进行测定，结果有异议时，以 SH/T 0806 方法为准。

⑤也可采用 GB/T 30515 进行测定，结果有异议时，以 GB/T 265 方法为准。

⑥十六烷指数的计算也可采用 GB/T 11139。结果有异议时，以 SH/T 0694 方法为准。

⑦也可采用 SH/T 0604 进行测定，结果有异议时，以 GB/T 1884 和 GB/T 1885 方法为准。

⑧脂肪酸甲酯应满足 GB/T 20828 要求，也可采用 GB/T 23801 进行测定，结果有异议时，以 NB/SH/T 0916 方法为准。

2. 车用柴油的选用

车用柴油的选用与汽油不同，车用柴油是依据汽车使用地区和季节的气温来选择的。气温低的地区和季节应选用凝点低的柴油；反之，则选用凝点高的柴油。各牌号柴油的适用范围见表 1–2–5。

表 1–2–5　各牌号柴油的适用范围

柴油牌号	适用范围
5 号	适用于风险率为 10% 的最低气温在 8 ℃以上的地区
0 号	适用于风险率为 10% 的最低气温在 4 ℃以上的地区
–10 号	适用于风险率为 10% 的最低气温在 –5 ℃以上的地区
–20 号	适用于风险率为 10% 的最低气温在 –14 ℃以上的地区
–35 号	适用于风险率为 10% 的最低气温在 –29 ℃以上的地区
–50 号	适用于风险率为 10% 的最低气温在 –44 ℃以上的地区

知识链接

由于低凝点的车用柴油生产工艺复杂，价格比高凝点柴油高，因此，为了合理利用石油资源，在气温允许的情况下，应尽量延长高凝点柴油的使用时间，以降低运输成本。

（1）按所在地区季节气温来选用

柴油在最低气温使用时，应保证不凝固而失去流动性，以免造成油道堵塞。因此，所选柴油牌号（凝点）一般要比当地最低气温低 4 ～ 6 ℃。

（2）对照当地风险率为 10% 的最低气温选用

为了安全起见，GB 19147—2016 规定了部分地区风险率为 10% 的最低气温，见表 1–2–6。各地区风险率为 10% 的最低气温，是由我国 152 个气象台、站从 1961 年到 1980 年逐日记录分析后得出的。所谓风险率为 10% 的最低气温，即最低气温低于该值的概率为 10%。

表 1–2–6　部分地区风险率为 10% 的最低气温　℃

月份	1	2	3	4	5	6	7	8	9	10	11	12
河北省	–14	–13	–5	1	8	14	19	17	9	1	–6	–12
山西省	–17	–16	–8	–1	5	11	15	13	6	–2	–9	–16
内蒙古自治区	–43	–42	–35	–21	–7	–1	4	1	–8	–19	–32	–41
黑龙江省	–44	–42	–35	–20	–6	1	7	4	–6	–20	–35	–43
吉林省	–29	–27	–17	–6	1	8	14	12	2	–6	–17	–26

续表

月份	1	2	3	4	5	6	7	8	9	10	11	12
辽宁省	-23	-21	-12	-1	6	12	18	15	6	-2	-12	-20
山东省	-12	-12	-5	2	8	14	19	18	11	4	-4	-10
江苏省	-10	-9	-3	3	11	15	20	20	12	5	-2	-8
安徽省	-7	-7	-1	5	12	18	20	20	14	7	0	-6
浙江省	-4	-3	1	6	13	17	22	21	15	8	2	-3
江西省	-2	-2	3	9	15	20	23	23	18	12	4	0
福建省	-4	-2	3	8	14	18	21	20	15	8	1	-3
台湾省*	3	0	2	8	10	16	19	19	13	10	1	2
广东省	1	2	7	12	18	21	23	23	20	13	7	2
海南省	9	10	15	19	22	24	24	23	23	19	15	12
广西壮族自治区	3	3	8	12	18	21	23	23	19	15	9	4
湖南省	-2	-2	3	9	14	18	22	21	16	10	4	-1
湖北省	-6	-4	0	6	12	17	21	20	14	8	1	-4
河南省	-10	-9	-2	4	10	15	20	18	11	4	-3	-8
四川省	-21	-17	-11	-7	-2	1	2	1	0	-7	-14	-19
贵州省	-6	-6	-1	3	7	9	12	11	8	4	-1	-4
云南省	-9	-8	-6	-3	1	5	7	7	5	-1	-5	-8
西藏自治区	-29	-25	-21	-15	-9	-3	-1	0	-6	-14	-22	-29
新疆维吾尔自治区	-40	-38	-28	-12	-5	-2	0	-2	-6	-14	-25	-34
青海省	-33	-30	-25	-18	-10	-6	-3	-4	-6	-16	-28	-33
甘肃省	-23	-23	-16	-9	-1	3	5	5	0	-8	-16	-22
陕西省	-17	-15	-6	-1	5	10	15	12	6	-1	-9	-15
宁夏回族自治区	-21	-20	-10	-4	2	6	9	8	3	-4	-12	-19

注：* 表示台湾省所列的温度是绝对最低气温，即风险率为 0% 的最低气温。

推荐使用风险率为 10% 的最低气温来估计使用地区的最低操作温度，为柴油发动机在低温操作时的正常设备防寒、燃油系统的设计、柴油的生产、供销及使用提供可靠的气温数据。

3. 车用柴油的使用注意事项

（1）不同牌号的柴油可以混合使用，并可根据气温的高低酌情调配。混合后的柴油凝点不是按比例计算的。例如，用 –10 号柴油与 –20 号柴油各以 50% 混合，混合后其凝点为 –13 ℃左右。

（2）在寒冷地区，缺乏低凝点柴油或低温启动困难时，可采用适当的预热措施，或向柴油中掺入 10% ~ 40% 的裂化煤油以降低其凝点，也可使用柴油发动机低温启动液启动。

（3）严禁向柴油中掺入汽油，因为汽油的自燃点高，会使柴油发动机启动困难，甚至无法启动。

（4）做好柴油的净化工作，柴油在使用前要充分沉淀（不少于 48 h），并经滤网过滤，以防机械杂质混入，引起供油系统磨损和出现故障。

三、燃油使用安全知识

汽油和柴油均属易燃、易爆和有毒的危险品，在储存、运输和使用中稍有不慎就可能酿成严重事故。因此，作为汽车使用和维修人员，了解燃油使用的安全知识十分必要。

1. 燃油的危险性

（1）易燃烧性

燃油一般都有易燃烧的特性。柴油的自燃点低，容易自燃。而汽油的蒸发性强，闪点低（–58 ~ –30 ℃），在储运和存放过程中极易产生大量的油蒸气，与周围空气混合，当遇到火星后即被点燃。汽油和柴油的热值很高，一旦发生火灾，油料容易被汽化，使火势迅速扩大，难以扑灭。

（2）易爆炸性

燃油的易爆炸性与其蒸发性有关，当油蒸气与空气的混合比达到一定范围时，遇火即会爆炸。混合比的爆炸范围称为爆炸极限。汽油的爆炸极限为 1.4% ~ 7.6%（体积分数），柴油的爆炸极限为 0.6% ~ 6.5%（体积分数）。由于燃油的蒸发性强，所以极易达到爆炸极限，引起爆炸和燃烧。

（3）易产生静电

汽油在罐装或运输时，沿输油管路流动，与管壁摩擦，会产生电荷；汽油从管口喷出，与空气接触，分裂成许多小液珠时，也能产生电荷。如果电荷不能及时通过接地线导出，就会滞留在容器和液体表面，当积聚到一定数量时，会突然产生跳火现象。若跳火部位正好处于混合气的爆炸极限内，就会引起爆炸和燃烧。

（4）有毒性

汽油和柴油属于烃类化合物，燃油中的芳香烃和不饱和烃对人体有一定的毒性。由于燃油的蒸发性强，如果人体吸入较多的油蒸气，就会感到头晕、头痛，时间长了就有可能发生慢性中毒事故。

想一想

运输燃油的油罐车为了确保安全，应采取哪些措施？

2. 防火和防爆措施

（1）严格加强火种管理。油库、车库内严禁带入一切火种，如打火机、火柴等，要使用防爆灯具和开关，绝不可用明火、油灯照明；不可将燃油与乙炔、氧气等存放在一起。

（2）不得用铁器敲打油桶，特别是敲打装过汽油的空桶更为危险，一旦遇到火星就会爆炸。油库内不准使用铁器工具，油桶相互间不要靠得太近，不准穿带铁钉的鞋进入油库，以免铁制品碰擦时产生火花而引起火灾。

想一想

为什么用铁器敲打装过汽油的空桶更容易引起火灾？

（3）灌装汽油时，附近的汽车、拖拉机的排气管加装防火装置的才可发动，严禁在油库附近检修车辆。

（4）汽车进入加油站加油时，必须将发动机熄火。

（5）擦过油迹的抹布、棉纱头、手套等物品不要放在油库、车库内，应集中放在有盖的铁箱中，及时处理或清洗回收使用，以防自燃。

（6）焊补油桶、油罐时，要先将它们洗刷、晾干至没有油味，并打开桶盖或罐口，最好加满水后进行。

（7）油库及用油区要配备消防设备，并定期检查。燃油着火时不能用水扑救，只能用专用消防器具或用砂子、土掩盖来灭火。

想一想

为什么油料着火时不能用水扑救？

3. 防静电措施

（1）凡用于储存和运输油料的油罐、输油管路、油泵等，都必须有接地装置，并保证接地可靠。油罐车必须有接地铁链，卸油场地应设静电接地装置。

（2）向油罐、油桶灌装汽油时，输油管的管口必须插至容器底部，以减小油流的冲击力和摩擦。油流速度不能太快，一般控制在 3 m/s 以下。

（3）在灌装开始和灌装到容器 3/4 以后的两段时间内，最容易导致静电跳火，要适当降低油流速度。

（4）禁止用塑料桶等绝缘物体加装汽油，不得用汽油擦洗汽车。

想一想

为什么禁止用塑料桶装汽油？

4. 防中毒措施

（1）油罐、油桶、输油管路和油泵等设备应保持密封，防止油料或其蒸气渗漏，并要加强油库、车库的通风。

（2）不可用嘴吸油。如油料溅入眼中，应立即用食盐水或清水清洗。

（3）清洗大的储油罐内部时，要戴防毒面具，并有专人看护，轮流作业。

（4）万一发生中毒事件，应立即将人抬到空气流通的地方，进行人工呼吸或及时送医治疗。

思考与练习

1. 车用柴油的主要使用性能有哪些？
2. 我国车用柴油的牌号是如何划分的？
3. 什么是滞燃期？它对柴油发动机的工作有何影响？
4. 如何选用车用柴油？车用柴油的使用注意事项有哪些？
5. 为什么柴油发动机没有像汽油发动机一样的点火系统？
6. 燃油的危险性主要表现在哪些方面？简述燃油防火、防爆、防静电和防中毒的安全措施。

§1—3 新 能 源

学习目标

1. 知道汽车对新能源的要求。
2. 了解各种新能源的发展趋势。
3. 熟悉乙醇汽油的特性。

一直以来，石油燃料都是汽车的主要能源。据统计，全世界的石油产品约46%为汽车所消耗。随着汽车保有量的急剧增加以及石油储量的逐渐减少，能源危机日益加剧。同时，石油燃料燃烧所产生的废气对环境的污染也日益严重，因此，针对环境和能源形势的日趋恶化，降低汽车油耗和开发汽车新能源比过去任何时候都更重要、更迫切，这已成为现代汽车技术发展的重要课题。

案例链接

2018年我国新能源汽车产量为127万辆，销售约125.6万辆。开燃油车一个月油费在1 200元左右，若购置了新能源车，一年就可节省油费约7 000元。

一、对汽车新能源的要求

要想替代目前汽车使用的汽油和柴油，新能源必须符合以下要求：

1. 热值高、能量密度大。携带少量燃料就能持续行驶足够的里程，并保证额定的载质量。
2. 安全性好、无毒或低毒，对环境的污染少。
3. 来源广泛，容易制取，价格便宜。
4. 储存、输送和使用方便。
5. 能与目前使用的汽车燃料供给系统兼容，或只需进行简单的改装即可使用。

二、汽车主要新能源

目前正在使用和开发的汽车新能源种类很多，有醇类燃料、天然气、液化石油气、电能和氢燃料等，各类新能源的特点及应用现状见表1–3–1。我国目前大力推广的主要有乙醇汽油、电能、天然气和液化石油气。

表1–3–1 各类新能源的特点及应用现状

新能源	优点	缺点	应用现状
电能	1. 来源方式多 2. 直接污染及噪声小 3. 结构简单、维修方便	1. 比能低，汽车续航里程短，动力性差 2. 电池质量大，使用寿命短，价格高 3. 充电时间长 4. 电池制造和处理存在污染	电动汽车在限定范围内应用的技术已经成熟，家用电动轿车已得到较为广泛的推广应用
氢燃料	1. 不产生有害气体 2. 热值高 3. 资源极其丰富	1. 氢气制取成本高 2. 密度小，储运不便 3. 需要开发专用的发动机	氢能汽车还处在研究探索阶段

续表

新能源	优点	缺点	应用现状
醇类燃料（甲醇、乙醇）	1. 可以利用植物、天然气、煤制取，来源有长期保障 2. 储运方便 3. 辛烷值比汽油高 4. 与传统发动机技术有继承性，可单独使用，也可与汽油混合使用	1. 甲醇毒性大 2. 对金属和橡胶件腐蚀性大 3. 热值低；沸点低，蒸气压高，易产生气阻 4. 污染较大，与汽油相当 5. 醇混合燃料容易分层，醇的吸收性强	醇类燃料汽车发展得较早，到目前为止，甲醇、乙醇技术和成本方面已达到实用阶段
天然气	1. 资源丰富 2. 燃烧完全，污染小 3. 抗爆性能好 4. 经济性好 5. 技术成熟	1. 储运不便 2. 与空气的混合气热值较汽油低 3. 着火温度高，需较高的着火能量	在许多国家已获得广泛使用并大力推广。我国现有重型、中型、轻型和微型等多种天然气－汽油、天然气－柴油两用燃料汽车，随着西气东输工程的完成，其应用得到了进一步推动
液化石油气	1. 燃烧完全，污染小 2. 抗爆性能好 3. 延长发动机使用寿命 4. 低温启动性好 5. 使用方便	1. 液化石油气与空气的混合气热值较汽油低 2. 着火温度高，需较高的着火能量 3. 导致汽车动力性能有所下降 4. 单独使用液化石油气时，需改变发动机的结构参数	在替代能源中发展较快，有专用液化石油气汽车、液化石油气－汽油两用燃料汽车、液化石油气－柴油两用燃料汽车

查一查

你所在的地区主要在推广使用哪些新能源？

1. 乙醇汽油

车用乙醇汽油是指在汽油组分油中，按体积比加入一定比例（国家标准 GB 18351—2017 规定 10%，简称为 E10）的变性燃料乙醇调配而成的一种新型清洁车用燃料。

（1）乙醇汽油的特性

1）它能增加汽油中的氧含量，使燃烧更加充分，彻底有效地降低了尾气中有害物质的排放。

2）车用乙醇汽油中的变性燃料乙醇是一种性能优良的有机溶剂，能有效地消除油箱及油路系统中沉淀和凝结的杂质，具有良好的油路疏通作用，可减少为清洁疏通油路而需要购买其他添加剂的费用开支。

3）能有效消除火花塞、气门、活塞顶部及排气管、消声器部位积炭的形成，可以延长主要部件的使用寿命。

（2）乙醇汽油的牌号及选用

车用乙醇汽油（E10）按研究法辛烷值分为 E89 号、E92 号、E95 号和 E98 号四个牌号。

车用乙醇汽油的选用见表 1–3–2，应按照发动机的压缩比进行合理选择，以获得最佳匹配效果。

表 1–3–2　　车用乙醇汽油的选用

发动机的压缩比	选用牌号
7.5 ~ 8.0	选用 E89 号、E92 号车用乙醇汽油
8.0 ~ 8.5	选用 E92 号车用乙醇汽油
8.5 ~ 9.0	选用 E95 号车用乙醇汽油
9.0 ~ 9.5	选用 E95 号、E98 号车用乙醇汽油

2. 燃气

燃气是天然气和石油气的统称。

天然气系古生物遗骸长期沉积地下，经漫长时间转化及变质裂解而产生的气态碳氢化合物，具有可燃性，主要成分为甲烷。石油气是从石油的开采和加工中得到的可燃气体，主要由丙烷、丁烷以及其他气体混合而成。石油气通常经加压使其液化后储存在高压容器中使用，故称为液化石油气。

目前多采用燃气与汽油（柴油）双燃料供给，即汽油（柴油）和燃气同时作为汽车的燃料。汽油发动机汽车设有两套独立的燃料供给系统，利用选择开关可在燃气和汽油两种燃料中进行转换使用，但两种燃料不允许同时混合使用；柴油发动机汽车配备两个供给系统及两个独立的燃料储存系统，发动机可使用纯柴油工作，当工作于双燃料状态时，用压燃的柴油引燃燃气与空气的混合气而实现燃烧。

燃气热值高，以质量计算热值高于汽油和柴油，抗爆性好，研究法辛烷值在 100 ~ 110 范围内，燃烧完全、积炭少，排放污染物少，燃气与空气混合均匀，有利于燃烧。但其着火温度高，火焰传播速度慢，动力性能有所下降，需要较高的点火能量。

3. 电能

电能是二次能源，它可以来源于风能、水能、核能、热能、太阳能等多种方式。以电能为动力的汽车称为电动汽车。目前，电动汽车常用的蓄电池主要有铅酸电池、镉镍电池、氢镍电池、锂电池及燃料电池等。

（1）性能特点

纯电动汽车是以电池为储能单元，以电动机为驱动系统的车辆。通常，容量型动力电池即可满足使用要求。纯电动汽车的特点是结构相对简单，生产工艺相对成熟，直接污染及噪声小；缺点是充电速度慢，续航里程短，动力性差，成本高，充电时间长，蓄电池使用后会产生对环境的污染。因此，适合于行驶路线相对固定、有条件进行较长时间充电的车辆。

（2）结构特点

电动汽车主要由电力驱动系统、电源系统和辅助系统三部分组成。典型电动汽车组成框图如图 1–3–1 所示。

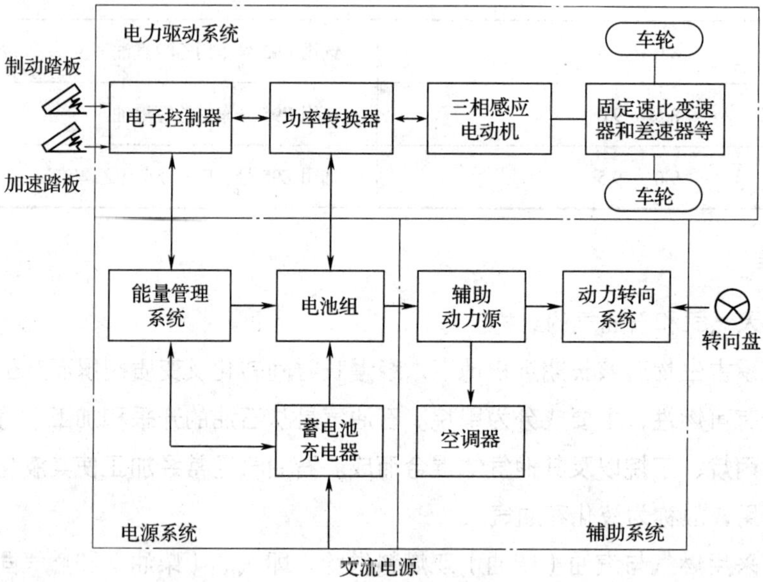

图 1–3–1　典型电动汽车组成框图

当汽车行驶时，由蓄电池输出电能（电流）通过控制器驱动电动机运转，电动机输出的转矩经传动系统带动车轮前进或后退。电动汽车续航里程与蓄电池容量有关，蓄电池容量受诸多因素限制。要提高一次充电续航里程，必须尽可能地节省蓄电池的能量。

（3）现状与前景

电动汽车在限定范围内应用的技术已经成熟，汽车电动化是世界汽车工业未来转型的方向，美国、德国、法国、英国、荷兰、挪威、印度等多个国家或地区制定了燃油汽车禁售时间表，大多在 2025—2030 年，汽车动力也将随之发生革命性变化。根据壳牌公司的研究预测，电力、氢能源将从 2030 年前后开始逐步“接管”汽车能源市场，2040 年、2060 年新能源使用量将分别占 20% 和 60% 以上，2070 年乘用车市场将全面摆脱对化石燃料的依赖，电动汽车将得到全面普及。

课堂讨论

说一说自己了解的一款国产纯电动汽车，列举一下该款车的电池容量、一次充电续航里程、最高时速、百千米电耗（电费）、0 ~ 100 千米最快加速时间、220 V 家用电压充电所需时间、最大爬坡度、电动机额定功率、额定扭矩等。

4. 氢气

氢气主要是从水中通过裂解制取的，或者来源于各种工业副产品。用氢气作为燃料的汽车称为氢气汽车。

（1）特点

热值高，热效率高，辛烷值高，燃烧后不产生有害气体，氢气生产成本高。气态氢能量密度小，储运不方便；液态氢技术难度大，成本高。

（2）现状与前景

氢气作为汽车燃料最大的问题是制取与携带。氢气制取的方式很多，但成本都非常高，目前还没有找到更好的解决办法。

目前，氢气汽车还处在研究探索阶段，真正应用得很少。但随着石油资源的减少和人类科技的不断进步，氢气汽车的应用前景十分光明。各发达国家都不惜财力、人力进行研究，以备未来其他能源消耗殆尽时氢气汽车能起主导作用。

此外，正在研究开发的汽车新能源还有太阳能、合成燃料、水、空气、植物油等，因尚处于研究阶段，许多技术问题还有待解决，所以目前还无法在汽车上应用。

思考与练习

1. 目前主要的汽车新能源有哪几种？它们应符合哪些方面的要求？
2. 什么是乙醇汽油？如何选用其牌号？

第二章

汽车润滑材料

汽车作为一种技术先进、机械结构复杂的交通运输工具，用到了多种润滑材料。这些润滑材料主要包括发动机润滑油、齿轮油、自动变速器油、转向机油和润滑脂等。其主要作用是减缓汽车零部件的磨损，延长其使用寿命，保证汽车正常运行。汽车润滑材料是高技术含量的产品，随着汽车技术的不断进步，国家对汽车排放的要求日益严格，汽车对各种润滑材料的性能要求也在不断提高，其重要性也越来越受到汽车制造厂家、车辆使用和维修人员的重视与关注。

§2—1　发动机润滑油

学习目标

1. 了解发动机润滑油的作用与工作环境。
2. 掌握发动机润滑油的使用性能和分类。
3. 熟悉发动机润滑油的选用及使用注意事项。

发动机润滑油（又称机油）是由石油中的重油经精制加工，并加入各种添加剂而制成的。发动机润滑油是汽车润滑油料中品种最多、用量最大、性能要求较高、工作条件异常苛刻的一种油品。一般发动机润滑油的加注口都在发动机上面，有一个黑色的盖子（见图 2-1-1），将其拧开即可

图 2-1-1　发动机润滑油加注口

加注发动机润滑油，发动机润滑油从这里缓缓流入发动机的油底壳内储存，在发动机工作时为发动机提供全面的保护。

案例链接

有一辆行驶里程为 15 万千米的奥迪 A6L 汽车出现故障，车主描述在行驶过程中发动机熄火，再也无法启动。4S 店维修人员仔细检查了发动机，发现发动机下部在滴润滑油，原来是油底壳被碰坏了。而且通过机油尺已经测不到润滑油，发动机内部也已经无润滑油了。现在发动机不转动，可能曲轴已经抱死，发动机已经受到严重损坏。车主很后悔，他说在半个小时前听到了底盘被蹭的响声，但是没检查，没想到会造成这么严重的后果。

一、发动机润滑油的作用与工作环境

1. 发动机润滑油的作用

发动机润滑油的作用主要有润滑、冷却、洗涤、密封、防锈及减振。发动机润滑油的各种作用及说明见表 2–1–1。

表 2–1–1　　发动机润滑油的各种作用及说明

作用	说明
润滑作用 减小摩擦 防止动力损失 	润滑是发动机润滑油的主要作用。润滑油能使金属间的干摩擦变成润滑油层间的液体摩擦，从而在各摩擦表面形成牢固的油膜，减少机件磨损，保证机件正常运转
冷却作用 将摩擦产生的热量带走 	润滑油流过各个摩擦表面时，能将摩擦表面生成的热量带走，使机件保持正常的工作温度
洗涤作用 清洗磨屑、杂质、脏物 	润滑油流过机件摩擦表面时，把摩擦表面的磨屑、杂质、脏物等带走，并把它们送到机油盘中沉淀或由滤清器滤除，使发动机机件表面保持清洁

续表

作用	说明
密封作用 防止气体、水、灰尘进入 	润滑油可以在各机件之间的间隙形成油膜，起到密封作用，防止气体的泄漏
防锈作用 利用油膜将水、腐蚀物隔离 	润滑油能吸附在金属表面形成油膜，避免水及腐蚀介质和金属直接接触，从而防止或减少它们对金属的锈蚀
减振作用 缓和冲击 消除振动 	机件受到冲击载荷时，载荷传递需通过机件间隙中的润滑油膜，由此能起到缓冲和消振作用

2. 发动机润滑油的工作环境

发动机润滑油的工作环境十分恶劣，主要表现为：

（1）高温环境

润滑油在发动机中经常与高温机件接触，如气缸上部的平均温度为 180 ~ 270 ℃，曲轴箱中的平均油温为 85 ~ 95 ℃。润滑油在这样高的温度下工作，极易氧化变质。

（2）金属及催化剂的影响

发动机润滑油在发动机内的循环次数每小时在 100 次以上，灼热的润滑油不断地与各种金属机件及空气接触，在金属的催化下与氧反应，使润滑油不断老化变质。

（3）燃烧废气和燃料的侵蚀

发动机在工作中，燃烧的废气和未完全燃烧的混合气在气缸密封不良时会蹿入曲轴箱。这些气体冷凝后将形成水和酸性物质，稀释、腐蚀润滑油。

（4）其他杂质的污染

发动机在运转中，由于吸入空气时带入的尘埃、机件磨损产生的金属屑以及燃烧生成的积炭等都会进入润滑油，从而对润滑油造成严重污染。

小资料

随着汽车发动机性能的不断改进，发动机润滑油的工作条件更加苛刻，而且现在对汽车的环保要求也越来越高，为此，发动机加装有一些废气净化装置或采用其他措施来降低排放。净化装置内的催化剂对润滑油的催化作用更为强烈，因而对发动机润滑油提出了更高的要求。

3. 对发动机润滑油的性能要求

由于发动机润滑油的工作环境非常恶劣，为保证发动机在复杂工作条件下得到正常润滑，对发动机润滑油的性能要求是：具有适当的黏度和良好的黏温性、良好的氧化安定性、良好的防腐性以及清净分散性等。

二、发动机润滑油的主要使用性能

1. 黏度

黏度是润滑油的主要性能指标，它是润滑油分类和使用的主要依据。对于发动机来说，润滑油的黏度直接关系到发动机的启动性能、机件的磨损、燃料和油料的消耗以及功率损失等。黏度过大或过小对发动机的工作都会产生不利影响。因此，为保证发动机正常工作，在使用时要求润滑油的黏度应适宜。表示油料黏度的方法主要有动力黏度、运动黏度和条件黏度。我国润滑油规格中黏度采用动力黏度和运动黏度表示。

2. 黏温性

润滑油黏度是随温度变化而变化的，温度升高，黏度变小；温度降低，黏度增大。润滑油黏度随温度变化而变化的特性称为黏温性。由于润滑油的工作温度范围很宽，从启动时到发动机长时间运行后，在活塞区的温差有 200 ℃左右，冬季更大。若润滑油的黏温性差，就会出现低温时黏度过大，而高温时黏度过小的现象，造成机件磨损和损坏。因此，为保证润滑油在高温和低温时都有适宜的黏度，要求润滑油必须具有良好的黏温性。为改善润滑油的黏温性，通常是在低黏度润滑油中添加黏度指数改进剂（增稠剂），使之能适应在较宽温度范围使用的要求，这种润滑油称为多级油。

知识链接

发动机润滑油的工作温度范围相当大，活塞环处温度为 115 ~ 205 ℃，主轴承处温度为 85 ~ 95 ℃；而冷车启动时，润滑油温度与外界温度相同，所以润滑油黏温性的优劣对发动机工作影响很大。

3. 氧化安定性

氧化安定性是指发动机润滑油在储存和使用中抵抗氧化反应的能力。润滑油和空气中的氧气接触，会发生氧化反应，引起润滑油变质。

常温下发动机润滑油的氧化速度比较缓慢，但在高温时，氧化速度明显加快，尤其是在曲轴强烈搅拌下，飞溅的油滴蒸发成油雾，增大了与氧接触的面积，在金属催化作用下，使氧化反应变得非常激烈。油中生成的氧化物，不仅会使油的外观和理化性能发生变化，如颜色变暗、黏度增加、酸度增大等，引起机件磨损，破坏发动机正常工作，还会加速润滑油老化变质。

因此，要求润滑油具有良好的抗氧化能力，特别是在高温下的抗氧化能力（又称热氧化安定性）。为减缓润滑油的氧化变质，延长润滑油的使用寿命，通常在润滑油中添加各种性能良好的抗氧化添加剂。

4. 防腐性

润滑油在氧化过程中会产生酸性物质，如各种有机酸等，虽然其酸性较弱，但在高温、高压及水汽的作用下对金属有很强的腐蚀性。

汽车发动机在高负荷、高速、高温下工作，普遍使用滑动轴承。滑动轴承合金的耐蚀性较差，特别是柴油发动机常用的铜铅、镉银、镉镍合金等，它们的耐蚀性能很差，润滑油中微量的酸性物质都会引起严重的腐蚀，产生麻点、凹坑、剥落等现象。因此，要求发动机润滑油具有良好的防腐性能。

为提高润滑油的防腐性，通常采用的方法有两种：一是加深润滑油的精炼程度，以减小酸值；二是添加防腐剂，常用的防腐剂多为硫、磷等有机盐，它能在轴承表面形成防腐保护膜，同时减少油中的氧化物，使机件不受腐蚀。

5. 清净分散性

清净分散性是指发动机润滑油中的活性剂与无灰分散剂能够抑制油泥、漆膜和积炭的生成或将这些沉积物清除的能力。

润滑油在使用过程中因受到废气、燃气、高温和金属催化作用，会生成各种氧化物，它们与金属磨屑等机械杂质混在一起，在油中形成胶状沉积物（简称胶质），这些沉积物对发动机的影响极大。因此，润滑油应有良好的清净分散性。胶质的形成过程及其对发动机的影响如图 2-1-2 所示。

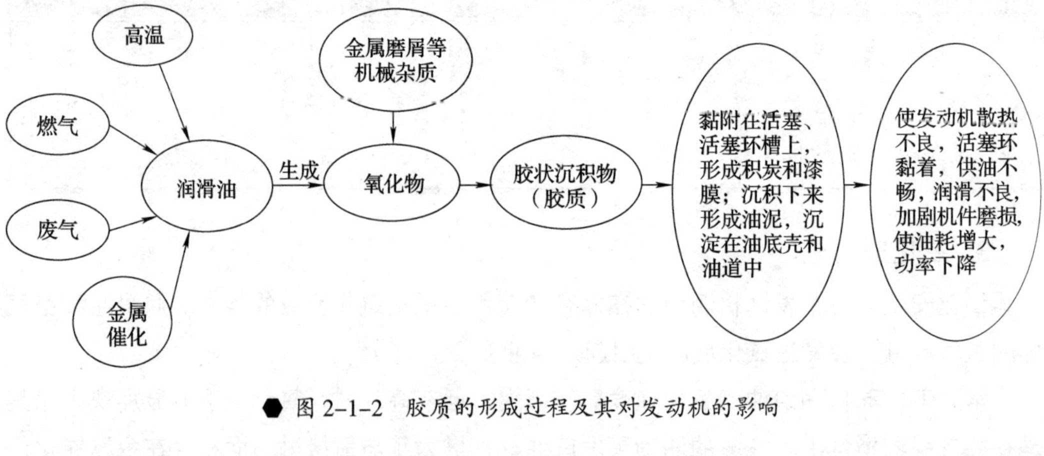

● 图 2-1-2 胶质的形成过程及其对发动机的影响

润滑油的清净分散性通常是通过在油中添加清净分散剂来提高的。目前常用的有金属型清净分散剂和无灰型清净分散剂，它们不仅具有良好的清净分散效果，同时还具有良好的抗氧化性能。

三、发动机润滑油的组成、分类和规格

1. 发动机润滑油的组成

发动机润滑油一般由基础油和添加剂组成，基础油通常约占 90%。基础油分为矿物基础油和合成基础油，见表 2–1–2。

表 2–1–2　　发动机润滑油的组成

名称		说　明
基础油	矿物基础油	矿物基础油是由石油经过提炼分馏出汽油、煤油、柴油等一些产品后所得到的一种重质油
	合成基础油	合成基础油是由煤气或天然气所分解出来的乙烯、丙烯再经聚合、催化等复杂的化学反应炼制而成；合成基础油抵抗外力的能力强，热稳定性、抗氧化性、黏温性、抗剪切能力等都比矿物基础油强
添加剂		改善润滑油的理化性质，给润滑油增加新的特殊性能，或强化润滑油原有的某种性能

2. 发动机润滑油的分类

（1）按发动机的类型分类

我国发动机润滑油分为汽油发动机润滑油（简称汽油机油）和柴油发动机润滑油（简称柴油机油），每一类润滑油又按其使用性能和黏度分成若干等级。

1）按使用性能（使用等级）分类。我国国家标准《内燃机油分类》（GB/T 28772—2012）参照国际通用的 API（美国石油协会）使用分类法，将发动机润滑油分为汽油发动机润滑油系列 (S 系列) 和柴油发动机润滑油系列 (C 系列) 两类。每一系列又按油品特性和使用场合不同分为若干等级。目前，汽油发动机润滑油系列共有 SE，SF，SG，SH、GF–1，SJ、GF–2，SL、GF–3，SM、GF–4，SN、GF–5 八个等级，柴油发动机润滑油系列共有 CC、CD、CF、CF–2、CF– 4、CG–4、CH–4、CI–4、CJ–4 九个等级。各类油品的级号越靠后，其使用性能越好。废除了不能适应当前汽车发动机工作需要的汽油发动机润滑油 SC、SD 和柴油发动机润滑油 CD–Ⅱ、CE 各两个级别。我国发动机润滑油的各品种代号、特性和使用场合见表 2–1–3。

表 2–1–3　　我国发动机润滑油分类（摘自 GB/T 28772—2012）

应用范围	品种代号	特性和使用场合
汽油发动机润滑油	SE	用于轿车和某些货车的汽油发动机以及要求使用 API SE、SD 级油的汽油发动机。此种油品的抗氧化性能及控制汽油发动机高温沉淀物、锈蚀和腐蚀的性能优于 SD 或 SC
	SF	用于轿车和某些货车的汽油发动机以及要求使用 API SF、SE 级油的汽油发动机。此种油品的抗氧化和抗磨损性能优于 SE，同时还具有控制汽油发动机沉淀、锈蚀和腐蚀的性能，并可代替 SE

续表

应用范围	品种代号	特性和使用场合
汽油发动机润滑油	SG	用于轿车、货车和轻型卡车的汽油发动机以及要求使用 API SG 级油的汽油发动机。SG 质量还包括 CC 或 CD 的使用性能。此种油品改进了 SF 级油控制发动机沉积物、磨损和油的氧化性能，同时还具有抗锈蚀和腐蚀的性能，并可代替 SF、SF/CD、SE 或 SE/CC
	SH、GF-1	用于轿车、货车和轻型卡车的汽油发动机以及要求使用 API SH 级油的汽油发动机。此种油品在控制发动机沉淀物、油的氧化、磨损、锈蚀和腐蚀等方面的性能优于 SG，并可代替 SG。GF-1 与 SH 相比，增加了对燃料经济性的要求
	SJ、GF-2	用于轿车、货车和轻型卡车的汽油发动机以及要求使用 API SJ 级油的汽油发动机。此种油品在挥发性、过滤性、高温泡沫性和高温沉积物控制等方面的性能优于 SH。可代替 SH，并可在 SH 以前的“S”系列等级中使用。GF-2 与 SJ 相比，增加了对燃料经济性的要求，GF-2 可代替 GF-1
	SL、GF-3	用于轿车、运动型多用途汽车、货车和轻型卡车的汽油发动机以及要求使用 API SL 级油的汽油发动机。此种油品在挥发性、过滤性、高温泡沫性和高温沉积物控制等方面的性能优于 SJ。可代替 SJ，并可在 SJ 以前的“S”系列等级中使用。GF-3 与 SL 相比，增加了对燃料经济性的要求，GF-3 可代替 GF-2
	SM、GF-4	用于轿车、运动型多用途汽车、货车和轻型卡车的汽油发动机以及要求使用 API SM 级油的汽油发动机。此种油品在高温氧化和清净性能、高温磨损性能以及高温沉积物控制等方面的性能优于 SL。可代替 SL，并可在 SL 以前的“S”系列等级中使用。GF-4 与 SM 相比，增加了对燃料经济性的要求，GF-4 可代替 GF-3
	SN、GF-5	用于轿车、运动型多用途汽车、货车和轻型卡车的汽油发动机以及要求使用 API SN 级油的汽油发动机。此种油品在高温氧化和清净性能、低温油泥以及高温沉积物控制等方面的性能优于 SM。可代替 SM，并可在 SM 以前的“S”系列等级中使用。对于资源节约型 SN 油品，除具有上述性能外，强调燃料经济性、对排放系统和涡轮增压器的保护以及与含乙醇最高达 85% 的燃料的兼容性能。GF-5 与资源节约型 SN 相比，性能基本一致，GF-5 可代替 GF-4
柴油机润滑油	CC	用于中负荷及重负荷下运行的自然吸气、涡轮增压和机械增压式柴油发动机以及一些重负荷汽油发动机。对于柴油发动机具有控制高温沉积物和轴瓦腐蚀的性能，对于汽油发动机具有控制锈蚀、腐蚀和高温沉积物的性能
	CD	用于需要高效控制磨损及沉积物或使用包括高硫燃料自然吸气、涡轮增压和机械增压式柴油发动机以及要求使用 API CD 级油的柴油发动机。具有控制轴瓦腐蚀和高温沉积物的性能，并可代替 CC
	CF	用于非道路间接喷射式柴油发动机和其他柴油发动机，也可用于需有效控制活塞沉积物、磨损和含铜轴瓦腐蚀的自然吸气、涡轮增压与机械增压式柴油发动机。能够使用硫的质量分数大于 0.5% 的高硫柴油燃料，并可代替 CD
	CF-2	用于需高效控制气缸、环表面胶合和沉积物的二冲程柴油发动机，并可代替 CD-Ⅱ

续表

应用范围	品种代号	特性和使用场合
柴油机润滑油	CF-4	用于高速、四冲程柴油发动机以及要求使用 API CF-4 级油的柴油发动机，特别适用于高速公路行驶的重负荷卡车。此种油品在发动机润滑油消耗和活塞沉积物控制等方面的性能优于 CE，并可代替 CE、CD 和 CC
	CG-4	用于可在高速公路和非道路使用的高速、四冲程柴油发动机。能够使用硫的质量分数小于 0.05% ~ 0.5% 的柴油燃料。此种油品可有效控制高温活塞沉积物、磨损、腐蚀、泡沫、氧化和烟炱的累积，并可代替 CF-4、CE、CD 和 CC
	CH-4	用于高速、四冲程柴油发动机。能够使用硫的质量分数不大于 0.5% 的柴油燃料。即使在不利的应用场合，此种油品可凭借其在磨损控制、高温稳定性和烟炱控制方面的特性有效地保持发动机的耐久性；对于非铁金属的腐蚀、氧化和不溶物的增稠、泡沫性以及由于剪切所造成的黏度损失可提供最佳的保护。其性能优于 CG-4，并可代替 CG-4、CF-4、CE、CD 和 CC
	CI-4	用于高速、四冲程柴油发动机。能够使用硫的质量分数不大于 0.5% 的柴油燃料。此种油品在装有废气再循环装置的系统里使用可保持发动机的耐久性。对于腐蚀性和与烟炱有关的磨损倾向、活塞沉积物以及由于烟炱累积所引起的黏温性变差、氧化增稠、发动机润滑油消耗、泡沫性、密封材料的适应性降低和由于剪切所造成的黏度损失可提供最佳的保护。其性能优于 CH-4，并可代替 CH-4、CG-4、CF-4、CE、CD 和 CC
	CJ-4	用于高速、四冲程柴油发动机。能够使用硫的质量分数不大于 0.05% 的柴油燃料。对于废气后处理系统的发动机，如使用硫的质量分数大于 0.001 5% 的燃料，可能会影响废气后处理系统的耐久性或发动机润滑油的换油期。此种油品在装有微粒过滤器和其他后处理系统里使用可特别有效地保持排放控制系统的耐久性。对于催化剂中毒的控制、微粒过滤器的堵塞、发动机磨损、活塞沉积物、高低温稳定性、烟炱处理特性、氧化增稠、泡沫性和由于剪切所造成的黏度损失可提供最佳的保护，其性能优于 CI-4，并可代替 CI-4、CH-4、CG-4、CF-4、CE、CD 和 CC
农用柴油机润滑油	—	用于以单缸柴油发动机为动力的三轮汽车（原三轮农用运输车）、手扶变型运输机、小型拖拉机，还可用于其他以单缸柴油机为动力的小型农机具，如抽水机、发电机等。具有一定的抗氧、抗磨性能和清净分散性能

注：SD、SC、CD-Ⅱ、CE 已经废止。

除上述汽油发动机润滑油和柴油发动机润滑油系列分类外，还有通用的内燃机润滑油，即汽/柴油发动机通用型润滑油（“S”和“C”两个字母同时存在）。通用内燃机润滑油可根据需要在上述标准的汽油发动机润滑油品种和柴油发动机润滑油品种中进行组合，任何一种通用内燃机润滑油都应同时满足其汽油发动机润滑油品种和柴油发动机润滑油品种的所有指标要求。其中“S”在前，表示其配方首先满足相应的汽油发动机润滑油要求，例如，SF/CD、SG/CD、SJ/CF-4 等；若“C”在前，表示其配方首先满足相应的柴油发动机润滑油要求，例如，CF-4/SG、CH-4/SJ、CI-4/SL 等。

代号说明如下：每一品种润滑油用两个大写英文字母及数字组成的代号表示。代号第一个字母为“S”，代表汽油发动机润滑油；“GF”代表以汽油为燃料的，具有燃料经济特性要求的乘用车发动机润滑油。当代号的第一个字母为“C”时代表柴油发动机润滑油；字母后的数字 2 或 4 分别代表二冲程或四冲程柴油发动机。

2）按黏度分类。我国国家标准《内燃机油黏度分类》（GB/T 14906—2018）采用国际通用的 SAE（美国汽车工程师协会）黏度分类法，将润滑油分为冬季用油 (W 级) 和非冬季用油。冬季用油按低温启动黏度、低温泵送黏度和 100 ℃时运动黏度划分，共有 0W、5W、10W、15W、20W 和 25W 六个等级，“W”前的数字越小，低温黏度越小，低温流动性越好，适用的最低气温越低。例如，“10W”润滑油可满足“15W”“20W”或“25W”润滑油的黏度要求。非冬季用油按 100 ℃时运动黏度和 150 ℃时高温高剪切黏度划分黏度等级，有 8、12、16、20、30、40、50 和 60 八个等级，数字越大表示黏度越大，适用的最高气温越高，见表 2-1-4。

表 2-1-4　我国发动机润滑油黏度分类（摘自 GB/T 14906—2018）

黏度等级	低温启动黏度 /（mPa·s）不大于	低温泵送黏度（无屈服应力时）/（mPa·s）不大于	运动黏度（100 ℃）/（mm^2/s）不小于	运动黏度（100 ℃）/（mm^2/s）小于	高温高剪切黏度（150 ℃）/（mPa·s）不小于
试验方法	GB/T 6538	NB/SH/T 0562	GB/T 265	GB/T 265	SH/T 0751*
0W	6 200 在 -35 ℃	60 000 在 -40 ℃	3.8	—	—
5W	6 600 在 -30 ℃	60 000 在 -35 ℃	3.8	—	—
10W	7 000 在 -25 ℃	60 000 在 -30 ℃	4.1	—	—
15W	7 000 在 -20 ℃	60 000 在 -25 ℃	5.6	—	—
20W	9 500 在 -15 ℃	60 000 在 -20 ℃	5.6	—	—
25W	13 000 在 -10 ℃	60 000 在 -15 ℃	9.3	—	—
8	—	—	4.0	6.1	1.7
12	—	—	5.0	7.1	2.0
16	—	—	6.1	8.2	2.3
20	—	—	6.9	9.3	2.6
30	—	—	9.3	12.5	2.9
40	—	—	12.5	16.3	3.5（0W-40、5W-40 和 10W-40 等级）
40	—	—	12.5	16.3	3.7（15W-40、20W-40、25W-40 和 40 等级）
50	—	—	16.3	21.9	3.7
60	—	—	21.9	26.1	3.7

注：* 也可采用 SH/T 0618、SH/T 0703 方法，有争议时，以 SH/T 0751 为准。

另外，黏度牌号又有单级油和多级油之分。多级油牌号同时包含 W 黏度级和高温黏度级，并且两黏度级号之差大于等于 15。多级油的黏度级号有 5W–30、5W–40、5W–50、10W–30、10W–40、10W–50、15W–30、15W–40、15W–50、20W–40、20W–50 等。由于多级油冬夏通用，加大了润滑油对季节和气温的适应范围，避免了因换季节而更换发动机润滑油造成的浪费。

图 2–1–3 所示为常用黏度等级适用温度范围。

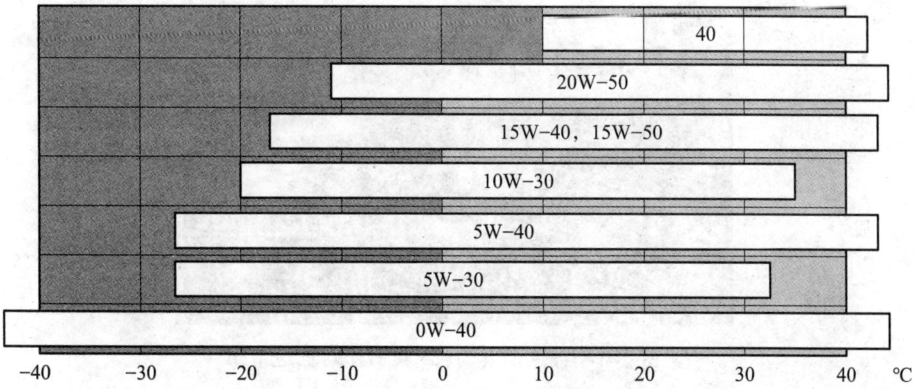

图 2–1–3 常用黏度等级适用温度范围

（2）按组成润滑油的基础油不同分类

按组成润滑油的基础油不同，发动机润滑油可简单分为矿物质润滑油和合成润滑油两种，合成润滑油又分为半合成润滑油和全合成润滑油，见表 2–1–5。合成润滑油使用的温度范围更广，使用期限更长，成本更高；同样的油膜要求，合成润滑油可用较低的黏度就可达成，而矿物润滑油就需用相对于合成润滑油较浓的黏度才可达到要求。

表 2–1–5 发动机润滑油的分类

名称	说明
矿物质润滑油	矿物质润滑油是市面上比较常用的润滑油，它运用的是原油中较差的成分。矿物质润滑油价格低廉，使用寿命及润滑性能都不如合成润滑油，同时还对环境有较大的污染。另外，矿物质润滑油因含有杂质流动点较高，不适合低温地区极端条件下使用。因矿物质润滑油基较易氧化，即使添加添加剂，使用期限仍较短。汽车每使用 6 个月左右或者行驶 5 000 km 更换，以先到为准
合成润滑油	半合成润滑油是在矿物油的基础上经过加氢裂变技术提纯后的产物，半合成润滑油的纯度非常接近全合成润滑油，其成本较矿物质润滑油略高，是矿物质润滑油向合成润滑油过渡的理想产品。汽车每使用 8 个月左右或者行驶 7 000 ~ 8 000 km 更换，以先到为准
	全合成润滑油是润滑油中的高等级油品，是来自原油中的瓦斯气或天然气所分散出来的乙烯、丙烯，再经聚合、催化等复杂的化学反应炼制成大分子组成的润滑油。因此，油质较好，热稳定、抗氧化反应、抗黏度变化的能力自然要比矿物质润滑油和半合成润滑油强得多，价格也最高。汽车每使用一年或者行驶 10 000 km 更换，以先到为准

3. 发动机润滑油的规格

发动机润滑油规格由品种（使用等级）与牌号（黏度等级）两部分构成，每一特定的品种都附有规定的牌号（黏度等级），产品按统一的方法命名。一个特定的汽油发动机 / 柴油发动机通用油可命名为 SJ/CF–4 5W–40，柴油发动机 / 汽油发动机通用油可命名为 CF–4/SJ 5W–40，它符合 SJ 级汽油发动机润滑油和 CF–4 级柴油发动机润滑油使用等级，并且还符合 5W 级黏度要求，又符合 40 级黏度要求，如图 2–1–4 所示。

● 图 2–1–4　汽油发动机 / 柴油发动机通用油

图 2–1–5 所示为识读汽油发动机润滑油 SL 5W–30 的含义。

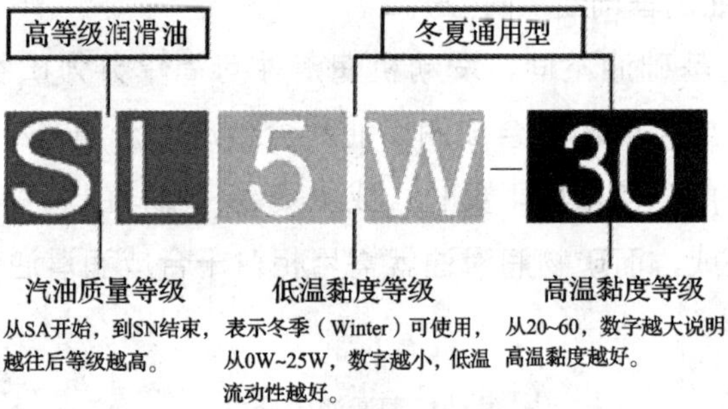

● 图 2–1–5　汽油发动机润滑油 SL 5W–30 的含义

四、发动机润滑油的选用和使用注意事项

1. 发动机润滑油的选用

由于润滑油对发动机的使用性能和使用寿命有很大影响，因此，应严格按照汽车使用说明书的规定选用，如图 2–1–6 所示。

若无说明书，可根据发动机特性和使用地区的气温情况，选用合适的使用等级和黏度等级。

（1）根据发动机工作条件的苛刻程度选用使用等级

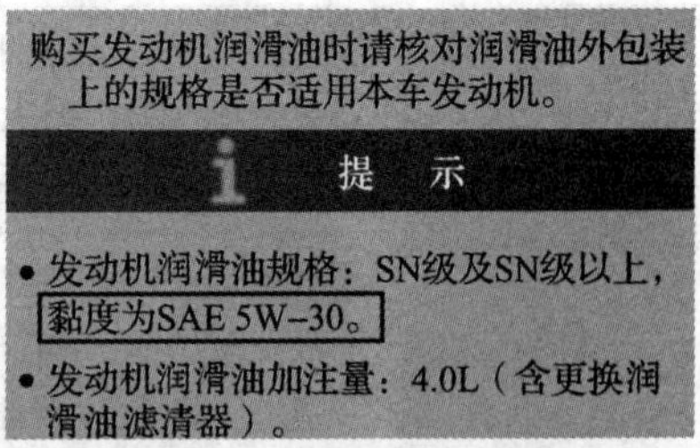
购买发动机润滑油时请核对润滑油外包装上的规格是否适用本车发动机。

提　示

• 发动机润滑油规格：SN级及SN级以上，黏度为SAE 5W–30。
• 发动机润滑油加注量：4.0L（含更换润滑油滤清器）。

● 图 2–1–6　某汽车使用说明书的规定

1）汽油发动机润滑油使用等级的选用。汽油发动机工作条件的苛刻程度与发动机进、排气系统中有无附加装置及其类型有关。因此，可按附加装置的类型来选用汽油发动机润滑油的使用等级，见表 2–1–6。

表 2–1–6　　附加装置的类型与宜选用汽油发动机润滑油的使用等级

附加装置	汽油发动机润滑油使用等级	举例
有曲轴箱强制通风（PCV）装置的汽油发动机	SE	微型车、东风小康 K17、五菱兴旺
有废气再循环（ECR）系统的汽油发动机	SF	东风雪铁龙
装有催化转化器或中低档电喷系统的汽油发动机	SG 级以上	丰田 5A、8A
单点电喷汽油发动机	SH GF–1	宝骏、长城哈弗、众泰
采用新型材料和新技术的中高档电喷汽油发动机	SJ GF–2	东风 V16、富康神龙
多点电喷汽油发动机	SL GF–3	桑塔纳 3000、时代超人、现代伊兰特
涡轮增压电喷汽油发动机	SM GF–4	帕萨特 1.8T、2.0T、大众 EA111 发动机系列
缸内直喷、涡轮增压、可变配气正时汽油发动机	SN GF–5	奥迪 A6L、A4L、Q5、大众 EA888（一、二代）发动机系列
缸内直喷、实现分层燃烧汽油发动机	SP（SN 升级版）	大众 EA888（三代）发动机系列、奔驰 GLA、雷克萨斯 L400

另外，对于从欧、美、日等汽车生产国进口的汽车，也可以根据生产年份来大致区分汽油发动机润滑油的使用等级，见表 2–1–7。这是因为汽车的生产年份越靠后，其性能改进得越多，润滑油的工作条件通常要比早年生产的汽车苛刻。

表 2–1–7　　汽车生产年份与宜选用汽油发动机润滑油质量等级的对应关系

汽车的生产年份	汽油发动机润滑油的质量等级
1989—1993 年	SG 级
1994—1996 年	SH 级
1996—2001 年	SJ 级
2002—2004 年	SL 级，为 SJ 的升级版，并通过国际标准认证
2004—2006 年	SM 级，是 2004 年推出的顶级质量标准
2006 年至今	SN 级

2）柴油发动机润滑油使用等级的选用。柴油发动机润滑油工作条件的苛刻程度可用柴油发动机强化系数来表示。强化系数越大，柴油发动机的热负荷和机械负荷越大，润滑油的工作条件也就越苛刻，选用润滑油的等级也就越高。强化系数与柴油发动机润滑油使用等级之间的对应关系见表 2–1–8。

表 2–1–8　　强化系数与柴油机油使用等级的对应关系

强化系数 K_{Φ}	柴油发动机润滑油使用等级	举例
小于 50	CC	玉柴柴油发动机，扬柴柴油发动机，朝柴柴油发动机，锡柴 4102、4105、6102 柴油发动机
50 ~ 80	CD	康明斯、斯太尔、依维柯、索菲姆等增压柴油发动机
80 以上	CE 以上	用于在低速高负荷和高速高负荷条件下运行的低增压和增压式重负荷柴油发动机

特别提示

遇到下列情况之一时，使用等级应酌情提高一个等级：汽车长期处于时停时开的使用状态；长期低温、低速行驶；长时间高温、高速行驶；在灰尘大的环境下运行；满载或拖挂车长时间行驶。

（2）根据地区、季节、气温和发动机技术特性选用黏度等级

润滑油黏度等级的选择应同时满足低温启动性和高温润滑性，并尽量使用多级油。

1）根据使用地区、季节、气温选用不同的黏度。黏度等级低的地区和季节，应选用黏度小的油；反之，应选用黏度大的油。在严寒地区的冬季使用的发动机润滑油应选用 0W、5W 单级油或 0W–20、5W–20 多级油；而在炎热地区的夏季，则应使用 40 或 20W–40 等润滑油。我国发动机润滑油黏度等级与适用温度范围的对应关系见表 2–1–9。

表 2–1–9　　我国发动机润滑油黏度等级与适用温度范围的对应关系（供参考）　　℃

黏度等级	适用温度范围	黏度等级	适用温度范围
5W–20	–45 ~ 30	20W–40	–15 ~ 40
5W–30	–30 ~ 30	10W	–20 ~ 10
10W–30	–25 ~ 35	20	–15 ~ 20
10W–40	–25 ~ 35	30	–10 ~ 35
15W–40	–20 ~ 35	40	–5 ~ 40

2）根据发动机技术特性选用黏度等级。新发动机应选用黏度较小的润滑油，以保证在走合期内正常磨合；而使用较久、磨损较大的发动机则应选用黏度较大的润滑油，以维持所需的润滑油压力，保证正常润滑。

2. 发动机润滑油的使用注意事项

（1）按车辆使用说明书，正确选择润滑油的使用等级。

（2）一般使用等级较高的润滑油可代替使用等级较低的润滑油，但绝不能用使用等级低的润滑油代替使用等级高的润滑油，否则会导致发动机早期磨损。

（3）应注意用油的地区和季节的变化，及时换用适宜黏度等级的润滑油。使用中应尽量选用多级油。

（4）应结合使用条件按质换油。换油时应在较高温度下进行，要将废油放干净，同时必须注意严防水分、杂质混入。

（5）要按润滑油尺加注润滑油，如图 2–1–7 所示。油量不足会引起零件磨损，加速润滑油变质；油量过多会蹿入燃烧室内，形成大量的积炭。

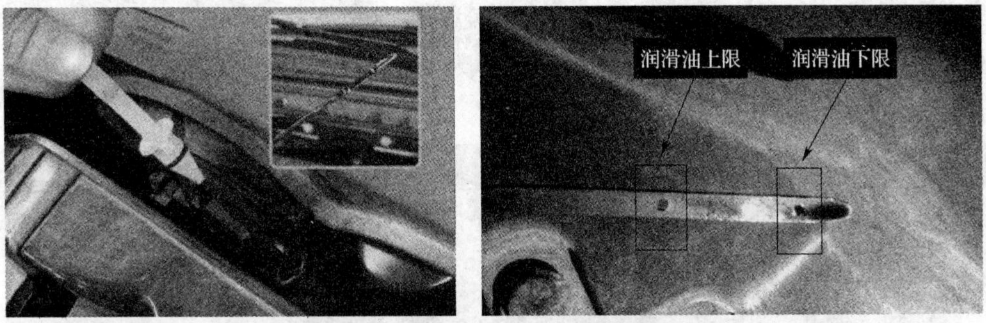

图 2–1–7　按润滑油尺加注润滑油

（6）加有降凝、抗氧、抗磨、清净分散剂等多种添加剂的稠化润滑油，使用时油色很快会变深，属于正常现象，不必换油。

（7）加强对空气滤清器、燃油滤清器和润滑油滤清器的清洁工作以及曲轴箱的通风，以减轻对润滑油的污染，防止润滑油早期变质。

知识链接

多级油具有良好的黏温性，既有利于高低温条件下的润滑，又利于低温启动，且有良好的减摩、节能效果。

五、发动机润滑油的更换

由于发动机内部工作环境恶劣，润滑油的性能会逐渐下降。在发动机内部高温、高压等恶劣的条件下，润滑油会出现变质、失去黏度等现象，会加速发动机内部的非正常磨损而烧坏发动机。

润滑油通过清洁分散作用将金属碎屑或燃料残渣清洗下来，不断地堆积在润滑油里，形成油泥和积炭，它们会影响气缸活塞的往复运动，导致燃油消耗上升，影响发动机的工作效率和使用寿命。一旦润滑油的防锈作用减弱，发动机内部就容易生锈，造成损害。

车辆上的发动机润滑油一定要定期更换，否则发动机润滑油将变质，严重时将导致发动机烧瓦抱轴，发动机将需要大修才能使用。一般来说，国产车和日系车润滑油的更换周期一般为车辆行驶 5 000 km 或半年；欧系车和美系车更换时间稍长些，一般车辆行驶 7 500 ~ 10 000 km 或一年。图 2-1-8 所示为新旧润滑油对比。

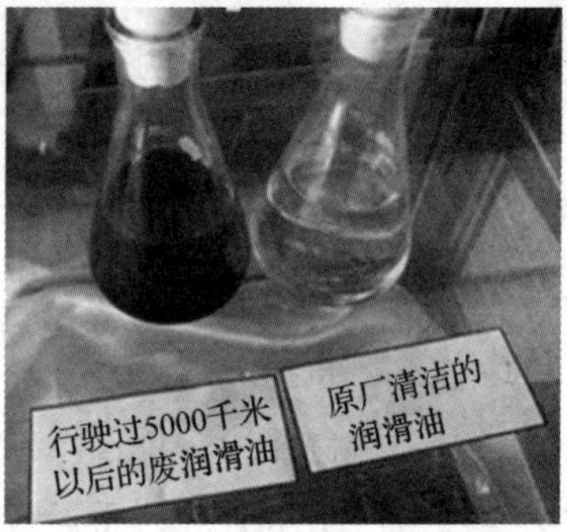

图 2-1-8　新旧润滑油对比

特别提示

只是定期更换润滑油，而忽略了更换润滑油滤清器，积满污垢的润滑油滤清器也同样会污染新换的润滑油。所以，每次更换润滑油，需同时更换润滑油滤清器。

思考与练习

1. 发动机润滑油有哪些作用？对其性能有何要求？
2. 什么是黏度？润滑油黏度大小对发动机工作有何影响？
3. 如何选用发动机润滑油？使用时的注意事项有哪些？

§2—2　齿　轮　油

学习目标

1. 了解车辆齿轮油的工作条件及主要使用性能。
2. 熟悉车辆齿轮油的分类、品种与规格。
3. 掌握车辆齿轮油的选用及使用注意事项。

车辆齿轮油是用于汽车手动变速器、驱动桥齿轮传动机构和转向机构的润滑油。与其他润滑油一样，具有减摩、冷却、清洗、密封、防锈和降噪等作用，如图 2-2-1 所示，但其工作条件与发动机润滑油不同，因而对车辆齿轮油的性能要求也有所不同。

● 图 2–2–1　齿轮油在汽车上的应用

齿轮油是较高黏度的润滑油，颜色为深黑色，双曲面齿轮油为黄绿色到深绿色或深棕红色，气味通常伴随着强烈的硫黄气味，如图 2–2–2 所示。

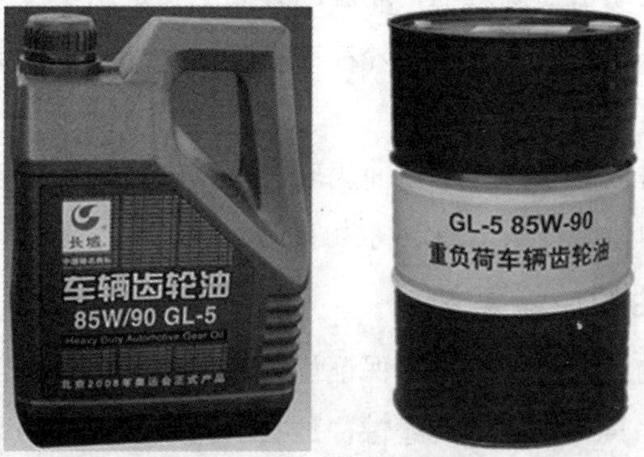

● 图 2–2–2　车辆齿轮油

案例链接

一辆丰田凯美瑞轿车在行驶中挂一挡走市区道路时，偶发不好摘挡的故障。该轿车已经使用约三年半时间，行驶里程约 4 万千米。

1. 案例分析

该车第一次去 4S 店维修时，师傅给换了齿轮油；第二天车主发现冷车启动后挂一挡走市区道路仍然会偶发不好摘挡故障。再次去 4S 店维修，师傅试车时没有出现问题，认为发动机和变速箱出问题的可能性很小。车主又驾驶该车行驶了近 100 千米，发现挂一挡恢复正常。

2. 故障排除

正常使用的车辆变速箱出问题的可能性很小，出现挂挡问题一般是齿轮油没有及时更换造成的。刚换完齿轮油后挂挡仍然出现问题，可能是新齿轮油还没有完全渗入变速箱器件里，尚未将旧齿轮油完全置换出来。因此，一般汽车行驶（4 ~ 5）$\times 10^4$ km 后要及时更换齿轮油。

一、车辆齿轮油的工作条件及其性能要求

1. 车辆齿轮油的工作条件

车辆齿轮油与发动机润滑油相比，其工作条件有两大特点：一是承受压力大；二是工作温度不高。

（1）承受压力大

齿轮在啮合过程中，齿与齿之间的接触为线接触，接触面积小，因而啮合部位单位面积的接触压力很高，一般汽车齿轮单位面积的接触压力为 2 000 ~ 3 000 MPa，准双曲面齿轮传动的齿面接触压力为 2 000 ~ 4 000 MPa。

（2）工作温度不高

齿轮油基本不受发动机热源影响，油温的升高主要是由于传动机构摩擦产生的热量引起的，并且随周围环境气温和行驶中外部空气冷却强度的变化而变化。一般齿轮工作油温最高不超过 100 ℃。

现代轿车的驱动桥齿轮采用准双曲面齿轮，因其轴线偏置量较大，在车速高时会使齿轮齿面间的相对滑动速度很高，油温将为 160 ~ 180 ℃。

2. 对车辆齿轮油的性能要求

根据车辆齿轮油的工作条件，为了保证齿轮传动良好润滑和正常运转，对车辆齿轮油的主要性能要求有：具有良好的抗磨性，适宜的黏度和良好的黏温性，良好的热氧化安定性，良好的低温流动性，良好的抗腐、防锈性能和抗泡沫性等。

二、车辆齿轮油的主要使用性能

1. 抗磨性

抗磨性是指齿轮油在运动部件的摩擦表面形成和保持牢固油膜，防止金属之间相对接触的能力。齿轮油的抗磨性主要取决于其油性和极压性。

（1）油性

油性是指齿轮油能吸附在零件的摩擦表面上，形成油膜，以减小摩擦和磨损的性能。

（2）极压性

极压性是指在摩擦表面接触压力非常高、油膜容易破裂的润滑条件下，防止摩擦表面产生烧结、胶合等损伤的性能，也称承载能力。

提高齿轮油的抗磨性，主要是在油中加入油性添加剂和极压抗磨添加剂。常用的油性添加剂有高级脂肪酸、酯醇和硫化植物油等。极压抗磨添加剂主要是含硫、磷、氯的有机化合物。

2. 黏度和黏温性

齿轮油和发动机润滑油一样，必须有适宜的黏度和良好的黏温性能。一般来说，使用高黏度齿轮油对防止齿轮及轴承损伤、减少噪声及防止漏油有利，而传动效率、冷却作用及油的传送方面，却是低黏度的齿轮油较好。

为了减少燃料消耗，国外推行了齿轮油的低黏度化。低黏度齿轮油的优点是齿轮的搅拌阻力小，并且有较好的低温流动性，在低温条件下能确保润滑。但使用时，要加强对齿轮箱体的密封，以防止齿轮油的漏损。

对于黏温性能，齿轮油虽无发动机润滑油那样大的温度变化范围，但其齿面压力很大，特别是车辆在寒冷地区使用时，同样要求有良好的黏温性能，否则易造成磨损加剧，燃油消耗增大。

3. 热氧化安定性

齿轮油在使用中，由于持续受热及受齿轮的强烈搅拌，在氧气和金属催化的作用下，会发生氧化而生成氧化物，如图 2–2–3 所示，这些氧化物危害很大。

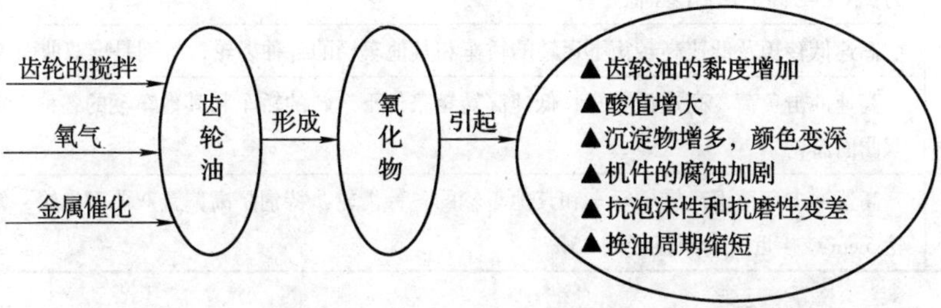

图 2–2–3　齿轮油变质过程

因此，为延长齿轮油的使用期限，油中都加有抗氧化剂，以改善其热氧化安定性。

4. 防锈性和抗腐性

齿轮油在使用中，由于空气冷热交换，在油中有冷凝水存在，加之油中的酸性物质，如各种有机酸，特别是极压抗磨添加剂中的硫化物等，会引起金属的腐蚀。锈蚀和腐蚀都会破坏金属的性能，加速磨损，影响机件正常工作。因此，齿轮油中要添加防锈剂和防腐剂，使之在金属表面形成一层保护膜，以阻止对金属的侵蚀。

5. 抗泡沫性

齿轮油在空气存在的情况下受到强烈搅拌会产生泡沫，若泡沫不能很快地消除，不仅会产生溢流，使油料减少，而且会破坏油膜，加剧磨损，严重时造成齿轮烧结、胶合等损伤。因此，为了使齿轮油泡沫生成少、消散快，油中需添加抗泡剂。

三、车辆齿轮油的分类

车辆齿轮油的分类和发动机润滑油一样，采用使用性能分类和黏度分类。

1. 按使用性能分类

目前国际上广泛采用 API 使用分类法，它按齿轮承载能力和使用条件不同，分为 GL–1、GL–2、GL–3、GL–4、GL–5 和 GL–6 六个级别。API 车辆齿轮油使用性能分级见表 2–2–1。

表 2–2–1　　API 车辆齿轮油使用性能分级

级别	适用范围
GL–1	低齿面压力、低滑动速度下运行的汽车螺旋锥齿轮、蜗轮式驱动桥和各种手动变速器。直馏矿物油能满足这级油的要求
GL–2	汽车蜗轮式驱动桥，其负荷、温度及滑动速度的状况用 GL–1 级齿轮油不能满足要求的，规定用 GL–2 级齿轮油
GL–3	中等速度及负荷运转的汽车手动变速器和后桥螺旋锥齿轮，规定用 GL–3 级齿轮油。其承载能力比 GL–2 高，比 GL–4 低
GL–4	高速低转矩及低速高转矩下运转的轿车和其他车辆的各种齿轮，特别是准双曲面齿轮
GL–5	高速冲击负荷、高速低转矩、低速高转矩条件下运转的轿车和其他车辆的各种齿轮，特别是准双曲面齿轮
GL–6	高速冲击负荷下运转的轿车和其他车辆的各种齿轮，特别是高偏置双曲面齿轮，偏置大于大齿轮 5 cm 或接近大齿圈直径的 25%

国家标准《车辆齿轮油分类》（GB/T 28767—2012）参照美国 API 使用分类法，将车辆齿轮油分为普通车辆齿轮油、中负荷车辆齿轮油和重负荷车辆齿轮油，另外，手动变速箱齿轮油（MT–1）是根据统一石油化工有限公司企业标准（Q/DX TYS 0112—2017）划分的，见表 2–2–2。

表 2–2–2　　我国车辆齿轮油分类

品种代号	油品名称	使用说明
GL–3	普通车辆齿轮油	适用于速度和负荷比较苛刻的汽车手动变速器及较缓和的螺旋锥齿轮驱动桥
GL–4	中负荷车辆齿轮油	适用于速度和负荷比较苛刻的螺旋锥齿轮和较缓和的准双曲面齿轮，可用于手动变速器和驱动桥
GL–5	重负荷车辆齿轮油	适用于高速冲击负荷、高速低扭矩和低速高扭矩下操作的各种齿轮，特别是准双曲面齿轮
MT–1	手动变速箱齿轮油	适用于大型客车和重型卡车上使用的手动变速器。该类润滑剂对于防止化合物热降解、部件磨损及油封劣化提供保护，这些性能是 GL–4 和 GL–5 要求的润滑剂所不具有的。MT–1 没有给出乘用车和重负荷车辆中同步器和驱动桥的性能要求

2. 按黏度分类

国家标准《汽车齿轮润滑剂黏度分类》（GB/T 17477—2012）采用美国SAE黏度分类法。单级油分为含字母W和不含字母W的两组黏度等级系列。含字母W黏度等级系列（是冬用齿轮油）是以黏度达150 000 mPa·s时的最高温度划分，分为70W、75W、80W、85W四个黏度等级；不含字母W黏度等级系列（为常温和高温用）是以100 ℃时运动黏度划分，有80、85、90、110、140、190、250共七个黏度等级，见表2–2–3。另外，还规定了三个多级齿轮油，多级油黏度等级有80W–90、85W–90、85W–140。例如，80W–90，其黏度应满足80W的低温要求，又符合在90高温时的黏度要求。

表2–2–3　　齿轮油黏度分类

黏度等级（牌号）	最高温度（黏度为150 000 mPa·s）/（℃）	运动黏度（100 ℃）/（mm^2/s）	
		最小	最大
70W	–55	4.1	—
75W	–44	4.1	—
80W	–26	7.0	—
85W	–12	11.0	—
80	—	7.0	＜11.0
85	—	11.0	＜13.5
90	—	13.5	＜18.5
110	—	18.5	＜24.0
140	—	24.0	＜32.5
190	—	32.5	＜41.0
250	—	41.0	—

知识链接

汽车齿轮油的黏度等级不应与内燃机机油黏度等级相混淆。当汽车齿轮油与内燃机机油有相同的黏度时，两者黏度分类所定义的黏度等级相差较大。

四、车辆齿轮油的选用及使用注意事项

1. 车辆齿轮油的选用

（1）根据齿轮工作条件的苛刻程度选用使用等级

齿轮工作的苛刻程度与齿面接触压力和滑动速度有关，接触压力和滑动速度越大，工作条件也就越苛刻，就需采用高等级的齿轮油。齿轮油的工作条件与使用等级之间的关系见表2–2–4。

表 2–2–4　　齿轮油的工作条件与使用等级之间的关系

工作条件	使用等级
中等速度和负荷比较苛刻的齿轮或螺旋锥齿轮，如解放 J5 奥威、悍威等车型的变速器和转向器	普通车辆齿轮油（GL–3）
低速高扭矩或高速低扭矩下工作的齿轮及使用条件不太苛刻的准双曲线齿轮，如解放 J6 大威、新大威等车型的变速器和驱动桥	中负荷车辆齿轮油（GL–4）
高速冲击负荷、高速低扭矩和低速高扭矩下工作的齿轮及使用条件苛刻的准双曲线齿轮，如轿车及大负荷货车的变速器和驱动桥	重负荷车辆齿轮油（GL–5）

想一想

是否总质量越大的汽车应选用越高级的齿轮油？

手动变速器和转向器等，其工作负荷较小，如无特殊要求，为简化用油品种，可与驱动桥采用同一种齿轮油。

（2）根据季节、气温选用黏度等级

齿轮油的低温黏度决定了传动机构在低温下的操作性能。因此，可以按齿轮油的黏度达 1.5×10^5 mPa · s 时的最高温度（见表 2–2–3）作为使用的最低温度对照当地气温来选用。

2. 车辆齿轮油的使用注意事项

（1）严格按车辆使用说明书正确选用齿轮油，齿轮油加注要适量。加注量不足，润滑不良，磨损会增加；加注量过多，会增加动力损失和造成密封漏油。齿轮油面一般应加到与齿轮箱加油口下缘平齐。

（2）高等级的齿轮油可用在要求使用低等级齿轮油的车辆上，但低等级的齿轮油绝不能用在要求使用高等级齿轮油的车辆上，否则会使齿轮产生严重的磨损和损坏。

（3）在保证润滑的前提下，应选用黏度等级较低的齿轮油，使用黏度太高的齿轮油将会使燃料消耗显著增加，也不利于齿轮的修复及维修养护，特别是对高速轿车影响更大；应尽可能选用多级油，以避免季节换油造成的浪费。

（4）不同种类的齿轮油不能混用。因为即使是同类、同牌号的齿轮油，某些性能指标也不完全相同。

（5）齿轮油应严防水分、机械杂质等的混入。

（6）双曲线齿轮的驱动桥必须选用双曲线齿轮油，否则会造成齿轮的早期严重磨损；在使用中，严禁向齿轮油中加入柴油等进行稀释，否则会造成齿轮咬伤。冬季不能烘烤后桥、变速器，以免齿轮油严重变质。

（7）齿轮油的换油期一般为车辆行驶 40 000 ~ 50 000 km 一次，换油时应将废油放尽。一般国产载货汽车行驶 24 000 km、乘用车行驶 30 000 ~ 40 000 km 更换一次齿轮油。图 2-2-4 所示为更换车辆齿轮油。

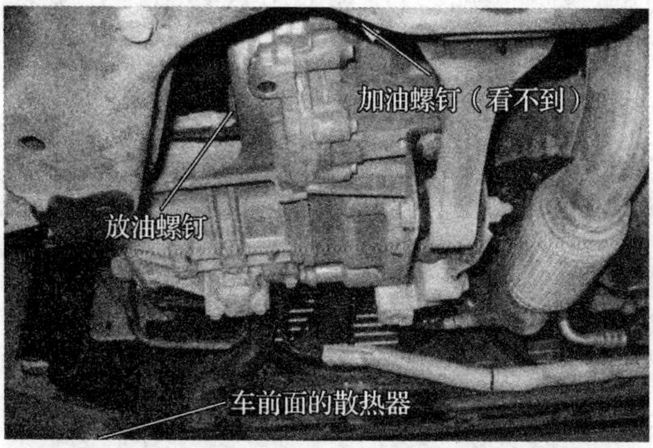

图 2-2-4　更换车辆齿轮油

想一想

为什么在保证润滑的前提下应选用黏度较小的齿轮油？

思考与练习

1. 齿轮油的工作条件有什么特点？对齿轮油的性能有何要求？
2. 什么是抗磨性？齿轮油抗磨性主要取决于哪些性能？
3. 齿轮油是如何分类的？典型牌号有哪些？
4. 如何选用齿轮油？使用时的注意事项有哪些？

§2—3　自动变速器油

学习目标

1. 了解自动变速器油的使用性能。
2. 熟悉自动变速器油的分类、牌号和规格。
3. 掌握自动变速器油的选用及使用注意事项。

配备自动变速器的轿车和工况变化比较大的大型客车、重型货车和工程机械车辆上广泛采用液力耦合器或液力变矩器。液力耦合器和液力变矩器都是依据流体力学原理实现动力传递的，统称为液力传动装置，其工作介质为液力传动油。自动变速器属于液力机械传动机构，该机构需使用自动变速器油（ATF），也称汽车液力传动油。

案例链接

一辆福特福克斯 1.8 L AT 汽车车主发现车辆最近出现了问题：等红灯后车辆起步时，以前是松开制动踏板就可以缓慢行驶，最近则必须要踩加速踏板汽车才能前进。

将车辆送至维修站，维修站师傅询问得知：此车目前已行驶 10 万千米，但从没更换过自动变速器油。在更换自动变速器油后故障排除。一般来说自动变速器油更换周期为车辆使用三年或行驶 6 万千米。随着汽车技术的发展，目前很多车辆的自动变速器油已实现终身免维护。

一、自动变速器油的作用

自动变速器油是车辆运行中非常重要的一种液体，应具备传递动力、润滑和冷却等多种功能。

自动变速器油的作用主要有如下几个方面：

1. 通过液力变矩器将发动机动力传递给自动变速器。
2. 通过电控、液控系统传递压力和运动，完成对各换挡元件的操纵。
3. 将自动变速器中的热量带出并传递给冷却介质。
4. 对行星齿轮机构和摩擦副强制润滑。
5. 清洁运动零件并起动密封作用。

二、自动变速器油的使用性能

1. 黏度和黏温性

自动变速器对油的黏度十分敏感，而组成自动变速器的各部件对油的黏度要求也不同。从提高自动变速器的传动效率、控制系统动作灵敏性的角度看，自动变速器油的黏度低有利；而为满足齿轮和轴承的润滑要求，减少液压控制系统和油泵泄漏，确保换挡正常，自动变速器油的黏度不能过低，但也不宜过高，过高不仅使自动变速器的传动效率下降，而且也会造成低温启动困难。

综合考虑传动效率、低温启动性和润滑要求，自动变速器油 100 ℃时的运动黏度一般在 7 mm^2/s 左右。自动变速器油的使用温度范围很宽，一般为 –40 ~ 170 ℃，因此，要有很高的黏温性，黏度指数在 170 左右，这就要求自动变速器油具有适宜的黏度和良好的黏温性。

2. 热氧化安定性

自动变速器油的热氧化安定性是使用中一个极为重要的性能。在自动变速器油的使用温度很高时，如热氧化安定性不好，则会生成油泥、漆膜和沉淀物，少量沉淀物会使自动变速器液压控制机构的管路和阀门的工作受到影响，油内氧化生成的酸或过氧化物会对轴承、橡胶密封材料造成损害。近年来，汽车制造商要求自动变速器用的自动变速器油与自动变速器同寿命，至少也应在汽车 16 万千米的行驶期内保持性能不变。因此，对自动变速器油的热氧化安定性要求严格。

3. 抗磨性或极压抗磨性

为确保自动变速器的行星齿轮机构、轴承、垫圈和油泵等长期正常工作，要求自动变速器油必须润滑良好。

自动变速器油的摩擦特性是一个复合的性能，也是自动变速器油全部性能中最重要而又最难达到要求的性能。自动变速器油要求有适当的油性，即要求有相匹配的静摩擦因数和动摩擦因数。一般动摩擦因数对启动扭矩的影响较大，如动摩擦因数过小，换挡时间就会延长；如动摩擦因数过大，换挡的最后阶段就会引起扭矩急剧增大，发出尖叫声。

4. 与橡胶材料的适应性

自动变速器油不应使自动变速机构中使用的腈橡胶、丙烯橡胶和硅橡胶等密封材料过分膨胀、收缩和硬化，否则将会产生漏油和其他危险。自动变速器油与橡胶密封材料的适应性通过橡胶相容性试验来评定。

5. 抗泡沫性

自动变速器油在工作中产生泡沫，会对自动变速器的工作带来严重影响。它不仅影响控制的准确性，还影响自动变速器的性能和破坏正常润滑，是离合器烧蚀、打滑等故障产生的主要原因之一。

三、汽车自动变速器油的分类和标准

1. 国外自动变速器油的分类和标准

API（美国石油协会）和 ASTM（美国材料与试验协会）将自动变速器油按使用性能分为：PTF-1、PTF-2、PTF-3。国际标准化组织（ISO）把液力传动系统工作介质分为两类：HA 油（适用于自动传动装置）和 HN 油（适用于功率转换器）。

目前，自动变速器油规范大多依照美国通用（Dexron）或是福特（Mercon）这两种规范。

2. 我国自动变速器油的分类和标准

目前，我国自动变速器油尚无国家标准，现行标准是中国石油化工集团有限公司的企业标准，该标准将自动变速器油分为 8 号、6 号和 8D 号三种，另外还有一种拖拉机、液压两用油，见表 2–3–1。

表 2–3–1　　我国汽车自动变速器油的分类

名称	特点	应用
8 号	具有良好的黏温性、抗磨性和较低的摩擦系数	适用于轿车和轻型货车的自动变速系统
6 号	比 8 号油具有更好的抗磨性，但黏温性稍差	适用于内燃机车和重型货车的多级变矩器和液力耦合器
8D 号	8D 号油的各项技术指标除凝点外，其他均与 8 号油相同	因其凝点较低，专用于严寒地区液力传动系统的润滑
拖拉机、液压两用油	由深度精制的中性油加入多种添加剂调制而成，按 40 ℃运动黏度中心值划分有 68、100 和 100D 三个牌号	适用于国产及进口拖拉机、工程机械和车辆，作为液压系统的工作介质和齿轮传动机构的润滑油

四、自动变速器油的选用及使用注意事项

1. 自动变速器油的选用

自动变速器的工作特点要求自动变速器油必须具有较高的品质。常用自动变速器油如图 2–3–1 所示。

图 2–3–1　常用自动变速器油

选择自动变速器油时可参考如下方法。

（1）按照自动变速器油的使用分类中各类油的适用范围来选择。

（2）按照车辆使用说明书的规定来选择。

（3）自动变速器油型号有很多种，型号不同，摩擦系数也不同。某些汽车厂家是根据汽车变速器的技术指标选择有针对性的油品，使用这样的油品可以保证自动变速器具有良好的力学性能，能延长使用寿命。例如宝马、奔驰、奥迪等车型的五速电控自动变

速器均要求使用专用油。

2. 自动变速器油的使用注意事项

（1）注意保持油温正常。

知识链接

一般情况下，自动变速器油的最高工作温度是135 ℃，当油温高于此温度后，车辆会报警，有自动变速器故障灯的车辆，自动变速器故障灯会亮，若没有，一般发动机故障灯会亮。

（2）经常检查油位。油位过低或过高都会引起自动变速器打滑、异响，严重时会导致车辆无法正常行驶。

（3）按照车辆使用说明书的规定更换自动变速器油和过滤器（或清洗滤网），同时拆洗自动变速器油底壳。

（4）检查油面和换油时，注意油液的状况。若油液颜色变黑、有烧焦味且含有杂质，则需予以更换。

（5）换油时应将油底壳和油路（特别是液动变矩器）清洗干净，按需要量加入新油。

（6）不同牌号、不同品种的自动变速器油不能混用，不同厂家生产的同牌号自动变速器油也不宜混用。

（7）大多数自动变速箱油在车辆使用3 ~ 4年或行驶6万 ~ 8万千米就需要更换了。

思考与练习

如何选用自动变速器油？使用时的注意事项有哪些？

§2—4　转 向 机 油

学习目标

1. 了解转向机油的性能特点。
2. 熟悉转向机油的更换及使用注意事项。

目前，绝大部分重型汽车和轿车都采用液压动力转向系统（也称液压助力转向系统），使得车辆的转向操作极为轻便，从而减轻了驾驶员的转向劳动强度。转向机油又称动力转向油、方向机油，是加注在助力转向系统里面的一种介质油，起到传递转向力和缓冲的作用。图 2–4–1 所示为转向机油油壶位置。

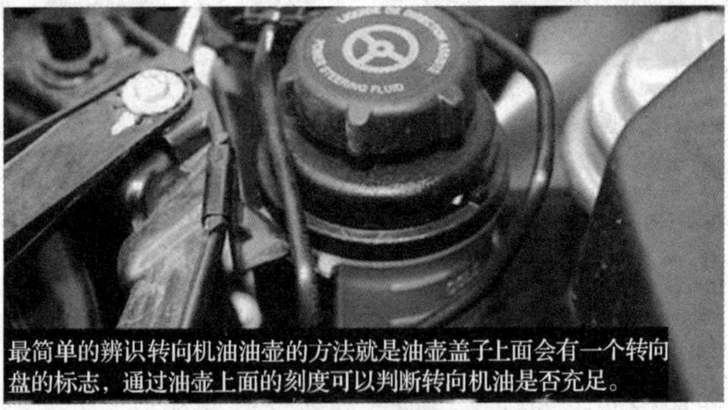

图 2–4–1　转向机油油壶位置

案例链接

一辆日产天籁轿车的车主反映在转向时转向盘很沉并伴有噪声，转向机油故障灯亮。

1. 案例分析

经维修师傅检查发现转向机油在刻度线以下，油变稀且油的颜色发黑，说明转向机油变质，需要更换。

2. 故障排除

维修师傅更换转向机油后，转向盘转向变得灵敏，噪声消失，转向机油故障灯熄灭，车辆恢复正常。

液压助力转向系统分为机械液压助力转向系统（见图 2–4–2）和电控液压助力转向系统两大类，两类转向系统都使用转向机油作为传动介质。

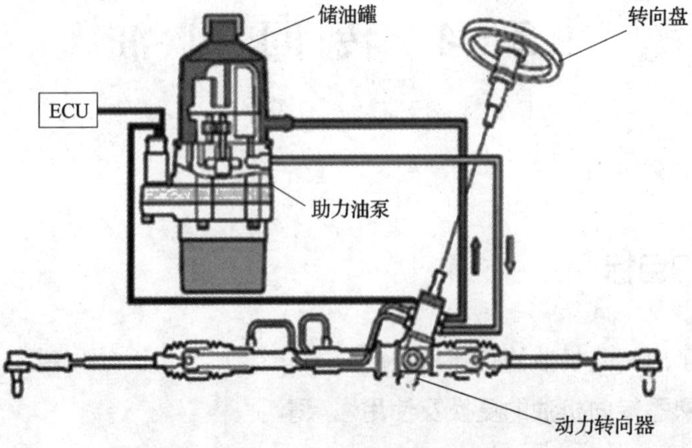

图 2–4–2　机械液压助力转向系统

一、转向机油的作用

转向机油可减少磨损、防止氧化起泡、降低工作温度、保护油封及管路，使转向机构操作轻便。其含有去污添加剂的成分，可以有效清洁整个系统。图 2-4-3 所示为转向机油。

图 2-4-3　转向机油

二、转向机油的性能特点

转向机油必须具有优良的热氧化安定性、良好的抗磨性能、极佳的低温性能、优良的抗乳化性和分水性、优良的防锈抗腐性、优良的空气释放性和抗泡沫性。转向机油属于齿轮油类，由于转向机油在齿轮工作面的压力、温度、流动性等比发动机润滑油的要求高，某些特性也不一样，而且转向机油有着不一样的添加剂、配方，所以不能用其他润滑油替代或混合使用。

三、转向机油的检查

汽车厂商通常不会严格规定转向机油的更换周期，多数情况下以检查有无质量问题为主。为了防止油液缺少、过脏或变质，在车辆使用三年或行驶 10 万千米时更换一次比较合适。具体检查步骤为：

1. 在发动机停止工作情况下，打开发动机舱盖，找到转向机油油壶。图 2-4-4 所示为自身带有油尺的汽车动力转向系统储油壶。检查时，油位应在正常范围之内，即油位应在最大（max）和最小（min）之间。

2. 如果发现转向机油颜色变黑，则打开转向机油油壶并检查转向机油里面是否有脏污，是否需要更换。

3. 如果转向机油液位偏低，需加注汽车生产厂家推荐的同类转向机油。图 2-4-5 所示为加注转向机油。

● 图 2-4-4　油位检查

● 图 2-4-5　加注转向机油

四、转向机油的更换及使用注意事项

1. 更换转向机油前，应先启动汽车，并用抽油器吸净旧转向机油。

2. 将新转向机油注入，然后来回转动转向盘，让新转向机油渗透，这样也能起到清洗的作用。为了渗透得彻底，最好先大幅度地左右转转向盘，然后再轻微地左右转动转向盘。来回转转向盘的目的是排出转向系统里的旧油。

3. 再次将转向机油油壶中的油吸走，然后再注入新的转向机油，随后再次转动转向盘。

4. 第三次将转向机油吸走，反复操作的目的是确保旧转向机油被完全清除干净，然后注入新转向机油。

注意：任何油品都不能混加；加转向机油后会听到轻微的“呼啦啦”声，这是转向机油在循环，慢慢就会恢复无声；不能长时间空油着车，否则会毁坏助力泵；不要长时间打死转向盘，否则会导致油压过大，转向机油会喷出。转向机油有腐蚀性，会导致油漆失去光泽，也会导致橡胶配件老化，如有沾染应及时清洗。

思考与练习

如何检查并更换转向机油？

§2—5　润　滑　脂

学习目标

1. 了解润滑脂的特点及其组成。
2. 熟悉润滑脂的主要使用性能。
3. 掌握润滑脂的品种、规格及使用注意事项。

润滑脂俗称黄油（见图 2–5–1），是由稠化剂和润滑液体（基础油）组成的一种具有塑性的润滑剂，在常温下呈半固体状态。润滑脂具有许多优良性能，它是汽车中不可缺少的润滑材料。

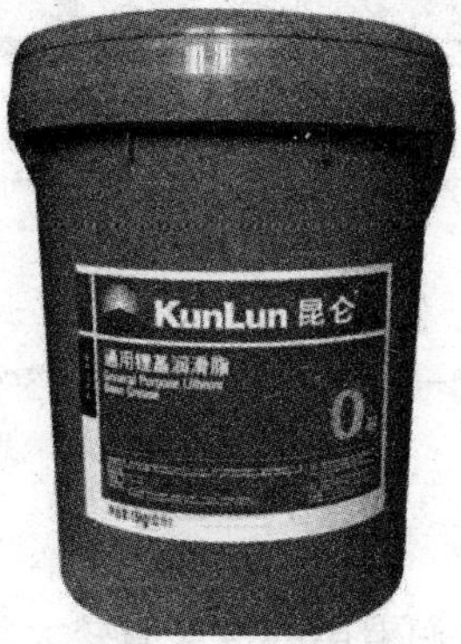

图 2–5–1　润滑脂

案例链接

某汽车的轮毂轴承提前损坏。

1. 案例分析

经分析可知，该车轴承提前损坏是由润滑不当引起的。

2. 故障排除

尽管可以安装“免维护”的胶封轴承，但是提前失效的轴承中仍有 36% 是由于润滑脂应用不正确而造成的。任何润滑不当的轴承，都不可避免会提前失效。由于是轴承保持架中较不容易装拆的部位，若使用了不正确的润滑脂，而后期使用时又不更换润滑脂，或者在润滑脂发生碳化变质污染后不及时更换，轴承保持架就很难有足够长的使用寿命和良好的润滑度。所以，要及时检查润滑脂的情况，防止造成严重的损坏。

一、润滑脂的特点及其组成

1. 润滑脂的特点

（1）具有良好的黏附性，能附着在摩擦表面上，不易流失或飞溅。

（2）承压抗磨性强，在大负荷和冲击载荷下仍能保持良好的润滑性能。

（3）使用周期长，无须经常补充，可减少维护工作量。

（4）具有良好的密封和防护作用。

因此，汽车上不宜使用液体润滑剂的部位，低速、大负荷和冲击力较大的部位，工作环境差、难以密封的部位等，均使用润滑脂。但是润滑脂的散热能力差，不能像润滑油那样对摩擦表面进行冷却；流动性差，内摩擦阻力大，运转时功率损失大。此外，当固体杂质混入润滑脂中时，也不易清除，这些都使得润滑脂在使用范围上受到一定的限制。

想一想

汽车上用的润滑脂能否互相代替使用？

2. 润滑脂的组成

润滑脂由基础油、稠化剂和添加剂三部分组成，一般基础油含量占 75% ~ 90%，稠化剂含量占 10% ~ 20%，其余为添加剂。

（1）基础油

基础油是润滑脂中起润滑作用的主要成分，它对润滑脂的性能有较大影响。常用的有精制矿物润滑油、合成油（酯类油、硅油）等。

（2）稠化剂

稠化剂是润滑脂的重要成分，它的性质和含量决定了润滑脂的黏稠程度以及抗水性和耐热性。稠化剂分为皂基稠化剂和非皂基稠化剂。汽车用润滑脂大多采用皂基稠化剂，它是由动植物油或脂肪酸与氢氧化物反应制成的，常用的有钙皂、钠皂、锂皂等。

（3）添加剂

常用的添加剂有两类：一类是润滑脂所特有的，称为胶溶剂，它能使油皂稳定地结合，如甘油和水等；另一种添加剂与润滑油中的一样，如抗氧化剂、防锈剂、抗水剂等。

二、润滑脂的主要使用性能

1. 滴点

润滑脂在规定条件下从半固体状态变为流动状态的最低温度，称为滴点，以摄氏度（℃）表示。滴点是润滑脂的耐热性指标，它能反映润滑脂的最高使用温度。滴点高，耐热性好，润滑脂不易流失和变质失效。通常，润滑脂的使用温度应比其滴点低 20 ~ 30 ℃。

2. 稠度

稠度是指润滑脂的浓稠程度。稠度通常用锥入度来度量。

锥入度的测量方法为：在规定温度下，将标准锥沉入润滑脂内保留 5 s，然后测量标准锥的沉入深度，并以 1/10 mm 为单位，即得到润滑脂的锥入度。锥入度越大，稠度越小，润滑脂越软；反之，锥入度越小，稠度越大，润滑脂就越硬。

锥入度是选用润滑脂的重要依据。负荷较大、速度较低的摩擦机件应选用锥入度较小的润滑脂；反之，应选用锥入度较大的润滑脂。

表 2–5–1 所列为我国润滑脂的稠度等级及锥入度范围，它是用锥入度来划分的，表中稠度等级越大，锥入度越小。

表 2–5–1　　我国润滑脂的稠度等级及锥入度范围

稠度等级	锥入度范围（工作 60 次）/（1/10 mm）	稠度等级	锥入度范围（工作 60 次）/（1/10 mm）
000	445 ~ 475	3	220 ~ 250
00	400 ~ 430	4	175 ~ 205
0	355 ~ 385	5	130 ~ 160
1	310 ~ 340	6	85 ~ 115
2	265 ~ 295		

3. 抗水性

抗水性决定润滑脂是否适用于潮湿或有水的场合。抗水性差的润滑脂，遇水后稠度下降，甚至乳化而流失。汽车在雨天或涉水行驶时，底盘各摩擦点可能与水接触，这就要求使用抗水性良好的润滑脂。

4. 胶体安定性

胶体安定性是指润滑脂在一定温度和压力下保持胶体结构稳定，防止基础油从润滑脂中析出的能力。胶体安定性差的润滑脂在受热、压力等作用下，易发生油皂分离，使润滑脂的稠度改变，导致润滑脂流失。胶体安定性差的润滑脂不易长期保存。

5. 防腐性

润滑脂的防护作用是吸附在金属表面，隔绝外界各种腐蚀介质与金属的接触，以达到防腐的目的。因此，润滑脂本身不应有腐蚀作用，这就要求润滑脂不能含有过量的游离酸或碱，并且不应含游离水。

三、润滑脂的品种、规格及使用注意事项

1. 汽车常用润滑脂的品种和规格

润滑脂的品种很多，汽车常用润滑脂有钙基润滑脂、钠基润滑脂和汽车通用锂基润滑脂等。各类润滑脂的成分、牌号、性能及使用范围见表 2–5–2。

此外，汽车常用的还有极压锂基润滑脂，适用于高负荷齿轮和轴承的润滑，高性能的进口轿车推荐使用这种润滑脂；石墨钙基润滑脂具有良好的抗水性和抗压性，适用于汽车钢板弹簧、半挂车转盘等承压部位的润滑。

2. 润滑脂的使用注意事项

（1）润滑脂应按车辆使用说明书规定，及时涂向各润滑点。

表 2-5-2　　各类润滑脂的成分、牌号、国家标准、性能及使用范围

种类	成分	牌号	国家标准	性能	使用范围
钙基润滑脂	由天然脂肪酸钙皂稠化中等黏度的矿物润滑油制成	按稠度分为1号、2号、3号和4号四个牌号	GB/T 491—2008	抗水性好，遇水不易乳化，容易黏附在金属表面，胶体安定性好。但其耐热性差，最高使用温度低，使用寿命短	主要用于底盘上各润滑点、水泵、分电器凸轮等部位。最高使用温度一般不高于60 ℃
钠基润滑脂	由动植物脂肪酸钠皂稠化矿物润滑油制成	按稠度大小分为2号和3号两个牌号，滴点达160 ℃	GB/T 492—1989	耐热性好，并有较好的承压抗磨性能，可适应较大的负荷。但钠基润滑脂遇水易乳化变质，即抗水性差	适用于-10 ~ 110 ℃温度范围内一般中等负荷部件的润滑，但不适用于与水接触和潮湿环境下的润滑部位
汽车通用锂基润滑脂	由天然脂肪酸锂皂稠化中等黏度的矿物润滑油或合成润滑油制成	稠度为2号，滴点达168 ℃	GB/T 5671—2014	具有良好的机械安定性、氧化安定性、耐热性、抗水性，为普通推荐使用的润滑脂	使用温度范围广，可在-30 ~ 120 ℃范围内长期使用，适用于我国广大地区，可广泛用于汽车轴承及各摩擦部位

（2）不同种类的润滑脂不得混用，否则易使润滑脂变软和胶体安定性下降。换用新润滑脂时，需将旧润滑脂擦净，否则将加速新润滑脂氧化变质。

（3）润滑脂一次加入的量不能过多，否则会使机件的运转阻力增加，工作温度升高。

（4）一般情况下，润滑脂与润滑油不能混用。

（5）润滑脂应储存在阴凉干燥的地方，不要露天存放，需防止日晒、雨淋和灰尘、沙子的侵入。

知识链接

不同档次的车对润滑脂的要求不一样。从总体上说，开发高滴点（滴点 > 180 ℃）、多用途润滑脂是当今世界润滑脂的发展方向。最具代表性的高滴点、多用途润滑脂是复合锂基脂和聚脲基脂，美国车以复合锂基脂为主，日本车则以聚脲基脂为主。随着人们对车辆在环保、节能方面的要求不断提高，绿色环保型（环境友好型或可生物降解型）、节能型润滑脂已成为润滑脂的发展方向。

想一想

润滑脂是轴承润滑的重要因素，它的作用和润滑油相当，请问润滑脂和润滑油能否互换？

思考与练习

1. 与润滑油相比，润滑脂有什么特点？滴点、稠度的定义是什么？
2. 简述常用润滑脂的特点及使用范围。
3. 润滑脂的使用注意事项有哪些？

第三章

汽车工作液

汽车工作液是指汽车制动液、汽车防冻液、空调制冷剂以及减振器油、液压油等工作介质。由于每一种工作液的工作条件不同，因此，对各种工作液提出了不同的性能要求。

由于使用工作液的系统不同，正确、合理地选用工作液，不仅能减少零件的磨损，延长汽车的使用寿命，而且能节约能源。

§3—1 制 动 液

学习目标

1. 了解制动液的使用性能和分类。
2. 熟悉合成制动液的选用及使用注意事项。

汽车制动液俗称刹车油，是用于汽车液压制动系统中传递压力，以制止车轮转动的液体。图 3–1–1 所示为盘式制动器（刹车盘）的结构。制动液储油罐的安装位置及外形如图 3–1–2 所示。

● 图 3-1-1 盘式制动器的结构

● 图 3-1-2 制动液储油罐的安装位置及外形

案例链接

一辆液压制动汽车在连续下坡途中，车主突然感到制动踏板缓慢下沉，制动发软，制动性能显著下降，以致难于控制车速。在这紧急时刻，车主应采取怎样的紧急处理措施？

汽车下长坡必然要频繁制动，导致制动系统内制动液的温度急剧上升。一方面，温度升高制动液容易产生气阻，导致制动踏板发软；另一方面，制动液温度过高导致制动系统中的密封皮碗变软，若皮碗老化，就会导致密封不良，制动液泄漏，上述制动踏板下沉就是制动液泄漏的表现。出现这种情况十分危险，处理不当会造成车毁人亡。

处理方法第一步是学会如何安全停车。抢挂低挡，利用发动机制动和驻车制动，若仍无法控制车速，在汽车面临下滑、翻车或碰撞危险时，车主应果断地利用道路上的路坎、行道树、栅栏、挡护板、草堆、土堆等天然障碍物，给汽车造成阻力，以消耗汽车的惯性力，迫使汽车减速停车。在山区情况紧急时，可将汽车靠向山边一侧，利用车辆侧面与山体的擦碰，强制汽车减速停车，避免发生恶性事故。注意：车辆若不减速就直接向周围障碍物冲去是极其危险的，因为高速剧烈的乱撞会直接损坏车辆，并容易引起强烈反弹，使驾乘人员受到严重伤害；不要将建筑物、其他车辆作为碰停的目标，以免造成更大的事故；选择应急刮擦停车时，应避开油箱或加油口一侧，以免引起火灾。第二步是进行车辆抢修。

一、制动液的使用性能

汽车制动液的质量好坏、选用正确与否直接影响到行车的安全，因此，要求制动液具有良好的高温抗气阻性、低温流动性和黏温性、与橡胶的配伍性、抗腐蚀性等，而且在各种环境下都能四季通用。

1. 高温抗气阻性

现代汽车的速度快、制动强度大，尤其是行驶在山间公路时，制动频繁，制动系统会因摩擦而温度升高，有时高达 150 ℃及以上。如果使用的制动液沸点低，就容易因蒸发而在管路中产生气阻，从而导致制动失灵。因此，为保证制动安全可靠，要求制动液具有良好的高温抗气阻性。

高温抗气阻性是汽车制动液的主要使用性能之一，其评定指标用平衡回流沸点来表示。所谓平衡回流沸点，是指制动液在平衡回流状态下液态部位的温度，简称沸点。制动液的平衡回流沸点越高，其高温抗气阻性也就越好。

2. 低温流动性和黏温性

制动液的工作温度范围很宽，冬季接近最低气温。而在制动时，由于摩擦发热温度为 70 ~ 90 ℃，有时高达 150 ℃。为保证制动液在低温下制动油缸活塞能随踏板的动作灵活移动，在高温时又有适宜的黏度，不影响油缸的润滑和密封，要求制动液有良好的低温流动性和黏温性。

3. 与橡胶的配伍性

制动系统中的皮碗等橡胶制品用于系统的密封，若制动液对这些橡胶制品有溶胀作用，则其体积和质量会发生变化而导致制动系统渗漏，使制动压力下降，严重时导致制动失灵。因此，在制动液使用技术条件中，要求制动液能通过皮碗试验，不出现明显的溶胀、软化或硬化现象。

4. 抗腐蚀性

在液压制动系统中，传动装置多数是由铸铁、铜、铝等金属制成的，长期与制动液接触，极易产生腐蚀，使制动系统失灵。为减少对金属的腐蚀，在制动液使用技术条件中，要求制动液进行金属腐蚀试验，腐蚀性要合格。

此外，制动液还必须具有良好的抗氧化性和液体相溶性等。

二、制动液的种类

国家标准最新规定的汽车制动液均为合成制动液。合成制动液是由基础液、润滑剂和添加剂组成的。按其基础液不同，常用的有醇醚型和脂型两种。合成制动液工作温度范围宽，黏温性好，对橡胶和金属的腐蚀均很小，适合于高速、重负荷和制动频繁的汽车使用。

目前，我国汽车制动液的品种按国家标准《机动车辆制动液》（GB 12981—2012）进行分类。该标准参照国际通行的 SAE（美国汽车工程师协会）、DOT（美国联邦运输部）和 ISO（国际标准化组织）分类规格，根据制动液高温抗气阻性的不同，从低到高，分为 HZY3、HZY4、HZY5 三级（取消了 HZY2 级），并规定各级制动液应达到的规格要求和使用范围。例如，牌号 HZY3 中，H、Z、Y 表示“合”“制”“液”，是合成制动液的汉语拼音，数字表示级号。

三、合成制动液的选用及使用注意事项

1. 合成制动液的选用

合成制动液是按等级来划分的。常见制动液品牌如图 3–1–3 所示，选用时应严格按照车辆使用说明书的规定，选用合适等级的制动液，以确保行车安全。若国产车使用进口制动液或进口车使用国产制动液，应根据其对应关系正确选用。如无说明书，可根据车辆的工作条件（气候特点和道路条件）进行选择。各级制动液的主要特性和推荐使用范围见表 3–1–1。

图 3-1-3　制动液品牌

表 3–1–1　各级制动液的主要特性和推荐使用范围

级别	制动液主要特性	推荐使用范围
HZY3	具有良好的高温抗气阻性能和优良的低温性能	相当于 ISO4925 和 DOT3 水平，我国广大地区均可使用
HZY4	具有优良的高温抗气阻性能和良好的低温性能	相当于 DOT4 水平，我国广大地区均可使用
HZY5	具有优异的高温抗气阻性能和低温性能	相当于 DOT5 或 DOT5.1 水平，特殊要求车辆使用

2. 合成制动液的使用注意事项

（1）各种制动液不能混用，否则会因分层而失去制动作用。

（2）应保持制动液清洁，加注或更换制动液时要注意，制动液需经过过滤，不允许细微杂质混入制动系统。新旧制动液的对比如图 3–1–4 所示，新制动液颜色为浅黄色，旧制动液颜色为棕色。

（3）制动液应密封存放，特别是醇醚型制动液，以免因吸收大气中的水分而使沸点降低。

（4）制动液多由有机溶液制成，易挥发、易燃，要注意防火，存放时应避免阳光直射。

（5）汽车制动液的更换周期一般是汽车行驶（2 ~ 4）× 10^4 km 或 1 年。

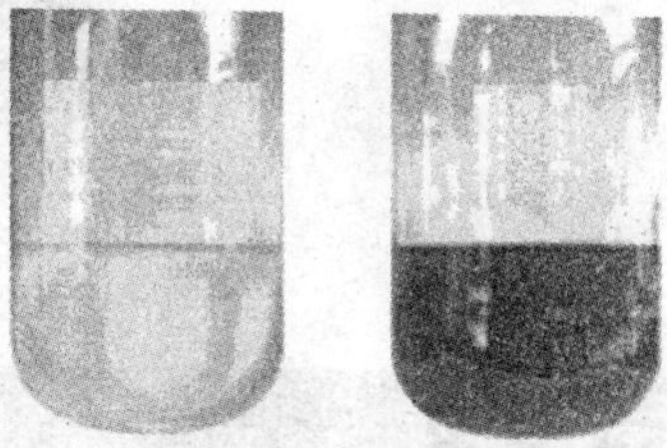

a）　b）

图 3-1-4　新旧制动液的对比
a）新制动液　b）旧制动液

思考与练习

1. 为什么现代高速汽车的制动系统中要选用高沸点的制动液？
2. 国产制动液分为哪几个等级？简述各等级制动液的主要特性和推荐使用范围。
3. 如何选用合成制动液？使用时应注意哪些事项？

§3—2 防 冻 液

学习目标

1. 了解对防冻液的性能要求和防冻液的种类。
2. 熟悉乙二醇型防冻液的选用及使用注意事项。

随着汽车工业的日益发展，汽车发动机已逐渐朝着“大功率、省燃料、结构紧凑”的方向发展，其强化系数不断增大，对发动机冷却系统的要求也越来越高，对防冻液也提出了更高的要求。汽车防冻液是一种含有特殊添加剂的冷却液，主要用于汽车液冷式发动机的冷却系统，以防止冬天因冻结而损坏缸体、散热器等。防冻液罐通常位于发动机舱左右翼子板附近，如图 3–2–1 所示。

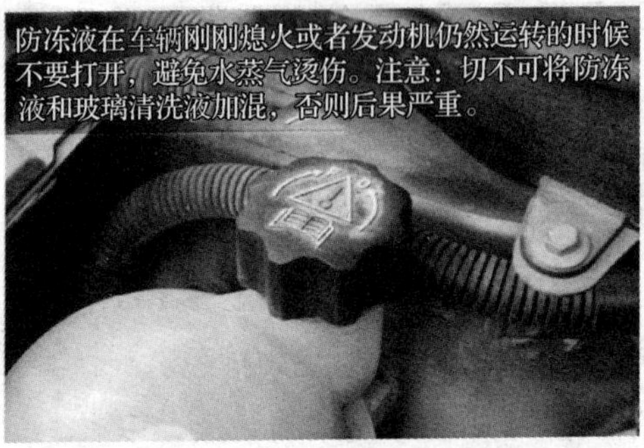

图 3–2–1 防冻液罐

案例链接

一辆普通型桑塔纳轿车在中低速行驶时冷却液温度正常，当车速达到 100 km/h 时，水温报警灯亮，冷却液随之沸腾。

1. 案例分析

经检查，该车发动机润滑系统、电路均无故障，冷却液液面高度符合要求，水箱盖、各水管连接部位、风扇及其配合使用的热敏开关工作正常，风扇传动带松紧度基本合适，水泵、节温器工作性能良好。由于该车使用年限较长，于是 4S 店师傅对散热器和发动机水道进行了清洗、除垢，再加入原车冷却液试车，但故障依然存在。据该车车主描述，此车为新近购入的二手车。最近天气寒冷，自己又初通维修，便给车换上了自己配制的浓度较高的防冻液（用 70% 的乙二醇防冻剂与 30% 软水混合而成），这样既节省开支，防冻效果又好。由此可以确定，故障是由于防冻液使用不当引起的。

2. 故障排除

放出原车防冻液，更换上桑塔纳轿车专用防冻液后，故障现象消失。

防冻液的冰点是由乙二醇的含量决定的，乙二醇含量越高，防冻能力越强。一般乙二醇在冷却液中的合理含量应为 40% ~ 60%。如果浓度过高，将会造成散热效果不好，使发动机过热，这主要是因为乙二醇的密度比水小。这种危害在发动机中小负荷运转时不太明显，但大负荷高速运转时会造成冷却液温度过高。所以在配制防冻液时，应根据环境使用温度确定乙二醇和水的混合比。

一、对防冻液的性能要求

汽车防冻液在冷却系统中起着冷却和防冻作用，对防冻液的基本要求是：有较低的冰点和良好的传热性能，低温黏度不宜太大，对金属、橡胶无腐蚀作用，具有良好的化学安定性，泡沫少，蒸发损失小等。

二、防冻液的种类与性能

防冻液主要是由防冻剂与水按一定比例混合而成。按防冻剂的不同，汽车常用的防冻液分为酒精型、甘油型、乙二醇型等。

1. 酒精型防冻液

酒精型防冻液是用酒精作为防冻剂，与水配制而成。酒精与水可按各种比例混合而组成不同冰点的防冻液。酒精的含量越高，其冰点越低。这类防冻液的特点是：流动性好，散热快，但易燃，易挥发，而且挥发后冰点容易回升。

2. 甘油型防冻液

甘油型防冻液是用甘油（丙三醇）作为防冻剂与水配制而成。由于甘油的沸点、闪点高，这类防冻液的沸点高，不易蒸发和着火，但降低冰点的效率低，甘油用量大，成本高。

3. 乙二醇型防冻液

乙二醇型防冻液是用乙二醇作为防冻剂与水配制而成。乙二醇的沸点高（110 ℃以上），与水混合后，可使混合液的冰点显著降低，最低可达 −68 ℃，用不同比例的乙二醇和水可以配制成不同冰点的防冻液。这类防冻液的优点是：沸点高、冰点低、冷却效率高、黏度较小等。但乙二醇有毒性，对金属有腐蚀作用。因此，常用的乙二醇型防冻液多加有防腐剂和染色剂。

乙二醇型防冻液是目前国内外使用最广的一种防冻液，约有 95% 的汽车使用这类防冻液。我国乙二醇型防冻液的产品已商品化，石化行业专门制定了该类产品的生产和使用标准。

三、乙二醇型防冻液的牌号和规格

乙二醇型防冻液根据国家石化行业标准《乙二醇型和丙二醇型发动机冷却液》（NB/SH/T 0521—2010）规定，分为冷却液和浓缩液两大类。冷却液可直接加在车上使用，按其冰点分为 –25、–30、–35、–40、–45 和 –50 六种牌号。浓缩液是为了便于储运，使用时需加水稀释，它与蒸馏水各以 50%（体积）混合，冰点不高于 –36.4 ℃。冷却液和浓缩液按质量又分为一级品和合格品，两者的差别在于一级品的防腐性能优于合格品。常用的壳牌防冻液、长城 FD–2 多效防冻液如图 3–2–2 所示。

四、乙二醇型防冻液的选用及使用注意事项

1. 乙二醇型防冻液的选用

乙二醇型防冻液的牌号是按冰点划分的，在使用时应根据车辆使用地区冬季的最低气温来选择适当的牌号。为防止意外，选用的防冻液冰点应比最低温度低 5 ~ 10 ℃。若采用浓缩液，应根据产品说明书规定的比例，用蒸馏水或去离子水掺兑，不能使用河水、井水及自来水。

2. 乙二醇型防冻液的使用注意事项

（1）首次使用乙二醇型防冻液应将散热器中的水放尽，最好能用散热器清洗剂将其中的水垢和沉淀物清除。加入量一般为散热器容量的 95%。新旧防冻液的对比如图 3–2–3 所示。

a）　　b）

图 3–2–2　常用防冻液

a）壳牌防冻液　b）长城 FD–2 多效防冻液

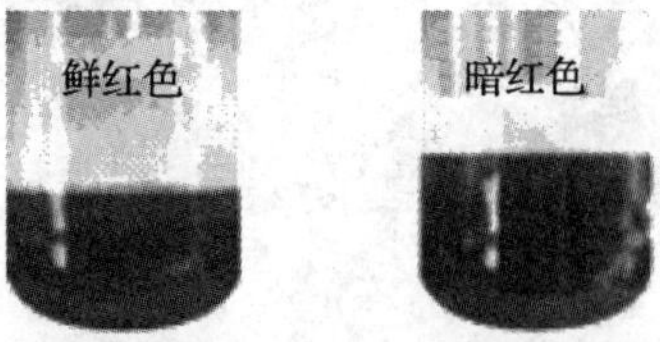

a）　　b）

图 3–2–3　新旧防冻液的对比

a）新防冻液　b）旧防冻液

（2）用浓缩液配制时，乙二醇的含量不应超过59%。因为超过该比例后，乙二醇会与水共溶，不但不能降低冰点，反而会使防冻液的黏度增加，散热性变坏。

（3）乙二醇型防冻液使用一段时间后，会因蒸发而使液面下降，这时应及时加入防冻液。

（4）乙二醇型防冻液的更换周期一般为3 ~ 5年，也可测定其pH值来判断是否需要更换，当防冻液的pH值小于7时就必须更换。

（5）乙二醇对人体有毒性，使用时严防入口。

（6）应防止乙二醇型防冻液与油品接触，以免其受热后产生泡沫。

技能拓展

防冻液的更换

1. 拧下水箱盖，打开水箱放水阀，放出防冻液。

2. 从水箱加水口加入防冻液，使防冻液充满水箱。拧开储液罐盖，加入防冻液，并达到“max”刻度线，注意不要超过“max”刻度线。

3. 盖上水箱盖和储液罐盖，并拧紧。

4. 启动发动机，怠速运转2 ~ 3 min，拧开水箱盖。这时冷却系统由于排除了部分空气，防冻液面将降低，这时应再补充防冻液，使防冻液达到“max”刻度线为止。

5. 盖好水箱盖。

思考与练习

1. 汽车防冻液的作用是什么？对防冻液的基本要求有哪些？

2. 汽车常用的防冻液有哪几类？各有何特点？

3. 如何选用乙二醇型防冻液？使用时应注意哪些事项？

§3—3　玻璃清洗液

学习目标

1. 了解汽车玻璃清洗液的组成及种类。

2. 能正确选择和使用汽车玻璃清洗液。

汽车风窗玻璃清洗液（俗称玻璃水）的功能是清洁玻璃、防止结霜、防雾以及润滑玻璃。玻璃清洗液虽然并不像防冻液、制动液等会直接影响车辆的行驶，但是它却经常关系到车辆的驾驶安全。例如，跑长途或在雨雪天气行驶时，没有玻璃清洗液协助刮水器清洗玻璃，驾驶人员的视线就会严重受阻，以至于严重影响安全。

案例链接

一个冬季的早上，一辆家用轿车启动后，车主使用刮水器喷水功能清洗风窗玻璃，没有水喷出，但是刚刚加过玻璃清洗液。

故障原因分析：（1）汽车清洗风窗玻璃的喷水壶水泵发生机械故障；（2）车主使用了不当的玻璃清洗液。经查，原来是车主没注意到玻璃清洗液也有冬夏之分，使用的是夏季用玻璃清洗液，故而在低温的冬季结冻了。但储水罐没有冻裂，等车跑热后储水罐里的水会自然融化。这时通过车里的喷水装置将水全部放净，然后再补进冬季专用的防冻玻璃清洗液即可。

玻璃清洗液罐盖标志是标准的，所有车都一样，如图 3–3–1 所示。玻璃清洗液喷嘴安装在发动机舱盖上靠近前窗的地方，外形如图 3–3–2 所示。

图 3–3–1　玻璃清洗液罐盖标志

图 3–3–2　玻璃清洗液喷嘴

玻璃清洗液是最容易和防冻液加混的液体。其加注口的位置因车而异，但在玻璃清洗液加注口上面一定会有一个类似风窗玻璃以及水滴的标志。

一、玻璃清洗液的组成和种类

玻璃清洗液的成分有水、酒精、乙二醇、缓蚀剂等，可以防冻、防腐。

同防冻液一样，玻璃清洗液也有冰点，北京地区最好使用冰点为 –30 ℃的玻璃清洗液。可使用冰点检测仪为车辆进行玻璃清洗液和防冻液的冰点测试，如图 3–3–3 所示。

现在国内市场上出售的玻璃清洗液种类繁多，主要分为三种：夏季用玻璃清洗液、冬季防冻型玻璃清洗液和特效防冻型玻璃清洗液。其中，夏季用玻璃清洗液主要针对夏

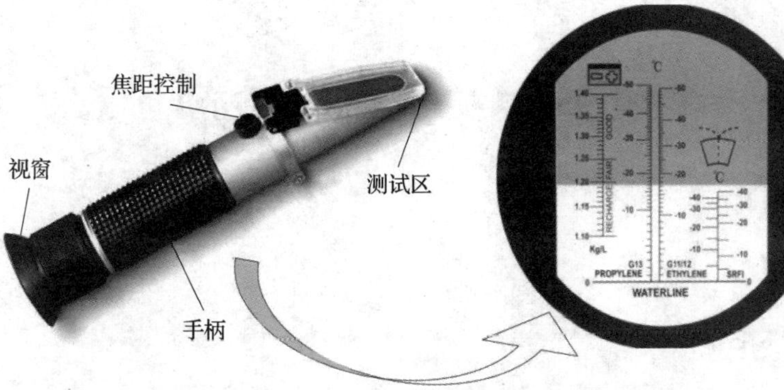

图 3-3-3　玻璃清洗液冰点测试

天飞虫较多的特点，在清洗液里增加了除虫胶成分，可以快速清除撞在风窗玻璃上的飞虫残留物；冬季防冻型玻璃清洗液主要是保证气温低于 –20 ℃时，汽车各零部件不会被冻坏；特效防冻型玻璃清洗液则主要用于北方特别寒冷的地区，能确保汽车在 –40 ℃时依旧不结冰。

玻璃清洗液的品牌很多，市面上常见的玻璃清洗液如图 3-3-4 所示。

图 3-3-4　常见的玻璃清洗液

二、玻璃清洗液的使用注意事项

1. 在平时的玻璃保养过程中，要根据季节以及天气的具体情况来选择合适的玻璃清洗液。

2. 夜间如果发现玻璃反光，也可以用玻璃清洗液进行擦拭。

3. 在跑高速或者灰尘多的情况下，玻璃清洗液会用得非常快，要注意及时注入新的玻璃清洗液，而且玻璃清洗液里面的物质可以有效地清除蚊虫尸体。

4. 用洗衣粉或者洗涤剂替代玻璃清洗液存在隐患。洗衣粉里有一些沉淀物，容易腐蚀橡胶管，而且会堵塞喷水口，严重时甚至会损坏电动机；洗涤剂也会不断腐蚀橡胶管，加速催化刮水器胶条的硬化，硬化的胶条刮擦风窗玻璃时，会加快风窗玻璃表面被刮毛、刮花的速度。

5. 普通的清水虽然很干净，可以短时间代替玻璃清洗液，但里面的化学残留物质也非常多，日积月累也会导致喷水口的堵塞，影响喷水。长期使用清水也会增大玻璃的摩擦力，容易给玻璃留下轻微划痕。

思考与练习

1. 玻璃清洗液的主要成分是什么？

2. 玻璃清洗液在使用时应注意哪些事项？

§3—4　空调制冷剂

学习目标

1. 了解对制冷剂的性能要求及制冷剂的编号。
2. 熟悉制冷剂的选用原则。
3. 熟悉冷冻机油的特性、选用原则及使用注意事项。

现代汽车普遍设有空调系统，用以调节车内的温度、湿度和气流等，从而提高汽车驾乘的舒适性。

案例链接

某家用轿车空调运行正常，但降温效果不好，检测发现汽车空调高压压力和低压压力均偏高。经检查，维修师傅最终断定降温效果不好的原因是制冷剂加注量过多而导致。

一、制冷剂

制冷剂是一种化学物质，它是汽车空调制冷系统中完成制冷循环的工作介质。由于受到压缩机所做压缩功的作用，制冷剂在系统的各个部件之间循环流动，从而进行能量的转换和传递，完成制冷剂向高温热源放热和从低温热源吸热的过程，实现制冷的目的。

1. 对制冷剂的性能要求

制冷剂的性质直接影响制冷循环的技术经济指标，而且对制冷装置的特性和运行管理有着密切关系。汽车用制冷剂应满足下列要求：

（1）符合环保要求，对臭氧层无破坏作用，不产生温室效应。

（2）冷凝压力和蒸发压力适中。用常温的水或环境空气作为冷却介质时，制冷装置的冷凝压力不要过高，一般不要超过 1.2 ~ 1.5 MPa，这样可以减小制冷装置承受的压力，减少制冷系统的制造成本，减小制冷剂向外泄漏的可能性。在工作温度的范围内，其相应的蒸发压力不低于大气压力，避免制冷系统低压部分出现负压而使空气渗入系统。同时，冷凝压力和蒸气压力之比不要过大，以免压缩机排气温度过高，输气系数过低。

（3）单位体积制冷量要大，以减小压缩机的尺寸。

（4）临界温度要高，便于用一般环境温度的冷却水或空气进行冷凝。

（5）凝固温度要适当低些，这样可以得到较低的蒸发温度。

（6）热导率要大，这样可以提高换热器（冷凝器和蒸发器）的传热系数，减少传热面积，制冷换热器的体积和质量都会减小。

（7）密度、黏度要小，以减小制冷剂在系统中的流动阻力。

（8）对金属和其他材料应无腐蚀和侵蚀作用。

（9）在高温下应不分解，与润滑油不起化学反应，不爆炸、不燃烧。

（10）应对人的生命和健康无危害，不具有毒性和刺激性。

（11）易于取得，价格便宜。

（12）混合制冷剂不能因泄漏对系统和环境的安全产生危害。

对于上述要求，在实际工作中可根据用途和工作条件，保证主要的要求，对于不足之处可采用一定的措施弥补。

2. 制冷剂的编号

国家标准《制冷剂编号方法和安全性分类》（GB/T 7778—2017）规定了各种制冷剂的简单编号方法，以代替其化学名称、分子式或商品名称。标准中规定用字母R（Refrigrant/制冷剂）和它后面的一组数字及字母作为制冷剂的简写编号。字母R后面的数字或字母根据制冷剂的种类及分子组成按一定的规则编写。

（1）无机化合物

属于无机化合物的制冷剂有水、氨、二氧化碳、二氧化硫等。例如，编号R717（氨）、R744（二氧化碳）和R718（水）。

（2）卤代烃

卤代烃是饱和碳氢化合物的氟、氯、溴的衍生物总称。目前用作制冷剂的主要是甲烷、乙烷、丙烷和环丁烷的衍生物。例如，编号R134、R134a。

（3）碳氢化合物

这类制冷剂主要有饱和碳氢化合物和不饱和碳氢化合物。饱和碳氢化合物制冷剂中甲烷、乙烷、丙烷的编号方法与卤代烃相同，如R290。丁烷的编号较为特殊，正丁烷的编号为R600，异丁烷的编号为R600a。

（4）混合制冷剂

卤代烃的混合制冷剂包括共沸和非共沸制冷剂。已经编号的共沸制冷剂，依应用先后在R500序号中顺次地规定编号。已经编号的非共沸制冷剂，依应用先后在R400序号中顺次地规定编号。

（5）其他各种有机化合物

其他各种有机化合物的规定按600序号编号，其编号是任选的。

近年来，常常根据制冷剂的化学组成表示制冷剂的种类。例如，碳氢化合物表示成HC，R134a表示成HFC134a。目前汽车空调制冷系统使用的制冷剂主要是R134a。

3. 制冷剂的选用

制冷剂的选用是一个比较复杂的技术经济问题，需要考虑的因素很多，选择时应根据具体情况，进行全面的技术分析。

（1）考虑环保的要求

设计制冷机时，制冷剂要选择符合国际制冷剂行业ASHRAE标准和我国替代的国家方案所推荐的制冷剂，根据制冷机的使用寿命选用HCFCs或HFCs制冷剂。对于出口产品，还应符合使用国的国家标准。

（2）考虑制冷温度的要求

根据制冷剂温度和冷却条件的不同，选用高温（低压）、中温（中压）、低温（高压）制冷剂。通常选择的制冷剂的标准蒸发温度要低于制冷温度10 ℃。选择制冷剂还应考虑制冷装置的冷却条件、使用环境等。运行中的冷凝压力不应超过压缩机安全使用条件的规定值。汽车空调只能用车外空气做冷却介质，对其产生影响的气温、风速、太阳辐射、热辐射等因素都在发生变化，其运行条件决定它只能选用高温（低压）制冷剂，过去选用R12，目前大多选用R134a。

（3）考虑制冷剂的性质

根据制冷剂的热力性质、物理性质和化学性质，选用那些无毒、不爆炸、不燃烧的制冷剂；选用的制冷剂应传热性能优良、阻力小、与制冷系统用材料相溶性好。二氧化碳制冷剂在汽车中的应用正处在试验阶段，一旦成熟，是可选用的一种较好的制冷剂。

（4）考虑压缩机的类型

不同的制冷压缩机的工作原理有所不同。体积式压缩机是通过缩小制冷剂蒸气的体积提高其压力的，一般选用单位体积制冷量大的制冷剂，如R134a等。

R134a是一种新型制冷剂，其标准蒸发温度为–26.5 ℃，具有安全性好、无色、无味、不燃烧、不爆炸、基本无毒性、化学性质稳定的特点。R134a属于HFC类制冷剂，按当前的国际协议可长期使用。

随着科学技术的进步，新制冷装置不断出现，必然要研制多种制冷剂。

二、冷冻机油

润滑油用在制冷系统中又称冷冻机油，起润滑、冷却、密封、清洁和消声减振等作用。由于使用工况比较特殊，制冷系统对冷冻机油特性的要求见表3–4–1。

表 3-4-1　　制冷系统对冷冻机油特性的要求

制冷部件	所要求的冷冻机油特性	原因
压缩机、冷凝器	1. 热稳定性和化学稳定性好 2. 润滑性能好 3. 消泡性好 4. 同制冷剂分离性好 5. 与绝缘材料和密封材料的适应性好	1. 防止阀片积炭 2. 防止各部分磨损 3. 防止因压力变动而起泡 4. 防止可能伴随制冷剂蒸发而产生的振动和噪声，油不要过多进入循环内 5. 防止绝缘和密封失效
膨胀阀、储液干燥器	1. 无石蜡分离 2. 不含水	1. 防止脏堵 2. 防止冰堵
蒸发器	1. 同制冷剂的相溶性和低温流动性好 2. 不含水	1. 改善回油情况和冷却效果 2. 防止制冷剂加水分解

1. 冷冻机油的特性

冷冻机油在物理特性方面的主要指标有：黏度、与制冷剂的互溶性、倾点（流动点）、凝固点、水的溶解性、挥发性、发泡性等。冷冻机油化学特性的重要指标有摩擦面的油膜形成能力、热稳定性、化学稳定性等。《冷冻机油》（GB/T 16630—2012）规定了冷冻机油的主要质量指标，其中黏度和凝固点是冷冻机油的两个重要指标。

2. 冷冻机油的选用

冷冻机油的选用要综合考虑下列因素：

（1）选择合适的黏度。

（2）与制冷剂相匹配，不同制冷剂对冷冻机油的作用不同。

（3）凝固点、浊点及闪点要选择适当。

（4）有良好的化学稳定性和抗氧化性。

（5）有良好的电气性能。

（6）冷冻机油种类要适合于制冷剂的品种和制冷工况。

（7）对制冷机材料无腐蚀性，水分和杂质少。

3. R134a 制冷剂用冷冻机油介绍

CCl_2F_2（R12）汽车空调采用环烷基冷冻机油，而 R134a 因与矿物油不相溶，不能使用矿物油，只能使用 PAG（聚醚）、POE（多元酯醇）、PC（聚碳酸酯）。这三种 R134a 冷冻机油存在的问题是：PAG 的高温互溶性较差，吸水性强，润滑性差，而 POE、PC 的水解稳定性差。目前改性的 PAG 作为汽车空调冷冻机油取得了较好的结果，已经占据大部分市场，但其吸水性强仍是需要解决的难题。

4. 冷冻机油使用注意事项

（1）冷冻机油应保存在干燥、密封的容器里，放在阴暗处。

（2）盛放冷冻机油的容器使用后应及时密封，以免空气中的水分进入。

（3）不同牌号的冷冻机油不能混装、混用，尤其 R134a 制冷剂的制冷系统千万不能加入矿物油，应根据使用说明书或压缩机铭牌上的标注加入规定的冷冻机油，PAG 和 POE 也不能混用。

（4）如发现冷冻机油颜色变深、变质，则需要更换冷冻机油，不能再继续使用。

（5）应按制冷系统或压缩机的规定加入适量的冷冻机油，冷冻机油过多将影响传热效率，降低系统制冷量；冷冻机油过少则会影响压缩机润滑效果，使压缩机过热。

思考与练习

1. 汽车用制冷剂应满足哪些要求？
2. 选用汽车制冷剂时应考虑哪些问题？
3. 制冷系统对冷冻机油的特性有哪些要求？
4. 选用冷冻机油时应综合考虑哪些因素？
5. 冷冻机油有哪些使用注意事项？

§3—5　其他汽车工作介质

学习目标

1. 了解对减振器油的性能要求和使用注意事项。
2. 了解液压油的种类和使用注意事项。

除了汽车制动液、防冻液和制冷剂以外，在汽车上还用到减振器油、液压油等工作介质。

一、减振器油

减振器油是汽车减振器的工作介质，它的作用是传递和衰减来自汽车车轮的振动。

汽车在行驶中常受到冲击力而使车架和车身产生振动。这种振动会持续一段时间，直到冲击能量完全被耗尽为止。为了加速振动的衰退，现代汽车的悬架系统广泛采用筒式和摆臂式液力减振器，利用油液的阻尼作用来减缓车辆的振动。减振器油主要用于各种载货汽车前轮及小轿车前后轮的减振器内。

1. 对减振器油的性能要求

减振器油要在各种车辆的减振装置中长期使用，要适合不同气候条件，并且还要受行驶中汽车振动和各种剪切作用的影响。

减振器油应具有优良的黏温性和良好的低温流动性。具有优良的黏温性可保证减振器油在工作温度变化时维持适当的黏度，起良好的吸振作用；良好的低温流动性保证了减振器油凝点低，以适应车辆在严寒地区的环境下使用。另外，减振器油还应具有一定的抗磨性能和较好的抗氧、抗泡和防锈性能。

随着汽车工业的发展，对减振器油的要求越来越高，利用变压器油、汽轮机油、柴油等代用品已不能满足当代汽车工业的需要。因此，应选用专用的减振器油。

2. 减振器油的使用注意事项

使用中应确保减振器密封良好，无渗漏现象，在车辆行驶 40 000 ~ 50 000 km 定期维护拆检减振器时，按规定更换减振器油，油量不能过多或过少，要适中。

二、液压油

随着汽车工业的发展，现代汽车上的许多机构广泛采用了液压和液力传动。除液压制动系统、液压减振器、自动变速器以外，离合器液压操纵系统、液力转向系统、自动倾卸机构等均采用了液压传动系统。另外，在汽车维修机械中也广泛应用了液压传动，如各种作业装置、平台回转机构、提升机及夹紧机构等。

液压油就是用于液压传动系统中的工作介质。为保证液压系统的正常工作，液压油必须具有不可压缩性和良好的流体状态。对液压油的主要性能要求有：适宜的黏度和良好的黏温性能，良好的抗磨性，良好的抗乳化性，良好的抗泡沫性，良好的抗氧化性等。

1. 液压油的种类

按国家标准《润滑剂、工业用油和相关产品（L 类）的分类　第 2 部分：H 组（液压系统）》（GB/T 7631.2—2003）规定的润滑剂和有关产品（L 类）中的 H 组（液压系统）分类命名方法，汽车及其维修机械液压系统常用的液压油品种有 L–HL、L–HM、L–HV 和 L–HR 等。各类型液压油的特点及适用范围见表 3–5–1。

2. 液压油的使用注意事项

（1）应注意保持液压油的清洁，防止沙尘等杂物的侵入，否则将缩短液压系统的使用寿命。

（2）应按使用说明书规定的换油指标及时换油。一般条件下，汽车和工程机械在高级维护时更换液压油。

（3）不同品质、不同牌号的液压油不得混合使用。

表 3-5-1　　各类型液压油的特点及适用范围

液压油类型	特点	适用范围
L-HL	精制矿物油，通过添加多种添加剂调和而成，具有良好的抗氧化性、防锈性、润滑性和较好的空气释放性、抗泡沫性及抗乳化性	常用于低压液压系统和传动装置，在 0 ℃以上环境中使用
L-HM	抗磨型液压油，是在 L-HL 油的基础上改善其抗磨性能的液压油	适用于低、中、高压液压系统，也可用于其他中等负荷机械润滑部位，适用的环境温度为 -5 ~ 60 ℃
L-HV	低温抗磨型液压油，是在 L-HM 油的基础上改善其黏温性能的液压油	适用于环境温度变化较大和工作条件恶劣的低、中、高压液压系统（野外作业的工程车辆、大型拖拉机等）及其他中等负荷机械的润滑部位
L-HR	低温液压油，是在 L-HL 油的基础上改善其黏温性能的液压油	适用于环境温度变化较大和工作条件恶劣的低压系统以及其他轻负荷机械的润滑部位

思考与练习

1. 对减振器油的性能有哪些要求？使用中应注意哪些事项？

2. 对液压油的性能有哪些要求？汽车上常用的液压油品种有哪些？使用中应注意哪些事项？

第四章

——— 汽车轮胎

轮胎是汽车最重要的部件之一，也是重要的运行材料，其使用合理与否直接影响到汽车的行驶安全性和使用经济性。据统计，汽车使用中轮胎的费用一般占运输成本的5% ~ 10%，轮胎的技术状况可使油耗在10% ~ 15%范围内变化。要保证车辆安全与降低运输成本，需从轮胎的作用、结构和规格等方面的基础知识入手，进而才能分析轮胎性能对汽车行驶的影响。

案例链接

某年5月1日，北京某公司的负责人及其员工乘坐租用的北京某汽车租赁公司的GL8别克商务车行驶至山东省潍莱高速公路某处，车辆右后轮胎突然爆胎，导致车辆仰翻，造成一外籍人士死亡、多人受伤的严重事故。此次事故经山东省莱西市交通警察大队认定司机及其乘车人均不承担事故责任。

根据第一次开庭陈述，被告（北京某汽车租赁公司）承认肇事的小型普通客车在原告承租期间已行驶6万千米，经查阅国家标准得知轮胎的使用寿命为4万千米左右。如果车辆行驶里程较少，但使用时间超过两年同样建议更换轮胎。被告提供的轮胎使用寿命已经超过国家规定标准的50%，属于严重超期使用。而且发生事故时是“五一”假期，天气比较炎热，在高速路上行驶时，被告有义务提供安全可靠的车辆，并且需要对车辆的轮胎气压进行严格检查。

按照国家标准规定，车辆每行驶1万千米，车辆的4个轮胎需要按照规定定期换位，定期做平衡检查。被告应提供轮胎的定期保养、换位、平衡记录。根据国家标准规定，机动车驾驶人驾驶机动车上道路行驶前，应当对机动车的安全技术性能进行认真检查，不得驾驶安全设施不全或机件不符合技术标准等具有安全隐患的机动车。

§4—1　轮胎的构造与分类

学习目标

1. 了解汽车轮胎的作用。
2. 熟悉轮胎的构造与分类。

一、汽车轮胎的作用

汽车轮胎安装在轮辋上，直接与地面接触，具有承重、缓冲和提供附着等作用。

1. 承重

在众多的汽车零部件中，只有轮胎与地面直接接触，汽车本身的质量和汽车上的乘客及载运货物的质量都要靠轮胎支撑，因此，轮胎必须有足够的承载能力。

轮胎承受载荷能力除与质量有关外，还与路面质量、汽车行驶速度等因素有关。若路面质量差、汽车行驶速度快，就会使汽车的动载荷增加。

2. 缓冲

汽车行驶时要受到路面的冲击，为保证汽车具有良好的乘坐舒适性，必须设法消除和衰减汽车行驶中产生的振动，这一任务通常是由轮胎和汽车悬架共同来完成的。为此，轮胎必须有适当的弹性。

3. 提供附着

汽车行驶所需要的驱动力、汽车减速或停止所需要的制动力等都要靠轮胎与路面的摩擦作用而产生。因此，轮胎与路面间应有良好的附着性能。为了增强轮胎的附着作用，轮胎胎面具有多种形式的花纹。

二、汽车轮胎的构造

轮胎的种类不同，其构造也略有差别。现代汽车广泛采用无内胎的充气轮胎，如图 4–1–1 所示。

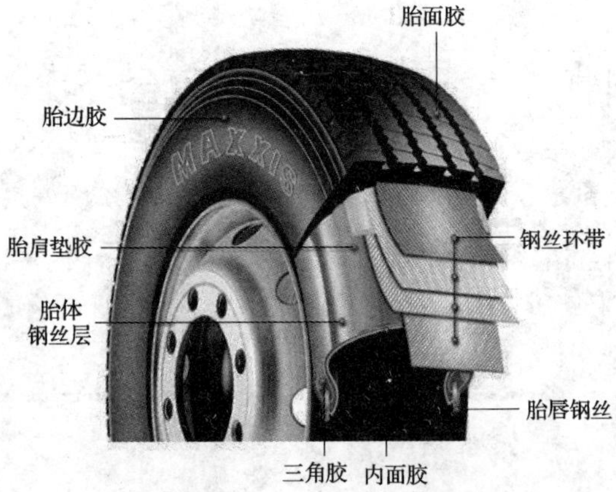

图 4–1–1　轮胎的结构

资料链接

轮胎发展史

最早的轮胎是由木头或铁制造的，这从中国古代的战车上和国外的绅士马车上都能看出来。探险家哥伦布在1493—1496年第二次探索新大陆到达西印度群岛中的海地岛时，发现了当地小孩所玩的橡胶硬块，这使他大吃一惊。后来他把这个奇妙的东西带回国，若干年以后，橡胶得到了广泛的应用，车轮也逐渐由木制变成了硬橡胶制造。但这时的橡胶轮胎还是实心的，行走时振动大，而且噪声也很大。直到1845年，出生于苏格兰的土木技师R. W. 汤姆生发明了充气轮胎，并以《马车和其他车辆的车轮改良》为题发表论文，获得了英国政府的专利。同年12月10日第一条充气轮胎诞生。1847年美国《科学》杂志介绍了汤姆生的充气轮胎，称其为划时代的改良。

三、汽车轮胎的分类

1. 按轮胎充气压力分类

（1）高压轮胎

高压轮胎充气压力为0.5 ~ 0.7 MPa，滚动阻力小，油耗低，但缓冲性能差，与路面的附着能力低，在汽车上很少使用。

（2）低压轮胎

低压轮胎充气压力为0.15 ~ 0.49 MPa，具有弹性好、断面宽、与道路接触面积大、壁薄而散热性好等优点，所以被广泛采用。目前，轿车、载货汽车几乎全都采用低压轮胎。

（3）超低压轮胎

超低压轮胎充气压力低于0.15 MPa，其断面宽度比低压轮胎宽，与道路的接触面积也比低压轮胎大，非常适宜在沼泽地、疏松雪地等软地面上使用，多用于越野汽车和少数特种汽车上。

（4）调压轮胎

调压轮胎根据路面条件不同可以大幅度调节轮胎内压。轮胎气压由驾驶室直接控制。调压轮胎的最大优点是能使汽车适应各种道路条件，有效扩大了汽车使用范围。

2. 按轮胎胎面花纹分类

汽车轮胎按胎面花纹不同，可分为横向花纹轮胎、条形花纹轮胎、混合花纹轮胎和越野花纹轮胎，如图4–1–2所示。

轮胎上的纵向花纹主要起到快速排水的作用，但是抓地能力不足；而轮胎上的横向花纹拥有较大的抓地能力，但排水能力及导向性不好。因此，设计轮胎的工程师们将两

● 图 4–1–2　汽车轮胎胎面花纹

a）横向花纹轮胎　b）条形花纹轮胎　c）混合花纹轮胎　d）越野花纹轮胎

种花纹混搭在一起，让中间的能提供快速排水的纵向花纹与胎肩上提供抓地力的横向花纹结合到一起，混合花纹轮胎就诞生了。越野花纹又叫砌块花纹，特点是花纹沟槽宽而深，花纹块接地面积较小。在松软路面上行驶时，一部分土壤将嵌入越野花纹沟槽之中，必须将嵌入越野花纹沟槽的这一部分土壤剪切之后，轮胎才有可能出现打滑，因此，越野花纹的抓地能力大。

3. 按轮胎组成结构分类

汽车轮胎按组成结构不同，可分为有内胎轮胎和无内胎轮胎。有内胎轮胎的组成如图 4–1–3 所示，内胎是一个环形橡胶管，里面充满压缩空气，应具有良好的弹性、耐热性及气密性。为使内胎在充气状态下不产生褶皱，其尺寸应略小于外胎的内壁尺寸；外胎是用以保护内胎使其不受外来损害的、高强度而富有弹性的外壳；垫带是一个具有一定形状和断面的环形胶带，安装在内胎与轮辋之间，作用是防止内胎被轮辋及外胎的胎圈擦伤和磨损，并能防止尘土、水侵入胎内。无内胎轮胎俗称原子胎或真空胎，这种轮胎是利用轮胎内壁和胎圈的气密层保证轮胎与轮辋间良好的气密性，外胎兼起内胎的作用。

4. 按轮胎胎体帘线排列方向分类

根据轮胎结构的不同，即胎体中帘线排列方向不同，可分为普通斜交轮胎和子午线轮胎两种，如图 4–1–4 所示。

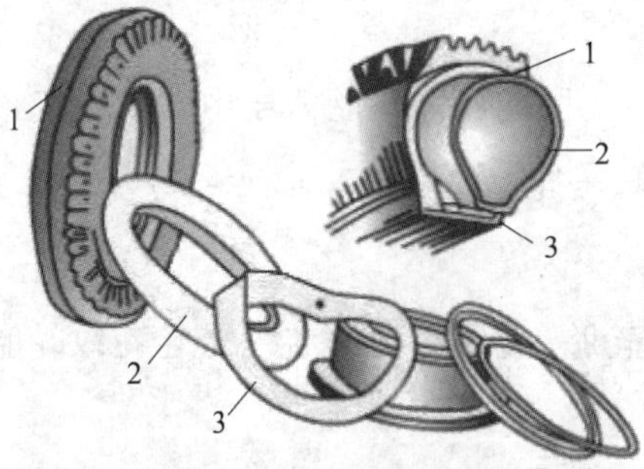

● 图 4–1–3　有内胎轮胎的组成

1—外胎　2—内胎　3—垫带

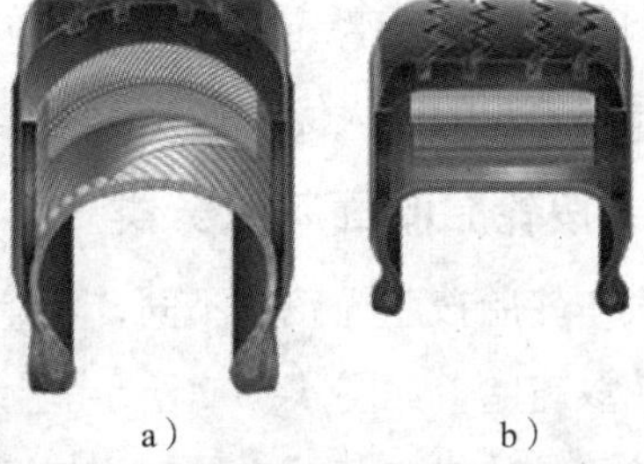

● 图 4–1–4　汽车轮胎帘线排列

a）普通斜交轮胎　b）子午线轮胎

（1）普通斜交轮胎

普通斜交轮胎的结构特点是胎体帘布、帘线排列方向与轮胎子午线断面呈一定夹角，帘线是由一侧胎边穿过胎面到另一侧胎边，并且由这种斜置帘线组成的多层帘布交错叠合，呈斜交方式排列，帘布层的层数为偶数。

普通斜交轮胎具有噪声小、制造容易、价格便宜等优点。但是，其使用受到一定限制，目前有被子午线轮胎取代的趋势。

（2）子午线轮胎

帘布层帘线与胎面中心线成 90° 或接近 90° 排列的充气轮胎称为子午线轮胎。由于帘线排列方向与轮胎子午线断面一致，使帘线强度得到充分利用，子午线轮胎的帘布层层数一般比普通斜交轮胎减少 40% ~ 50%，且帘布层层数没有必须为偶数的限制，胎体柔软，而带束层层数较多，极大地提高了胎面的刚度和强度。

与普通斜交轮胎相比，子午线轮胎有以下优点：

1）滚动阻力小，节约燃料。实际使用中，节油率在 6% ~ 8%，并且随着车速提高，节油效果更好。

2）使用寿命长。子午线轮胎胎面刚性好，周向变形小，可用较硬橡胶作为胎面材料，因此，耐磨性好。轮胎接地面积较大，单位压力小并且均匀，在路面上的滑移量小，使轮胎的行驶里程比普通斜交轮胎长 50% 左右。

3）减振性能好。子午线轮胎帘线径向排列，可充分利用帘线强度，比普通斜交轮胎提高约 14%。

4）承载能力大。子午线轮胎帘布因有坚硬的带束层，所以大大增强了胎冠的抗刺能力，减少了轮胎爆胎的危险，提高了行驶的安全性。

5）附着性能好。子午线轮胎在行驶时接地面积较大，同时由于带束层的作用，接地压强分布较均匀，从而提高了附着力，减少了侧滑现象。

5. 按轮胎胎体帘线材料分类

按胎体帘线材料不同，轮胎可分为棉帘线轮胎、人造丝轮胎、尼龙轮胎和钢丝轮胎等。

目前，尼龙帘线材料用得较多。尼龙的强度比人造丝和棉帘线更好。尼龙帘线还有受热和受潮时强度降低都比较小等特点。

钢丝帘线的强度很高，钢丝帘线的采用可大大减少轮胎帘布层的层数，从而使橡胶材料的消耗减少，轮胎质量减轻。但是，钢丝帘线与橡胶结合性能较差，尚需进一步改进性能。

思考与练习

1. 汽车轮胎的作用是什么？
2. 有内胎轮胎的组成部分有哪些？
3. 汽车轮胎的各种分类是如何划分的？

§4—2　轮胎的合理选用

学习目标

1. 认识轮胎的规格。
2. 知道汽车轮胎的常见损坏形式。
3. 熟悉轮胎的选用注意事项。

合理使用轮胎，将会明显改善汽车性能或大幅度提高轮胎使用寿命，从而降低汽车运输成本，确保行车安全。2018 年 8 月 1 日，国家开始实施《轮胎使用与保养规程》（GB/T 9768—2017）。

一、汽车轮胎的规格

轮胎规格是轮胎几何参数与物理性能的标志数据。国际标准的轮胎规格一般由六部分组成：轮胎断面宽度（mm）+ 轮胎断面的扁平比（%）+ 轮胎类型代号 + 轮辋直径（in）+ 负荷指数 + 许用车速代号。轮胎规格为 195/65 R15 88H 的轮胎宽度、轮辋直径及扁平比如图 4–2–1 所示。

图 4–2–1　轮胎的规格

1. 轮胎宽度

轮胎宽度是影响整车油耗表现的一个因素。轮胎越宽，与地面的接触面积越大，相应地就增加了轮胎与地面的摩擦力，车辆的动能转化为摩擦热能而损失的能量就会增加，行驶相同距离时宽胎更容易耗油。不过事物都有它的两面性，虽然油耗增加，但宽胎的抓地力更强，进而也将获得更好的车身稳定性。

2. 轮胎断面的扁平比

轮胎断面的扁平比是影响车辆对路面的反应灵敏度的主要因素。扁平比越低的车辆，胎壁越薄，且轮胎承受的压力也越大，其对路面的反应非常灵敏，从而能够迅速地把路面的信号传递给驾驶者，更便于操控车辆，多见于一些以性能操控见长的车型。扁平比越高，胎壁越厚，虽然拥有充裕的缓冲厚度，但对路面的感觉较差，特别是转弯时会更拖沓，多见于一些以舒适性见长的车型。越野车的扁平比一般较高，主要是为了适应环境恶劣的路况。

3. 轮胎类型代号

轮胎的类型代号常见的有：“X”表示高压胎，“R”“Z”表示子午线胎，“—”表示低压胎。市场上的轿车一般采用子午线轮胎，且目前已经实现了子午线轮胎无内胎。这种轮胎在高速行驶中不易聚热，当轮胎被钉子或尖锐物穿破后，漏气缓慢，可继续行驶一段距离。另外，还有简化生产工艺、减轻质量、节约原料等好处。

4. 负荷指数

轮胎的负荷指数是把轮胎所能承受的最大负荷以代号的形式表示，来表征轮胎承受负荷的能力。负荷指数数值越大，轮胎所能承受的负荷也越大。负荷指数及对应承载质量见表 4–2–1。

表 4–2–1　　负荷指数及对应承载质量（摘录）

负荷指数	71	72	73	74	75	76	77	78	79	80
承载质量 / kg	345	355	365	375	387	400	412	425	437	450
负荷指数	81	82	83	84	85	86	87	88	89	90
承载质量 / kg	462	475	487	500	515	530	545	560	580	600
负荷指数	91	92	93	94	95	96	97	98	99	100
承载质量 / kg	615	630	650	670	690	710	730	750	775	800

注：本表中的负荷指数数据仅为一部分。

5. 许用车速代号

许用车速表示对车辆速度的极限限制，超过许用车速可能会引起爆胎。速度级别越高，轮胎设计及对材料的要求也就越高。许用车速代号与最高行驶速度的对应关系见表 4–2–2。

表 4-2-2　　许用车速代号与最高行驶速度的对应关系（摘录）

许用车速代号	N	P	Q	R	S	T	U	H	V	W	Y	ZR
对应的最高行驶速度 /（km/h）	140	150	160	170	180	190	200	210	240	270	300	240+

注：① S、T、H 为许用车速常见等级，本表为部分许用车速代号。

②如许用车速 ZR，对应的许用车速要大于 240 km/h。

③轮胎若无速度标志，除非另有说明，一般认为最大安全速度为 120 km/h。

6. 轮胎规格表示实例

下面以图 4-2-2 所示实例来说明轮胎尺寸代码的含义。图中的轮胎规格为 225/60 R17 99H，其中，225 表示轮胎的断面宽度为 225 mm；60 表示轮胎的断面高度与断面宽度的百分比（即轮胎断面的扁平比）为 60%，“R” 代表单词 Radial，表示是子午线轮胎；17 表示轮辋直径为 17 in；99 表示负荷指数，即单个轮胎的承载质量最高可为 775 kg；H 则表示轮胎的许用车速为 210 km/h。

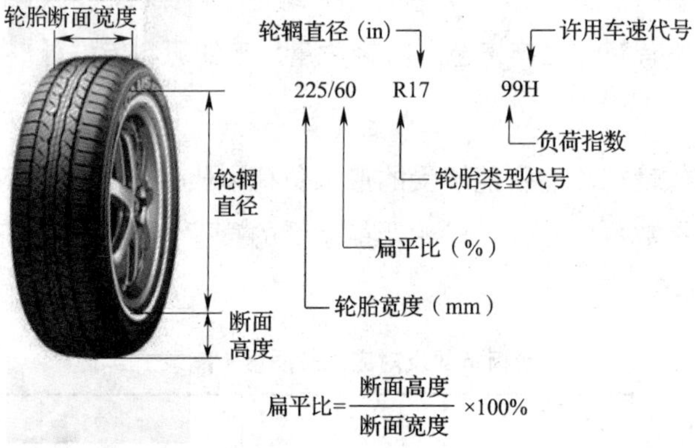

图 4-2-2　轮胎的尺寸代码

二、轮胎的常见损坏形式

汽车轮胎的损坏形式主要有胎面磨损、胎侧受伤、胎体损坏、胎圈撕裂和轮胎爆裂等。

1. 胎面磨损

轮胎在使用过程中由于直接和路面接触，受多种接触力的作用，如驱动力、制动力、侧向力、摩擦力等，因此，不可避免地会出现磨损。一般情况下，应要求胎面磨损均匀、缓慢。但在汽车使用过程中，一些不正确的驾驶方法如汽车转弯速度过快、起步过急、制动过猛、高速行车等，都会加快轮胎的磨损。除此之外，若轮胎使用不当或车辆状况不良，将使轮胎胎面产生不正常磨损。

常见的轮胎不正常磨损有：轮胎胎面中间磨损严重；轮胎单边磨损严重；轮胎两边磨损严重；轮胎胎面出现块状磨损；轮胎局部胎面出现快速磨损；轮胎胎面出现锯齿状磨损；胎冠割裂或刺伤。

2. 胎侧损伤

从轮胎的构造来看，胎侧是轮胎中强度最弱的部位，但胎侧却是轮胎中最为突出的部位。所以，胎侧是轮胎结构中最易受伤的部位。胎侧损伤主要包括胎侧擦伤和胎侧起泡。

（1）胎侧擦伤

胎侧擦伤多是由于汽车斜行上马路牙所致。此外，路障上的角铁和螺钉、碎石路面也可擦伤胎侧。

（2）胎侧起泡

胎侧起泡多是由于胎侧帘线断裂或断裂处强度降低所致。此外，对无内胎轮胎，压缩气体传递到胎侧也会引起胎侧起泡。

3. 胎体损坏

（1）胎体帘线的断裂、松散和帘布脱层

引起胎体帘线断裂的原因较多，除部分轮胎在使用过程中胎体帘线产生自然裂纹并逐渐扩大而引起帘线断裂或胎侧部位因某种原因产生强挤压而使帘线断裂外，大部分胎体帘线的断裂是由于轮胎变形而引起的疲劳断裂。

（2）胎体扎伤、刮伤

胎体扎伤、刮伤主要是由于行驶路面凹凸不平或路面上有锋利的异物而引起的。

4. 胎圈撕裂

胎圈撕裂主要发生在轮胎往轮辋上安装的过程中。轮辋的外沿直径一般大于轮胎的内径，所以在安装时易将胎圈撕裂。

5. 轮胎爆裂

轮胎爆裂主要由轮胎气压和温度升高、轮胎强度下降引起。

三、选用轮胎的注意事项

轮胎的选用应根据车辆的载荷、速度、道路条件、气候环境等综合考虑。

1. 选准轮胎型号

选购的轮胎要与车型相符，最好是原厂生产轮胎，以免磨损不均匀；选购时应注意轮胎的层数和帘线材料种类。一般轮胎层数越多，散热性越差。

2. 看清轮胎标志

选购轮胎时，仔细查看轮胎表面有无厂名或厂址、商标、生产编号及轮胎骨架材料、标准轮辋与检查印鉴等，若以上内容标志清晰，说明是正规厂家生产的，反之则有可能是翻新轮胎或修补过的轮胎。

3. 看轮胎的生产日期

轮胎的主要材料是橡胶，而橡胶的特性就是长时间使用或者放置就会老化，如果使用老化的轮胎，轻则影响车辆的性能，重则发生爆胎事故危及生命安全。经科学试验得知，无论什么品牌的轮胎放置三年后，受氧化等因素影响，轮胎的物理性能都会有所变化，耐磨性、强度等指标都会下降。

4. 避免选择翻新轮胎

翻新轮胎与品牌正常新轮胎相比，最大差别在于耐磨性。可以从四个方面进行判断。看：新轮胎胎面呈现蓝光，色泽较为自然，而翻新轮胎胎面则显得特别亮；摸：按压新轮胎胎面，不会留下指纹，而翻新轮胎胎面有一层蜡，摸过会留有指纹；扯：新轮胎胎面上的橡胶钉和磨损标记不会很容易扯下来，翻新轮胎则不然；划：用硬物在轮胎胎面上轻微地划过，新轮胎不会留下划痕，翻新轮胎则容易留下划痕。

5. 看性能

若轮胎许用车速选择不当，车辆容易在高速路上引发事故。比如轮胎许用车速代号为“S”表示最高行驶速度为 180 km/h；为“H”表示最高行驶速度为 210 km/h。只要车辆行驶时不超过最高行驶速度，就不会出现问题。

思考与练习

1. 轮胎的规格由哪几部分组成？
2. 轮胎的常见损坏形式有哪几种？
3. 选用轮胎时的注意事项有哪些？

第五章

——— 汽车美容与装饰材料

现代汽车不仅需要具有良好的性能，还需要具有漂亮的外形以及彰显人们个性的内饰。在汽车使用过程中，由于风吹日晒还有工业城市酸雨的侵蚀，会导致车身表面出现失光、异色、斑点等现象。若不及时护理，表面涂层会过早损坏，不仅影响“面子”，还会导致车壳腐烂。所以，近年来应运而生了大量的汽车美容护理与装饰材料。

§5—1 美容护理材料

学习目标

1. 认识常见的汽车美容护理材料。
2. 熟悉各种汽车美容护理材料的种类、功能及使用范围。

案例链接

案例1：车主王先生和李先生于2012年同一时间购买了广本理念轿车。由于两人保养汽车的理念不同，王先生坚持去汽车美容店定期洗车，而李先生则认为洗车这种作业很简单，坚持自己动手的原则，长期用洗洁精和洗衣粉洗车。一年过去了，王先生的车光亮如新，风采依旧，而李先生的车则暗淡无光。

解决方案：造成李先生轿车暗淡无光的原因主要是其长期使用洗衣粉和洗洁精洗车。由于洗衣粉和洗洁精属碱性，这些碱性用品会把汽车车身漆面的保护蜡冲掉，使车身表面褪色。汽车美容店使用的都是汽车专用清洗剂，不会对车身表面造成伤害。

建议李先生先到汽车美容店进行打蜡作业，使车身恢复光泽，以后洗车时尽量到汽车美容店洗车或使用汽车专用清洗剂自行清洗。

案例 2：车主唐先生换了新车刚半年，就发现车上出现了细微划痕，在太阳下查看漆面，还有轻微的一圈一圈的太阳纹。唐先生的车一直在专业洗车店清洗并打蜡，很是爱惜，按理说不会有问题出现。后经追查，发现洗车店每次打蜡时都是故意用硬蜡、粗蜡。这些太阳纹是洗车店留给唐先生的"纪念品"，以便唐先生下次再来修复。

解决方法：作为车主，对汽车美容用品要有一定的认识。车蜡按不同的物理状态分为粗（硬）蜡和细蜡。粗（硬）蜡中含有研磨剂，长期使用会使漆面出现轻微划痕，这些轻微划痕在太阳下查看就是所谓的太阳纹。所以车主在给汽车打蜡时，一定要看清楚使用的是粗蜡还是细蜡。若发现漆面出现发丝划痕，要及时用无机蜡修复，无机蜡不含丝毫研磨剂，而且修复后和漆面一样光亮照人。

汽车美容护理是指保持车身漆面和内饰件表面亮丽而进行的美容作业，主要包括新车开蜡、汽车清洗、漆面研磨、抛光、上蜡及内饰保护处理等美容护理作业。常见的汽车美容护理材料主要有汽车清洗剂、车蜡及各种专业保护剂等，如图 5-1-1 所示。

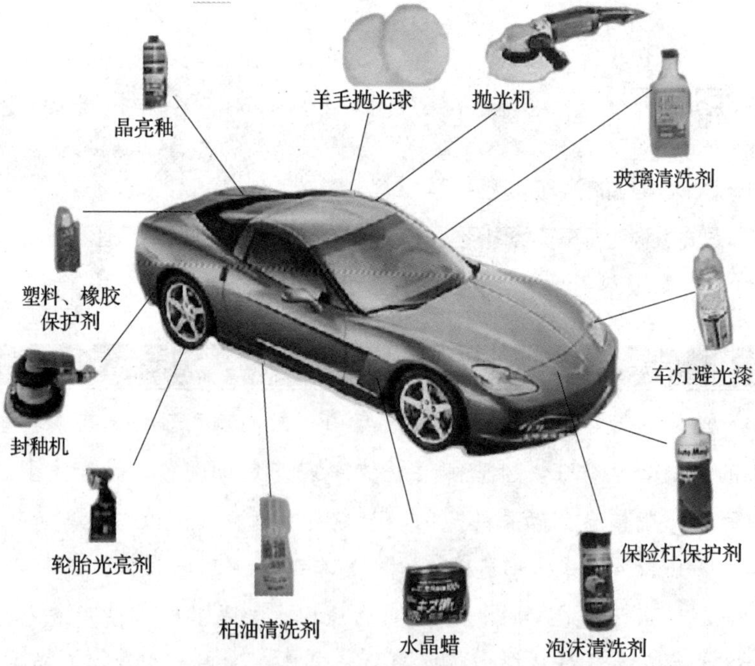

● 图 5-1-1　汽车上常用的美容护理用品

一、汽车清洗剂

汽车清洗剂具有去污力强、不伤害车漆、环保等优点，常见的汽车清洗剂有不脱蜡清洗剂、脱蜡清洗剂、二合一清洗剂、环保型清洗剂、专用清洗剂等。

1. 不脱蜡清洗剂

当汽车进行不脱蜡清洗时，应选用不脱蜡清洗剂。该清洗剂含有表面活性剂，有很强的分解能力，能有效去除车身漆面的油污和尘埃之类的污物，具有性质温和、不破坏蜡膜、不腐蚀漆面、液体浓缩、泡沫丰富、使用方便且经济等特点。不脱蜡清洗剂的名称较多，又称汽车香波（见图 5–1–2）、洗车液等。

2. 脱蜡清洗剂

当汽车需要重新上蜡时，应先使用脱蜡清洗剂对汽车进行清洗。此类清洗剂含柔和性溶剂，具有较强的溶解能力，不仅可去除车身油垢，而且能把以前的蜡洗掉。

3. 二合一清洗剂

所谓二合一清洗剂（见图 5–1–3）即清洁、护理合二为一，既有清洗功能，又有上蜡功效，可以满足快速清洗兼打蜡的要求。此产品主要由多种表面活性剂配制而成，上蜡成分是一种具有独特配方的水蜡，它可以在清洗作业中在漆面形成一层蜡膜，增加车身鲜艳程度，有效保护车漆。二合一清洗剂适用于车身比较干净的汽车，洗车后可直接用毛巾擦干。

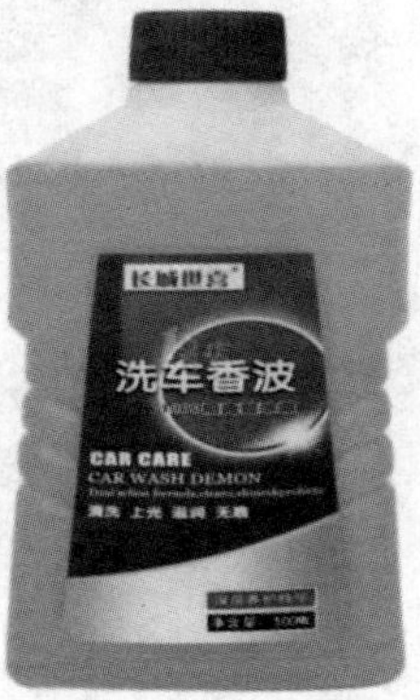

● 图 5–1–2　汽车香波

● 图 5–1–3　二合一清洗剂

4. 环保型清洗剂

此类清洗剂的主要成分为天然原料，对环境无污染，并具有特殊的清洗效果。

5. 专用清洗剂

当车身有沥青、焦油、鸟粪等污物时，需使用专用清洗剂。清洗时，应根据污物的种类选用合适的专用清洗剂，例如焦油沥青去除剂、树粘清洗剂等。

6. 无水洗车液

图 5–1–4　无水洗车液

无水洗车液（见图 5–1–4）由多种表面活性剂、孵化剂、巴西棕蜡、高分子聚合物等多种漆面保护成分化合组成。产品中的表面活性剂和孵化剂可使固体污垢形成悬浮液或乳浊液，使污垢和车体分离，再由悬浮剂将污垢吸附在擦车布上，达到清洗的目的。

课堂讨论

专业汽车清洗剂和普通洗衣粉、洗洁精的区别是什么？洗车能否使用洗衣粉、洗洁精？为什么？

二、汽车蜡

图 5–1–5　汽车蜡

图 5–1–5 所示为汽车蜡。汽车蜡的主要成分是聚乙烯乳液或硅酮类高分子化合物，并含有油脂和其他添加成分，具有美观、抗高温、防紫外线、防静电、隔离污染物等作用，使车漆得到极大的保护。汽车蜡按物理状态、装饰效果、产地不同、功能不同分为不同种类。

1. 按物理状态分类

汽车蜡按物理状态的不同分为固体蜡、半固体蜡、液体蜡和喷雾蜡四种。汽车蜡的黏度越大，光泽越艳丽，持久性越强，但去污能力越弱，而且打蜡操作越费力。相反，黏度越小的汽车蜡越便于使用，其持久性越弱。

2. 按装饰效果分类

汽车蜡按装饰效果的不同可分为无色上光蜡和有色上光蜡。无色上光蜡主要以增光为主，有色上光蜡主要以增色为主。

3. 按产地不同分类

汽车蜡按产地不同大体分为国产汽车蜡和进口汽车蜡。常见进口汽车蜡多来自美国、英国、日本、荷兰等国，例如美国龟博士系列汽车蜡、美国的普乐系列汽车蜡等。国产汽车蜡最常用的如即时抛等。

4. 按功能不同分类

汽车蜡按其主要功能分为上光蜡和抛光研磨蜡两种。国产上光蜡的主要添加成分为蜂蜡、松节油等，其外观多为白色或乳白色，主要用于喷漆作业中表面上光。国产抛光研磨蜡主要添加成分为地蜡、硅藻土、氧化铝、矿物油及乳化剂等，颜色有浅灰色、灰色、乳黄色及黄褐色等多种，主要用于浅划痕及漆膜的磨平作业，以清除浅划痕、橘皮纹，填平细小针孔等。

三、专业保护剂

汽车专业保护剂是用于汽车塑料件、皮革件、橡胶件及金属件等清洁、上光和保养的材料。汽车专业保护剂是一类较新的汽车美容护理材料，近年来发展很快，各种产品名目繁多。目前，常见的有皮革清洁保护剂、塑料保护剂、轮胎光亮剂、丝绒清洁保护剂、铝合金抛光剂、镀铬金属件抛光剂、玻璃抛光剂等。

1. 皮革清洁保护剂

皮革清洁保护剂（见图 5–1–6）适用于一切橡胶、皮革、塑胶或塑料材质，能清洁汽车内部各部件表面的污垢，并在被处理表面留下一层自然保护膜，使灰尘不会积聚，还能产生清新的气味，体现清洁光亮的效果。

2. 塑料保护剂

塑料保护剂能在被处理的塑料件表面形成光亮保护膜，并含防静电剂，能减少灰尘积聚，使清洁、光亮效果更好。

3. 轮胎光亮剂

轮胎光亮剂（见图 5–1–7）能使橡胶轮胎清洁还原，像新轮胎一样。轮胎光亮剂也可用于汽车装饰条、防撞条的清洁保护。

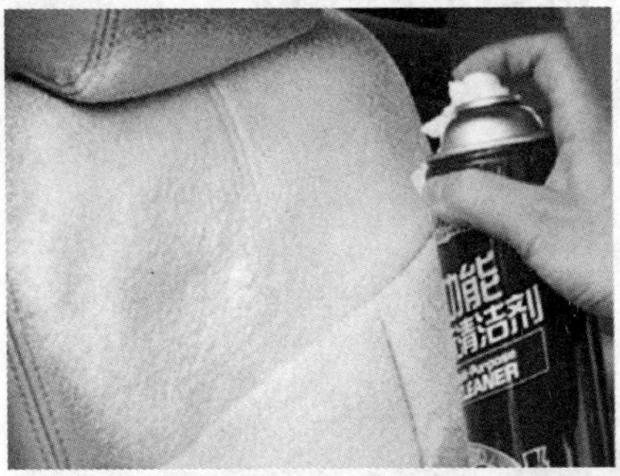

● 图 5–1–6　皮革清洁保护剂

● 图 5–1–7　轮胎光亮剂

4. 丝绒清洁保护剂

丝绒清洁保护剂含有强力的柑橘类植物降解成分，能有效去除汽车织物、丝绒、地毯、内顶板、门板、仪表板等的顽固污迹，还有清除异味的功能，使车内保持新鲜的气味，让汽车内部经久如新。

5. 铝合金抛光剂

铝合金抛光剂能安全去除未喷漆的铝合金轮毂上的氧化膜、水斑点以及制动片粉尘等污迹，使表面彻底清洁，焕然一新。

6. 镀铬金属件抛光剂

镀铬金属件抛光剂能去除包括不锈钢、铜、铁、镀铬件等金属表面的锈迹、氧化膜，使金属表面产生亮丽的光泽。

7. 玻璃抛光剂

玻璃抛光剂（见图 5–1–8）能快速去除玻璃上的各种污垢，还能将玻璃上的细小划痕覆盖，产生夺目的光泽，并且在玻璃表面覆盖上一层保护膜，能减少静电粉尘的积聚，减少紫外线的侵害等。玻璃抛光剂不腐蚀玻璃、不会影响视线，适于在汽车风窗玻璃、车窗玻璃、反光镜及塑料件等表面使用。

图 5–1–8　玻璃抛光剂

思考与练习

1. 常见汽车清洗剂有哪些？如果车身比较干净，想实现快速洗车兼打蜡功能，应选用哪种汽车清洗剂？
2. 汽车蜡按物理状态分类有哪几种？
3. 常见汽车专业保护剂有哪些？

§5—2　常用装饰材料

学习目标

1. 认识常见的汽车装饰材料。
2. 熟悉各种汽车装饰材料的种类、功能及使用范围。

汽车装饰是指通过增加或者替换一些附属的物品，以提高汽车表面和内室的美观性、实用性、舒适性。汽车装饰分为外装饰和内装饰。汽车外装饰主要是对汽车顶盖、车窗、车身周围及车轮部位等进行装饰；汽车内装饰主要是对汽车顶棚、内护板、仪表盘、座椅及地板等的装饰。

案例链接

王小姐自从贴了车膜后，车窗就变得很烫。

分析：王小姐可能是贴了全吸收车膜。正规车膜一般都是反射和吸收两种性能兼顾，一般一年左右车膜的隔热效果就会减弱。正规车膜的隔热率在 30% ~ 40%，质量较好的车膜隔热率也仅能做到 50% ~ 60%。有些车膜商家宣称自家的车膜隔热率可达到 80% 甚至 90%，这是不可信的。

常用的汽车装饰材料有塑料、橡胶、金属、纺织面料、皮革面料、木质材料及车膜等。汽车内饰材料正向着绿色、健康、环保、舒适的趋势发展。

一、塑料、搪塑（PU、PVC、ABS、PP）

塑料在汽车内饰中使用最多，约占 60%，在汽车轻量化趋势下，这些内饰件越来越多地采用改性塑料，尤其是环境友好型的新型材料。免喷涂塑料、低气味塑料、低 VOC 塑料等材料在汽车内饰中的应用越来越多，如图 5-2-1 所示。

图 5-2-1　汽车内饰塑料

汽车内饰常用的塑料大多是热塑性塑料。常用于仪表板上的搪塑材料，是 PVC 和 ABS 材质，再注入一些 PU 泡沫以增强回弹能力；车门内板多采用 ABS 或改性 PP 材料注塑成形；转向盘一般采用半硬质 PU 泡沫塑料制成，而转向盘包覆物多用 PP、PU、PVC、ABS 等树脂材料。

二、纺织面料

纺织面料是汽车的主要装饰材料之一，在汽车上主要用于坐套、坐垫、地毯、脚垫、顶棚和内护板的内衬等。纺织面料可分为纯棉织品、纯毛织品、化纤织品和混纺织品等。纺织面料的主要性能和用途见表 5-2-1。

一般来讲，车用纤维主要以合成纤维为主，而天然纤维则比较少。因为毛织物成本较高，所以一般也只用于高档车。而在合成纤维中，涤纶纤维耐磨性好，抗撕裂强度

表 5-2-1　　纺织面料的主要性能和用途

品种	主要性能	用途
纯棉织品	柔软性、保温性、透气性均良好，易着色，鲜艳，易吸水，强度不高，易变形	汽车的一般装饰材料，用作坐垫、坐套等
纯毛织品	保温性、透气性好，强度比纯棉织品高，不易着色，易遭虫咬，易变形，不易清洗，定形温度高	汽车的主要装饰材料，用作顶棚和内护板的内衬、坐套、坐垫、地毯和脚垫等
化纤织品	强度高，使用寿命长，易清洗，定形后不易变形，织品挺括，易着色，保温性、透气性差，有的着色性也差	
混纺织品	以棉、毛和化纤为原料，按一定比例制成。具有上述三种单种原料的优点，综合性能良好	

高，耐霉变，抗紫外线能力较优，容易清洗，回弹性和抗褶皱性好，价格也比较便宜，占车用纺织装饰织物市场的 90% 以上，但其吸湿性和舒适性较差；腈纶纤维具有良好的抗紫外线能力，手感柔软，但耐磨性不好，适于做汽车的顶棚和有篷汽车的车篷；锦纶纤维有较好的弹性和耐磨性，可应用在汽车座椅中；丙纶纤维在强度和密度上优于涤纶纤维，价格便宜，容易回收利用，但其只能使用原液染色或纺前染色纱，耐磨性、吸湿性差。

三、皮革面料

汽车皮革面料（见图 5-2-2）是汽车装饰中的高级装饰面料。高档轿车的座椅、仪表板、顶棚内衬等以及转向盘、把手、拉手等附件都可用皮革面料进行装饰。

图 5-2-2　汽车皮革面料

皮革面料主要有牛皮、羊皮、猪皮等。汽车用皮革主要以黄牛皮、水牛皮为主。常见皮革面料的主要性能和用途见表 5-2-2。

表 5-2-2　　常见皮革面料的主要性能和用途

<table>
<tr><th>品种</th><th>主要性能</th><th>用途</th></tr>
<tr><td>黄牛皮</td><td>皮革表面细腻，手感柔软，质地坚实而富有弹性，毛孔小</td><td rowspan="3">座椅、仪表板、顶棚内衬、车身内护板、转向盘、把手、拉手等装饰</td></tr>
<tr><td>水牛皮</td><td>质地结实耐磨，但皮革表面粗糙，不够柔软，手感差，韧性差，毛孔清晰，比黄牛皮外观差</td></tr>
<tr><td>羊皮</td><td>羊皮较牛皮薄，质地细腻柔和，手感柔软，毛孔均匀，但是羊皮强度比牛皮差，成形面积小</td></tr>
</table>

四、木质材料

汽车木质装饰材料一般多为胡桃木，故称为桃木内饰（见图 5-2-3）。桃木内饰主要装贴在仪表板、中控板、变速器换挡杆台、门扶手、转向盘等部位。

图 5-2-3　汽车桃木内饰

胡桃木具有纹理优美、质地坚韧、不变形的特点，而且具有良好的油漆保持能力和抗腐蚀能力等。用胡桃木作为汽车内饰材料呈现出优雅、华贵的气质，常用于中、高级轿车。目前，汽车胡桃木内饰有不同的颜色和花纹可供选择，还有光面、亚光面等不同的品种。

另外，还有仿木质的内饰材料。它们大多是具有桃木纹图案的塑料膜，贴在所装饰的部位。仿木质内饰材料的纹路、光泽虽然与实木材料极为相似，但容易老化、剥落。

想一想

汽车的内饰都使用了哪些装饰材料?

五、金属（铬）

在汽车内饰中，金属也是不可或缺的元素，很多车型中都采用了镀铬装饰条和铬金属拉丝饰板来点缀车厢，如图 5-2-4 所示。镀铬装饰件能长久保持表面质量，不易磨损和腐蚀，耐热，摩擦系数小。

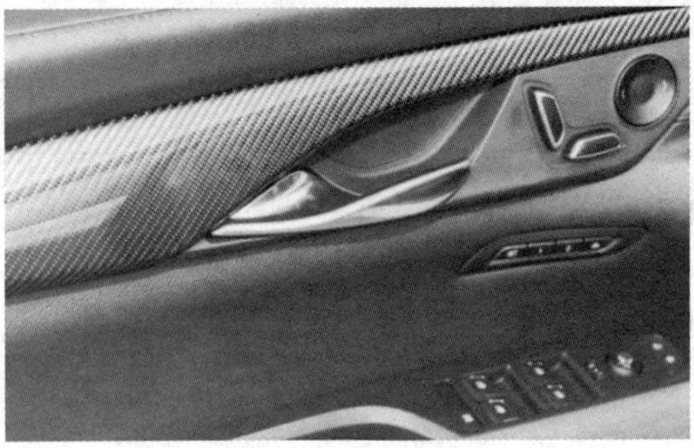

图 5-2-4 铬内饰材料

六、碳纤维及其复合材料（CFRP）

碳纤维是一种含碳量在 95% 以上的新型纤维材料。碳纤维呈黑色，坚硬，具有强度高、质量轻等特点，是一种力学性能优异的新材料，在工程材料中的应用前景广阔。

碳纤维在汽车中的应用范围很广，应用于轿车内装饰件中成本较高，一般只在豪华轿车上使用。碳纤维在汽车内饰中的使用如图 5-2-5 和图 5-2-6 所示。

图 5-2-5 碳纤维复合材料

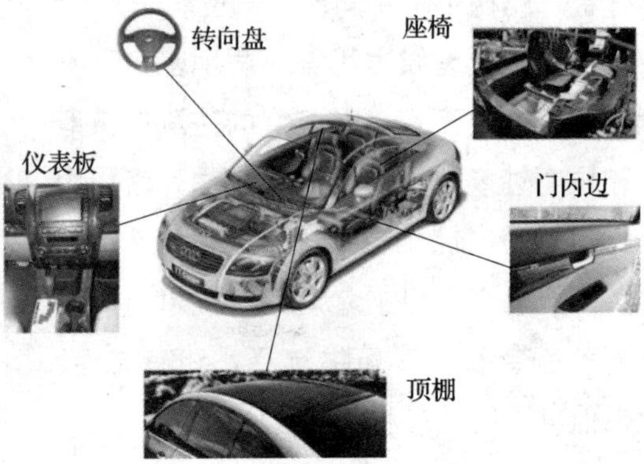

图 5-2-6 碳纤维在汽车中的使用

七、新型内饰材料

1. 特种涂层面料

特种涂层面料（见图 5-2-7）具有“三防”（防油、防尘、防水）功能，除此之外，特种涂层面料还具有去除异味、除烟、阻燃的功能，拥有自净能力、散发芳香、防拉丝、更舒适等特性。

2. 织物皮革

图 5-2-8 所示为织物皮革。织物皮革能达到与皮革比肩的性能和外观，而且其透气性和触感都优于皮革，还具备可改变的皮革纹理，在座椅、仪表板、中控板和门板等内饰部件上都可应用。此外，从生产工艺角度来看，织物皮革还具备比皮革更高的生产效率。

● 图 5-2-7　特种涂层面料

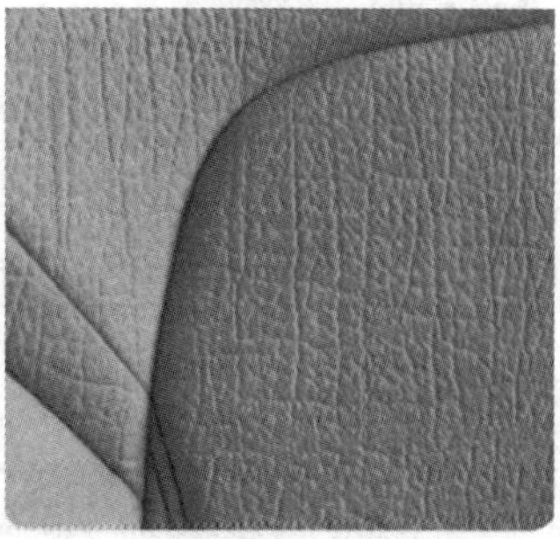

● 图 5-2-8　织物皮革

3. 天然纤维复合材料

汽车内饰用天然纤维复合材料是全球汽车行业发展的新趋势，天然纤维加强复合材料因具有高强度、低成本、低密度以及环境友好的特点，正逐渐成为一种新型工程材料。

天然纤维是可回收、可降解、可利用、可再生的，焚烧时无毒物排放，填埋后可生物降解，并且可以循环利用；天然纤维可以采用一步法成形，与其他材质黏结比较容易，生产过程中一般不用胶黏剂，所以天然纤维是环保型材料（见图 5-2-9）。我国在汽车工业应用中正在积极开发天然纤维复合材料，例如不污染环境的麻纤维复合材料汽车内饰物。

● 图 5-2-9　可回收、可再生天然纤维

八、车膜

车膜又称汽车太阳膜，是粘贴在汽车玻璃上的一种薄膜。它不仅能遮挡太阳的紫外线辐射，降低车内温度，还具有良好的装饰作用和安全保护性能。

1. 车膜的发展阶段

汽车车膜自面市以来，经历过三个发展阶段——茶纸、防爆膜、防晒隔热膜。各发展阶段三种车膜的性能特点见表 5-2-3。

表 5-2-3　三种车膜的性能特点

种类	性能特点
茶纸	茶纸属于第一代产品，俗称太阳纸，特点为遮光性强、安装简单，缺点是不隔热、易褪色、易脱胶
防爆膜	防爆膜属于第二代产品，利用新型黏胶及较厚的膜层提高防爆效果，具有一定的隔热、防晒性能，隔热率在 20% ~ 60%，紫外线阻隔率为 80% 左右
防晒隔热膜	防晒隔热膜属于第三代产品，又名隔热纸、太空膜等，有很多新技术运用在其中，如磁控镀膜、微米技术、纳米技术、光谱微粒子技术等，其能有效阻隔紫外线 90% 以上，红外线阻隔率提高到 30% ~ 95%，且车膜黏性更强，可达到既降低车膜的厚度又提高防爆性能的效果

防晒隔热膜的隔热性、保温性、隔紫外线、防爆性最好，其构造如图 5-2-10 所示。

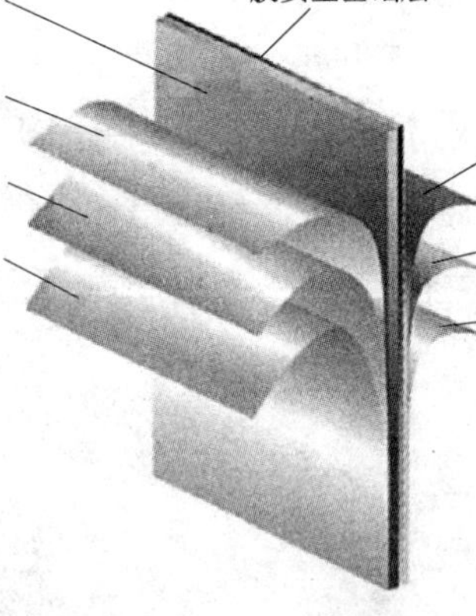

图 5-2-10　防晒隔热膜的构造

2. 车膜的性能指标

（1）透光度和清晰性

这是车膜中关乎行车安全最重要的性能，车窗膜尤其是前排两侧窗的车膜应选择透光度在 35% 以上的车膜。此时车窗膜无须挖孔且不影响视线，夜间行车时还能把后面来车大灯照射在倒后镜的强烈眩光反射减弱。此外，在雨夜行车、倒车、掉头时也能保证驾驶员视线良好。

（2）隔热性和隔热率

这是体现车膜隔热性能的重要指标。质量好的车膜能反射红外线，所以车内的温度就低得多，继而会降低空调负荷，节省燃油。

（3）防爆性能

这是车膜涉及安全的又一重要性能。优质车膜本身有很强的韧性，车窗玻璃破裂后可被车膜粘牢，不会飞溅伤人，并且其抗冲击性能很强。

（4）紫外线阻隔率

车膜具有高紫外线阻隔率，能有效防止车内的人被过量的紫外线照射而灼伤皮肤，还能保护车内音响不会被晒坏。高质量的车膜，其紫外线阻隔率一般不低于98%，高的可达100%。

（5）颜色

可根据车身颜色、个人的爱好及眼睛的舒适度来搭配车膜颜色。不同的车膜颜色的形成是有区别的：染色膜在胶里添加色素；原色膜使用不同颜色的原色基材；而磁控溅射膜的自然色没有任何色素，通过沉积金属或化合物本身的颜色而形成。一般的染色膜在半年到一年时间里就会发生较大的变化，而质量较好的原色膜会在3～5年内保证颜色稳定，而磁控溅射膜的自然色可长期稳定，最高可长达10年。

（6）膜面防划伤

优质膜的表面都有一层防划伤层，在正常使用条件下能保护膜面不被划伤。

（7）保质期

一般正规厂家生产的车膜都有较长的保质期，通常是5年，有些优质车膜的保质期可长达8年。

思考与练习

1. 常见汽车装饰材料主要有哪些？
2. 车膜的主要作用有哪些？

下　篇
汽车零部件材料

汽车零部件材料以金属材料为主，占整车质量的80%左右，其中钢铁材料约占70%，非铁金属材料约占10%。非金属材料占整车质量的20%左右，其中塑料约占7%，橡胶占3%～7%。

自20世纪70年代以来，汽车工业遇到了三大课题——污染、安全、节能。为适应安全、节能的要求，在汽车特别是轿车中开始大量应用非金属材料，所以在汽车制造中钢铁的用量有所下降，而有色金属、非金属和复合材料等新材料的用量正在上升。例如，铝合金、镁合金、钛合金、铜及铜合金等有色金属越来越多地替代钢铁材料用于制造汽车构件；工程塑料也广泛用于汽车保险杠、内外饰覆盖件以及高档车用安全玻璃等各种部件；复合材料以其特有的质轻、耐冲击和便于加工异形曲面等良好性能，用于制造汽车车身和其他大型的结构件。此外，陶瓷、合成纤维及其他高分子材料也都在汽车上得到应用，并且应用范围逐步扩大。各种性能优越的新材料的应用，促进了汽车性能的提高和汽车工业的发展。

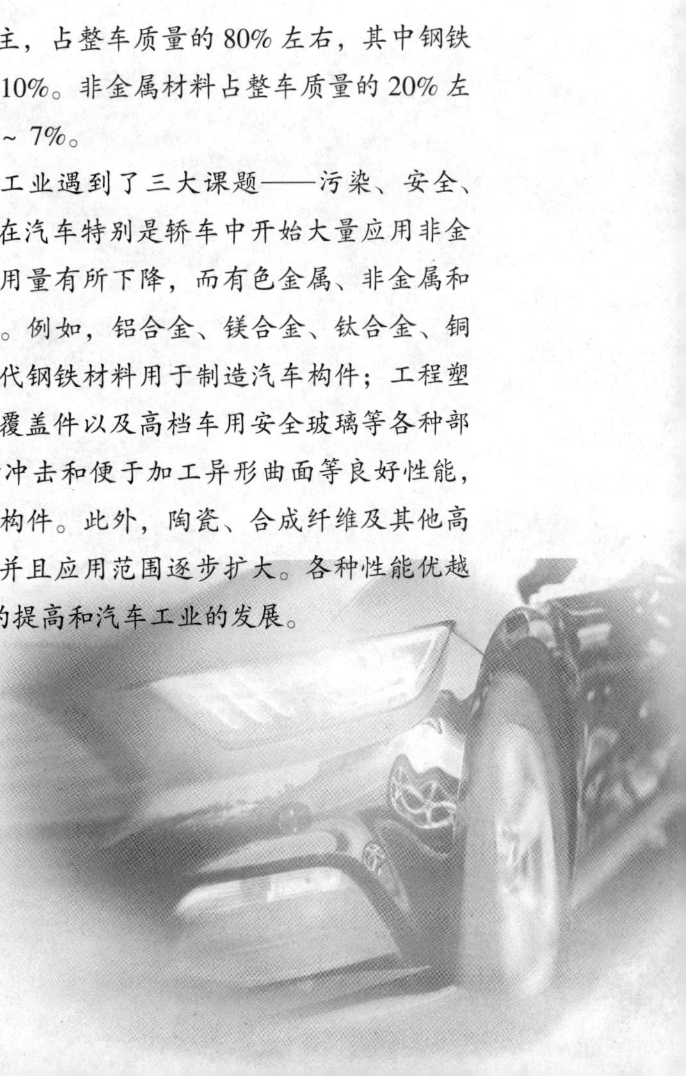

第六章

黑色金属材料及其在汽车上的应用

黑色金属材料一般指钢铁材料，其主要组成元素是铁和碳，故黑色金属材料又称为铁碳合金。黑色金属材料具有良好的性能，且加工方便，因此，是汽车制造工业中应用最广泛的材料。尽管近年来为节省能源，实现汽车轻量化，不少黑色金属零件被有色金属和其他材料所替代，但黑色金属材料仍是汽车用材的主体，其用量超过汽车用材总量的 2/3。

通常把铁、锰、铬及以铁碳为主的合金（钢铁）称为黑色金属，而把其他金属及其合金称为有色金属。含碳量大于 0.021 8% 而不大于 2.11% 的铁碳合金称为钢，含碳量大于 2.11% 的铁碳合金称为铸铁。广义的黑色金属还包括铬、锰及其合金。一般要求的汽车结构零件大多采用非合金钢或铸铁制造，性能要求高的汽车结构零件则采用合金钢制造。

知识链接

我国是世界上最早炼钢的国家。早在公元前 6 世纪的春秋晚期我国就有了生铁器物，后来又用生铁冶炼成钢。而西方生铁炼钢技术到 19 世纪才出现，而且是从中国工匠处学到的，但此后西方冶金技术不断进步，技术水平远远超过我国。

课堂讨论

在日常生活中，哪些生活用品是由钢铁材料制作的？

§6—1 金属材料的性能

学习目标

1. 了解金属的物理性能、化学性能、力学性能和工艺性能。
2. 熟悉材料强度、塑性、硬度、韧性、疲劳强度的概念及应用。

现代汽车技术发展迅速，用来制造汽车零件的材料更是五花八门，其中金属材料是汽车用材的主体，仅以质量而言，金属材料就占到全车的65% ~ 80%。因为用于制造汽车零件的金属材料种类很多、性能各异，所以只有充分了解金属材料的性能及用途，才能正确、合理地选用材料。金属材料的性能主要包括使用性能和工艺性能两个方面，其中使用性能又包括物理性能、化学性能和力学性能等。

案例链接

一辆经过改装的本田思域轿车行驶在高速公路上，在进入匝道时由于车速过快，与前面的大众斯柯达轿车追尾。本田思域轿车损毁严重，车上人员受重伤，而斯柯达轿车上的人员只受轻伤。

1. 事故分析

根据案例中的损伤情况分析，本田思域车主为了追求时尚，擅自更改汽车本身的结构、材料并加装一些装饰用品，导致汽车本身的抗撞击能力变弱，再加上附加的装饰用品太多，在撞击时飞向车内人员，导致车上人员二次受伤。

2. 事故教训

汽车本身在设计时已经做了多次的碰撞试验，符合国家安全标准。如果车主擅自改装，就很有可能会破坏汽车原有的部分技术参数，在汽车使用时反而达不到原来的安全标准。再者，在车内挂太多装饰件，既遮挡视线，也容易在发生危险时造成二次伤害。因此，千万不要为了美观而不顾自己和他人的生命安全。

一、金属的物理性能

物理性能是材料固有的属性，金属材料的物理性能包括密度、熔点、导电性、导热性、热膨胀性和磁性等。

1. 密度

密度是指在一定温度下单位体积物质的质量。密度大于 $4.5\times10^3\ kg/m^3$ 的金属称为重金属，如铜、铁等；密度小于 $4.5\times10^3\ kg/m^3$ 的金属称为轻金属，如铝、钛等。

图 6-1-1 铝合金活塞

在汽车工业中，为了增加有效装载质量，应尽量使用轻质材料，如发动机中的活塞等高速运动的零件，应尽量减小自重，因此采用强度高、密度较小的材料，如用铝合金制造，如图 6-1-1 所示。

2. 熔点

材料从固态转变为液态的温度称为熔点。金属等晶体材料一般具有固定的熔点，常用金属中钨、铬等的熔点较高，可用于制造车灯灯丝、加热元件等耐高温零件。锡、铅等的熔点较低，可用于制造熔丝等零件。通常熔点低的金属材料加工时易于进行铸造和焊接。

3. 导电性

传导电流的性能称为导电性。衡量材料导电性的指标是电阻率，电阻率越小，金属材料的导电性越好。

常用金属中银、铜、铝等的导电性较好，工业上常用铜、铝及其合金作为导电材料。导电性差的合金，如镍铬合金、铁铬铝合金，常用于制造汽车仪表中的电阻元件。

4. 导热性

材料传导热量的性能称为导热性，导热性是金属材料的重要性能之一。通常用热导率来衡量金属的导热性。热导率越大，导热性越好。金属中导热能力以银为最好，其次为铜、铝。合金的导热性比金属差。

导热性好的金属散热性能好，因此，在制造汽车散热器（见图 6-1-2）、热交换器和活塞等零件时，应选择导热性能好的材料。散热器常采用导热性好的铝、铜等金属材料制造。

5. 热膨胀性

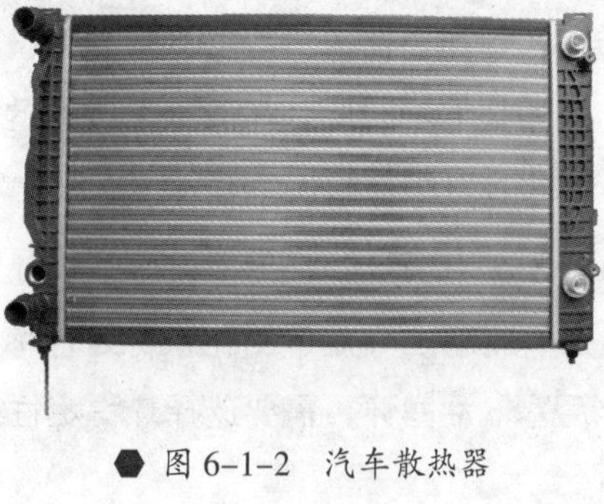
图 6-1-2 汽车散热器

金属材料随温度变化而膨胀、收缩的特性称为热膨胀性。常用线膨胀系数和体膨胀系数来衡量金属的热膨胀性。线膨胀系数越大，金属的热膨胀性越好。

金属的热膨胀性在实际工作中的应用非常广泛，如轴与轴瓦的装配间隙需根据材料热膨胀性来确定；在汽车修理中还利用金属的热膨胀性进行装配，例如，将活塞在开水或热油中先加热，使活塞膨胀，孔径增大，从而使活塞销能被顺利地装进活塞孔，将活塞和连杆连接起来。

6. 磁性

金属材料在磁场中被磁化的性能称为磁性。通常用磁导率来衡量金属的磁性。磁导率越高，金属的磁性越好。

金属材料可分为铁磁性材料、顺磁性材料和抗磁性材料三类。铁磁性材料可用于制造变压器、电动机、测量仪表等。抗磁性材料则用于制造要求避免电磁场干扰的零件和结构材料，如航海罗盘。当铁磁性材料温度升高到一定数值时，就会转变为顺磁体，这个转变温度称为居里点，如铁的居里点为 770 ℃。

想一想

举例说明金属的物理性能在日常生活中有哪些应用。

二、金属的化学性能

金属的化学性能是指在室温或高温条件下金属抵抗各种化学腐蚀的能力，一般包括耐蚀性、抗氧化性和化学稳定性（热稳定性）。

1. 耐蚀性

金属材料在常温下抵抗氧、水及其他化学物质腐蚀破坏的能力称为耐蚀性。一般可采用改变金属材料成分和进行表面处理的方法（如喷漆、电镀等）来提高金属的耐蚀性。

腐蚀对金属材料的危害很大，不仅使金属材料本身受到损失，严重时还会使汽车零部件遭到破坏。因此，提高金属材料的耐蚀性，对于节省金属消耗、延长材料使用寿命，具有现实的经济意义。

2. 抗氧化性

金属材料在加热时抵抗氧化作用的能力称为抗氧化性。材料的氧化随温度升高而加速，例如在铸造、锻造、热处理、焊接等热加工作业时，会造成材料过量的损耗和形成各种缺陷。因此，在高温下工作的零部件，如发动机的气门、活塞等零件，必须采用抗氧化性好的材料制造。

3. 化学稳定性

材料在高温下的化学稳定性称为热稳定性。在高温条件下工作的零件，如发动机的活塞、活塞环，需要选择热稳定性好的材料制造。

三、金属的力学性能

金属材料在加工和使用过程中都会受到外力的作用，这种外力通常称为载荷。不同的汽车零件由于所承受载荷的性质不同，对其使用的要求也就不同。工程技术人员选用材料时首先要掌握材料的使用性能，同时还要考虑材料的工艺性能和经济性。

机械零件在使用过程中受到各种载荷的作用所反映出来的性能，称为材料的力学性能。汽车零部件在使用过程中，必然会受到各种外力的作用，如发动机上的连杆在工作时不仅受拉力、压力的作用，还要承受冲击力的作用。这些外力作用对材料有一定的破坏性，这就要求材料必须具有一种抵抗外力作用而不致被破坏的能力，这就是材料的力学性能。

载荷按作用性质不同，可分为静载荷、冲击载荷和交变载荷三类。

· 静载荷是指大小和方向不变或变化缓慢的载荷。

· 冲击载荷是指突然增加的载荷。

· 交变载荷是指大小和方向随着时间做周期性变化的载荷。

载荷按作用方式不同，可分为拉伸、压缩、弯曲、剪切和扭转五种基本形式，各种载荷的作用形式如图 6–1–3 所示。

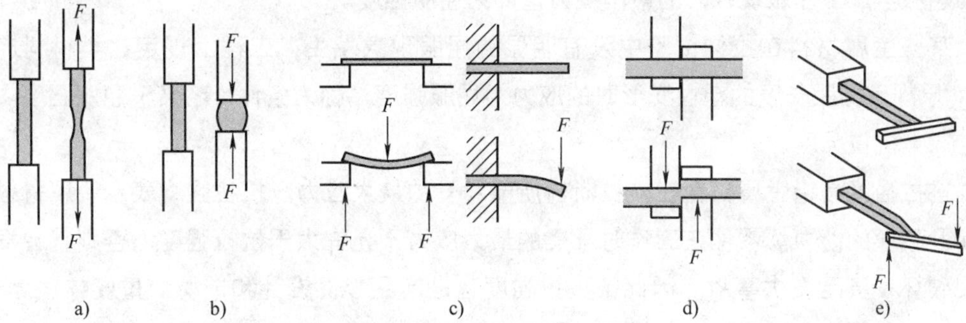

图 6–1–3　载荷的作用形式

a）拉伸　b）压缩　c）弯曲　d）剪切　e）扭转

金属材料在载荷作用下形状和尺寸的变化称为变形。变形一般分为弹性变形和塑性变形。金属材料在外力作用下而发生变形，当外力去除后，能够消失的变形称为弹性变形；不能消失的变形称为塑性变形，也称为残余变形或永久变形。

想一想

零件选材时为什么要考虑金属的力学性能?

选用汽车零件材料时必须分析其力学性能。例如，汽车轮胎紧固螺栓（见图 6–1–4）材料及规格的选择，就必须能保证在使用过程中螺栓不会由于承受不住剪切而扭断，从而保障驾乘人员的安全。

● 图 6–1–4　汽车轮胎紧固螺栓

材料的力学性能是影响材料选用的、至关重要的因素。金属材料的主要力学性能指标有强度、塑性、硬度、韧性和疲劳强度等。

1. 强度

强度是指在外力（载荷）作用下，金属材料抵抗塑性变形或断裂的能力，强度的大小通常用应力表示。应力是指材料单位横截面积上所产生的抵抗力。

金属材料有多种强度，通常用屈服强度和抗拉强度作为基本强度指标。其值可以通过拉伸试验来测定，即在拉伸机上用静载荷对准材料试样进行轴向拉伸，使试样变形，直至拉断的试验过程。

（1）屈服强度

屈服强度是指金属材料开始产生宏观塑性变形时的应力。试样在拉伸时，当试样上的载荷增加到一定值后，应力不再增加，而试样仍继续发生明显的塑性变形，这一现象称为屈服。产生屈服现象时的最小应力值即为屈服强度。

某些金属材料在拉伸试验中没有明显的屈服现象发生，工程上规定这类材料产生 0.2% 原规定标距长度的塑性变形时的应力为屈服强度，称为条件（名义）屈服强度。

（2）抗拉强度

抗拉强度是指金属材料在被拉断前所能承受的最大应力。抗拉强度表示金属材料抵抗断裂破坏的能力。零件在工作时承受的最大应力不允许大于抗拉强度，否则就会发生断裂破坏，甚至发生事故。因此，抗拉强度也是产品零件设计和选材的重要依据之一。例如，在考虑汽车轻量化的问题时，就要综合考虑到抗拉强度这一指标。

2. 塑性

在外力作用下，金属材料断裂前发生不可逆永久变形的能力称为塑性。金属材料的塑性也可通过拉伸试验测定，常用断后伸长率和断面收缩率来表示。

（1）断后伸长率

断后伸长率是指试样标距长度的伸长量与原始标距长度的百分比。

（2）断面收缩率

断面收缩率是指试样拉断处横截面积的减少量与原始横截面积的百分比。

断后伸长率和断面收缩率的值越大，表示材料的塑性越好。塑性是对材料进行压力加工的重要参考指标。

塑性和强度是金属材料最重要的力学性能指标。塑性好的金属材料易于通过压力加工制成形状复杂的零件，如汽车车身覆盖件大多是采用有良好塑性的冷轧钢板冲压而成的。而且用塑性好的金属材料制成的零件偶尔过载时，由于塑性变形，能避免突然断裂而造成事故。因此，用于汽车制造的材料大多要求有一定的塑性。

3. 硬度

硬度是指材料表面抵抗局部塑性变形、压痕或划痕的能力。它是衡量材料软硬程度的指标。在实际生产中，对一般的金属零件，大多通过测试硬度来检测力学性能，零件图中材料的力学性能往往要求标注硬度值。常用的有布氏硬度和洛氏硬度两种。

（1）布氏硬度

布氏硬度是指以一定大小的试验载荷，将一定直径的淬硬钢球或硬质合金球压入被测金属表面，保持规定时间，然后卸荷，根据被测表面压痕直径来确定的硬度。布氏硬度是有单位的，其单位为 MPa，但一般不标出，用符号 HBW 表示。

知识链接

以前在布氏硬度试验中也有采用淬火钢球为压头进行试验的，这种方法测得的布氏硬度值用 HBS 表示。而现行国家标准规定全部采用硬质合金球为压头，测得的布氏硬度值用 HBW 表示。

（2）洛氏硬度

洛氏硬度试验采用金刚石圆锥体或硬质合金球或钢球压头压入金属表面，保持一定时间后卸除试验力，以测得的压痕深度来计算洛氏硬度。洛氏硬度用符号 HR 表示。根据试验标尺的不同，常用的有 HRC、HRB、HRA 三种。数值越大，表示材料硬度越高。

一般来说，金属材料的硬度越高，其耐磨性越好。另外，材料的硬度和强度也有一定的关系，一般硬度高，则强度也高。因此，硬度可用来作为估算材料强度的参考。

4. 韧性

韧性是指材料抵抗冲击载荷作用而不被破坏的能力，如汽车发动机的活塞、活塞销、连杆和曲轴等受到的载荷就是冲击载荷。对于这些受到冲击载荷的零件，不能只考虑其在静载荷作用下的强度指标，因为某些强度较高的材料，在冲击载荷作用下也会遭到破坏。因此，用于制造这类零件的材料，还必须考虑其抵抗冲击载荷的能力。

材料的韧性是通过冲击试验的方法测验出来的，用冲击韧度表示。冲击韧度越高，韧性越好，则材料发生脆性断裂的可能性越小。

5. 疲劳强度

汽车工业中的很多机械零件，如轴、齿轮、连杆、弹簧等，在工作过程中往往会受到大小、方向随时间呈周期性变化的应力作用，这种应力称为交变应力。交变应力容易使零件产生疲劳断裂。疲劳断裂不会产生明显的塑性变形，是突然发生的，具有很大的危险性。实际发生的机械零件损坏 80% 以上是由疲劳造成的。为了减少疲劳断裂情况的发生，在选用金属材料时，要考虑到金属的抗疲劳性能，通常用疲劳强度来衡量。疲劳强度是指材料在无数次交变应力作用下而不发生断裂的最大应力。

课堂讨论

汽车上哪些零件容易因为疲劳而被破坏？

金属材料的各种力学性能之间有一定的联系。一般来说，提高金属的强度、硬度，往往会降低其塑性、韧性；反之，提高塑性、韧性，则会削弱其强度。因此，在选用材料时要兼顾其各项力学性能。

四、金属的工艺性能

金属的工艺性能是指金属材料适应各种加工工艺方法的能力，它包括金属的铸造性能、压力加工性能、焊接性能、切削加工性能和热处理性能等。

1. 铸造性能

铸造性能是指金属材料是否能用铸造方法获得优良铸件的能力，主要有流动性、收缩性、吸气性等。一般来说，铸铁、铸造铝合金具有良好的铸造性能。图 6–1–5 所示为铸造加工。

2. 压力加工性能

压力加工性能是指金属材料在冷、热状态下进行压力加工的难易程度。通常塑性好的材料，压力加工性能也好。低碳钢具有良好的压力加工性能，铸铁则不能进行压力加工。图 6–1–6 所示为冷轧加工。

图 6–1–5 铸造加工

图 6–1–6 冷轧加工

3. 焊接性能

焊接性能是指金属材料对焊接加工的适应性。一般来说，低碳钢具有良好的焊接性能，高碳钢、铸铁和铝合金的焊接性能则较差。图 6–1–7 所示为焊接加工。

4. 切削加工性能

切削加工性能是指用切削刀具切削加工金属材料的难易程度。通常切削性能好的材料加工时，刀具磨损小，表面质量高。在金属材料中，铸铁、铝合金具有良好的切削加工性能，高合金钢的切削加工性能则较差。图 6–1–8 所示为车削加工。

图 6–1–7　焊接加工

图 6–1–8　车削加工

5. 热处理性能

热处理性能是指金属材料适应各种热处理方法的能力。各类钢一般都可以通过热处理来改善其性能。

零件选材时也必须考虑到金属材料的工艺性能。例如，铸造性能和切削加工性能较好的灰铸铁可广泛应用于制造形状和尺寸较复杂的零件，如汽车发动机气缸体等；压力加工性能和焊接性能较好的低碳钢常用来制造外形较复杂的零部件，如汽车车身构件等。

思考与练习

1. 金属的物理性能和化学性能主要有哪些？它们各自的含义是什么？
2. 什么叫金属的力学性能？金属主要的力学性能指标有哪些？
3. 金属的工艺性能主要有哪些？它们各自的含义是什么？
4. 衡量强度、塑性的指标有哪些？
5. 常用的硬度有哪几种？分别如何进行测定？

§6—2 非合金钢

学习目标

1. 了解碳及常存元素对非合金钢性能的影响。
2. 熟悉非合金钢的分类方法。
3. 知道非合金钢在汽车上的应用。

非合金钢是指钢中各元素含量低于规定值的铁碳合金，非合金钢即碳素钢，简称碳钢。非合金钢具有较好的力学性能和优良的工艺性能，而且冶炼方便、价格低廉，因此，在汽车零件制造中得到广泛应用。常用非合金钢制造的汽车零件，如图 6–2–1 所示。

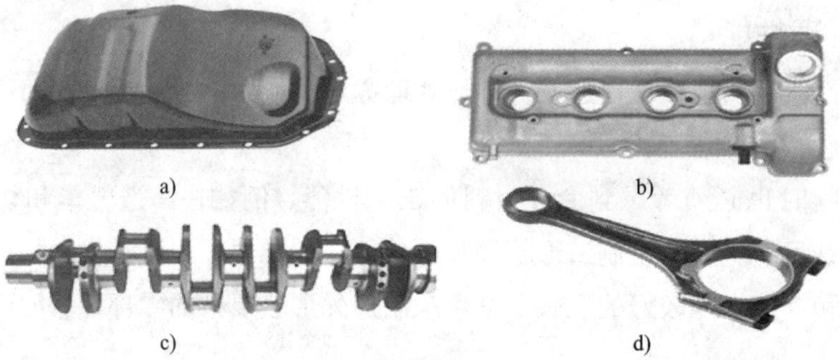

图 6–2–1 常用非合金钢制造的汽车零件

a）低碳钢制造的机油盘 b）低碳钢制造的气缸盖罩 c）中碳钢制造的曲轴 d）中碳钢制造的连杆

案例链接

某品牌的汽车有一批气门弹簧在 6 000 r/min 的发动机上使用约 200 h 后发生断裂事故。

故障原因分析：该气门弹簧的原材料是 65Mn 的高碳钢，规格为 ϕ4.5 mm，经油淬火加回火处理，为阀门用锰弹簧钢丝。对断裂的弹簧进行断口分析、金相组织分析及硬度检验，结果表明弹簧属于疲劳断裂，弹簧材料组织不均匀，块状铁素体偏多，带状组织严重，局部硬度偏低。因此，材料的淬火处理不良是导致弹簧早期疲劳断裂的主要原因。

一、碳及常存元素对非合金钢性能的影响

非合金钢以铁元素为基体，钢中除铁以外，主要元素是碳，还含有少量的锰、硅、硫、磷等常存元素。

1. 碳的影响

碳是决定钢性能的主要元素。随着含碳量的增加，非合金钢的强度、硬度升高，塑性和韧性变差。当含碳量在 0.9% 左右时，强度达到最大值，以后随着含碳量的增加，除硬度继续升高外，强度明显下降，塑性和韧性进一步变差。此外，含碳量对钢的铸造性能、焊接性能和热处理性能等均有影响。

2. 常存元素的影响

钢中的锰、硅、硫、磷是常存元素，它们对钢的性能有一定影响。

（1）锰、硅的影响

锰、硅是有益元素，是在炼钢时作为脱氧剂加入的，能提高钢的强度和硬度。其中：硅还能使钢的流动性变好，有利于浇注成形，但含量过高会使钢的塑性变差；锰还可以减少硫对钢的有害作用。钢中硅含量一般不超过 0.4%；锰含量一般为 0.25% ~ 0.80%，特殊用钢可达 1.20%。

（2）硫、磷的影响

硫、磷是有害元素，是铁矿石中带来的，它们会使钢的塑性和韧性变差。硫还会使钢在锻造、轧制等热加工时脆化，导致工件开裂，即产生“热脆”现象；磷虽能增强钢的硬度和强度，但磷会使钢在低温时的塑性和韧性急剧变差，这种现象称为“冷脆”。磷的存在还会使钢的焊接性能变坏，焊接时容易产生裂纹。因此，钢中应严格控制硫、磷的含量，一般硫含量小于 0.050%，磷含量小于 0.045%。

二、非合金钢的分类

1. 按非合金钢的含碳量分类

（1）低碳钢———含碳量为 0.021 8%~0.25%。

（2）中碳钢———含碳量为 0.25%~0.60%。

（3）高碳钢———含碳量为 0.60%~2.11%。

2. 按非合金钢的质量分类

根据钢中有害杂质元素含量的不同可分为：

（1）普通质量非合金钢——硫、磷含量≤ 0.040%。

（2）优质非合金钢——硫、磷含量比普通质量非合金钢少。

（3）特殊质量非合金钢——含硫量≤ 0.025%，含磷量≤ 0.020%。

3. 按非合金钢的的主要性能或使用特性分类

（1）以规定最高强度（或硬度）为主要特性的非合金钢，例如冷成形用薄钢板。

（2）以规定最低硬度为主要特性的非合金钢，例如造船、压力容器、管道等用的结构钢。

（3）以限制碳含量为主要特性的非合金钢（但是下述 4、5 项包括的钢除外），例如线材、调质用钢等。

（4）非合金易切削钢，钢中含硫量最低值（熔炼分析值）不小于 0.070%, 并（或）加入 Pb、Bi、Te、Se、Sn、Ca 或 P 等元素。

（5）非合金工具钢。

（6）具有专门规定磁性或电性能的非合金钢，例如电磁纯铁。

（7）其他非合金钢，例如原料纯铁等。

此外，按钢的脱氧程度分类，可分为镇静钢（脱氧程度完全）、沸腾钢（脱氧程度不完全）和特殊镇静钢（脱氧程度比镇静钢更充分、更彻底）等。

想一想

普通质量非合金钢与优质非合金钢是如何分类的？为什么要以此为标准分类？非合金钢中硫、磷含量对非合金钢的质量有哪些影响？

三、常用非合金钢

1. 普通碳素结构钢

普通碳素结构钢产量占钢总产量的 70% ~ 80%。杂质元素硫、磷的含量较多，故强度不够高。但这类钢冶炼方便，产量高，价格低，且具有较好的塑性和焊接性能，能满足一般使用要求，因而大量用于制造结构件和要求不高的汽车零件。

普通碳素结构钢的牌号由字母“Q”、屈服强度数值、质量等级符号和脱氧方法符号组成。

Q　[屈服强度数值]　[质量等级符号]　[脱氧方法符号]

这类钢的质量等级分为 A、B、C、D 共 4 级，A 级质量最低，D 级质量最高；在脱氧方法符号中，F 表示沸腾钢，Z 表示镇静钢，TZ 表示特殊镇静钢（Z 和 TZ 标注时省略）。例如，Q235AF 表示屈服强度为 235 MPa 的 A 级沸腾钢。

考一考

试说出 Q235BF 钢的全称。

常用普通碳素结构钢的牌号及其在汽车上的应用见表 6–2–1。

表 6–2–1　　常用普通碳素结构钢的牌号及其在汽车上的应用

牌号	应用举例
Q235A	传动轴中间轴承支架、发动机支架、后视镜支架、油底壳加强板、车轮轮辐等
Q235AF	机油滤清器法兰、发电机连接板、前钢板弹簧夹箍、后视镜支架等
Q235B	同步器锥盘、差速器螺栓锁片、驻车制动器操纵杆棘爪和齿板等
Q235BF	消声器后支架、放水龙头手柄夹持架、百叶窗叶片等

2. 优质碳素结构钢

优质碳素结构钢是应用极为广泛的机械制造用钢。这类钢的化学成分和力学性能均有严格的控制，杂质元素硫、磷的含量较少，经热处理后有较好的力学性能，常用于制造较重要的机械零件。

优质碳素结构钢的牌号用两位数字表示，数字表示钢中平均含碳量的万分数。例如，45 钢表示平均含碳量为 0.45% 的优质碳素结构钢。较高含锰量钢，则在其牌号后面标出元素符号 Mn。例如，15Mn 表示含碳量为 0.15%，含锰量在 0.7% ~ 1.2% 的优质碳素结构钢。

常用优质碳素结构钢的牌号、性能及在汽车上的应用见表 6–2–2。

表 6–2–2　　常用优质碳素结构钢的牌号、性能及在汽车上的应用

牌号	种类	主要性能	应用举例
08F、10F	低碳沸腾钢	强度、硬度低，塑性和焊接性能良好	驾驶室、油底壳、油箱、离合器盖等冲压件
15、20、25	低碳钢	强度、硬度不高，塑性、韧性和焊接性能良好	轮胎螺栓和螺母、发动机气门调整螺钉、离合器调整螺栓、曲轴箱调整螺栓、离合器分离杠杆、风扇叶片、驻车制动杆等
35、40、45、50、55	中碳钢	有较高的强度和硬度，切削性能良好，经热处理后有较好的综合力学性能	曲轴正时齿轮、半轴螺栓锥形套、机油泵齿轮、连杆螺母、气缸盖定位销、气门推杆、同步器锁销、变速杆、凸轮轴、曲轴、离合器踏板轴及分离叉、离合器从动盘等
65Mn	高碳钢	经热处理后有较高的强度、硬度和较好的弹性	气门弹簧、转向纵拉杆弹簧、离合器压盘弹簧、活塞销卡簧、拖钩弹簧等

3. 铸造碳钢（铸钢）

铸造碳钢是将钢液直接浇注成零件毛坯的碳钢。汽车上的一些形状复杂、难以锻造或切削加工的零件，用铸铁铸造又难以达到较高性能要求时，一般用铸造碳钢铸造。铸造碳钢的含碳量一般在 0.2% ~ 0.6%，具有较高的强度、较好的塑性和韧性、良好的焊接性能，但铸造性能不如铸铁。

铸造碳钢的牌号用字母“ZG”、屈服强度数值（第一组）和抗拉强度数值（第二组）组成。例如，ZG200–400 表示屈服强度不小于 200 MPa、抗拉强度不小于 400 MPa 的铸造碳钢。常用铸造碳钢的牌号及在汽车上的应用见表 6–2–3。

表 6–2–3　常用铸造碳钢的牌号及在汽车上的应用

牌号	应用举例
ZG270–500	机油管法兰、化油器活接头、车门限制器限制块等
ZG310–570	进排气歧管压板、风扇过渡法兰、前减振器下支架、变速叉、启动爪等
ZG340–640	齿轮、棘轮等

思考与练习

1. 碳、硅、锰、硫、磷元素分别对非合金钢性能有什么影响？

2. 非合金钢是如何分类的？

3. 牌号为 Q235BF、45、65Mn、08F、Q235A 的钢分别属于哪类钢？试说明其符号及数字的意义，并举例说明各自的主要用途。

§6—3　钢的热处理

学习目标

1. 熟悉热处理的种类。
2. 知道常用钢的普通热处理方法及其作用。
3. 知道常用钢的表面热处理方法及其作用。

热处理是将钢在固态下加热、保温和冷却，使钢的组织结构发生变化，以获得所需性能的一种工艺方法。其目的是改善材料的性能，充分发挥材料的潜力，延长其使用寿命。热处理是机械零件制造中常用的加工方法，汽车中有3/4的钢铁零件需要进行热处理。热处理工艺曲线如图6–3–1所示。

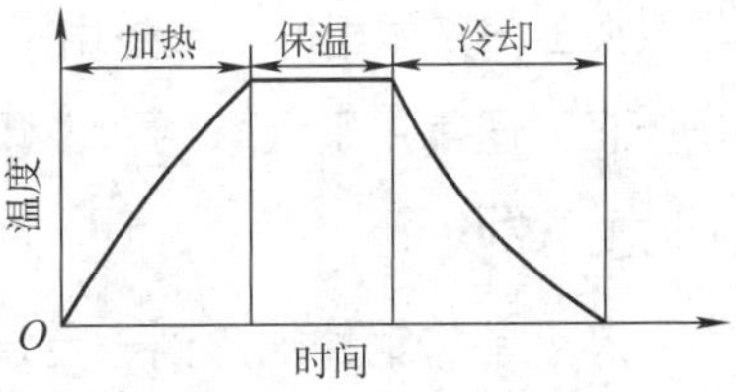

图6–3–1　热处理工艺曲线

案例链接

2016年年初，某汽车公司发现50辆轿车有轮毂螺栓断裂现象，断裂根数为1～5根。

1. 故障分析

因车轮未脱落，故不存在受剪力情况，轮毂螺栓断裂应为拉伸受力的缘故。拉伸断裂的原因，一是材料不合格，其金相组织不好，不是国家定点厂家生产，并且采用料头生产螺栓，低倍组织不合格；二是生产工艺问题，采用热墩加工，螺栓使用寿命比冷墩加工时低95%，并且螺栓生产厂家热处理设备落后，去除脱碳层不合理，降低了拉伸强度。通过分析认为是螺栓质量问题，对生产厂家调查后发现，生产厂家不规范，材料不合格，没有质保单，毛坯采用热墩，再车削螺纹，去除脱碳层不稳定，车削加工导致材料纹路走向被切断，降低了螺栓的抗拉强度，热处理设备陈旧，不能保证性能等级。

2. 故障处理

采用合格材料，工艺上采用冷墩方式，挤压出螺纹（无切削加工）；热处理采用可控气体连续炉及卧式网带炉，以保证轮毂螺栓的力学性能等级。

热处理分为普通热处理和表面热处理两大类。

一、普通热处理

普通热处理通常是指对工件进行整体的热处理。按其加热温度和冷却方法不同，常用的有退火、正火、淬火和回火等。

1. 退火

退火是将钢件加热到一定温度，保温一定时间后随炉缓慢冷却的热处理工艺。退火的目的主要是消除铸件、锻件等的内应力，以防止变形和开裂；均匀组织，细化晶粒，以改善钢的力学性能；降低钢的硬度，改善切削加工性能等。

2. 正火

正火是将钢件加热到一定温度，保温一定时间后在空气中冷却的热处理工艺。正火的目的主要是细化晶粒，减小内应力，提高钢的强度和韧性，改善钢的切削加工性能。正火与退火工艺基本相同，只是由于冷却速度稍快，钢的强度与硬度要比退火处理高。

正火通常用于低碳钢、中碳钢零件的处理，如连杆、齿轮毛坯件的处理等。

3. 淬火

淬火是将钢件加热到一定温度，保温一定时间后在冷却介质中快速冷却的热处理工艺。淬火的目的主要是改变金属的组织结构，提高钢的强度和硬度，并在不同的回火温度配合下，使钢获得不同的力学性能。如工具钢通过淬火可以提高其强度和硬度，增加耐磨性；而对中碳钢来说，可以提高其强度和韧性。

淬火是强化金属材料性能的一种主要手段，在机械制造中应用很广。

4. 回火

回火是将淬火后的钢件加热到一定温度，保温一定时间后冷却的热处理工艺。回火的目的主要是减小和消除钢淬火时产生的内应力，防止工件变形和开裂；调整钢的硬度，提高钢件的塑性和韧性，以满足使用要求；稳定组织，以保证工件在使用中形状和尺寸不发生变化。一般来说，淬火零件都需要进行回火处理。

根据工件性能要求不同，淬火钢的回火主要有低温回火、中温回火和高温回火三种。

（1）低温回火（150 ~ 250 ℃）

低温回火能消除钢件因淬火而产生的内应力，并保持淬火钢的高硬度、高耐磨性，同时提高其韧性。它主要用于刀具、工量具、模具以及其他耐磨零件。

（2）中温回火（350 ~ 450 ℃）

中温回火能使钢件获得较高的弹性和强度，并具有一定的韧性。它主要用于各种弹性零件，如各类弹簧等。

（3）高温回火（500 ~ 680 ℃）

高温回火能使钢获得良好的综合力学性能。生产中常把淬火 + 高温回火的复合处理称为调质处理。调质主要用于各种重要零件的处理，如汽车的半轴、螺栓、齿轮等。

二、表面热处理

汽车上许多零件是在交变载荷、冲击载荷及强烈摩擦条件下工作的，如传动齿轮、活塞销等。这些零件表面要求具有高硬度和高耐磨性，而心部又需具有足够的强度和韧性。为满足使用要求，通常用表面热处理的方法来实现。

按零件要求和工艺不同，常用的表面热处理方法有表面淬火和表面化学热处理两种。

1. 表面淬火

表面淬火就是仅对工件表面进行淬火的热处理工艺。其方法是将工件表面迅速加热至淬火温度，当热量还未传到零件中心时就马上予以冷却，使工件表面获得很高的硬度和耐磨性，而零件中心仍保持很好的强度和韧性。

根据加热方法不同，常用的有火焰加热表面淬火和感应加热表面淬火。

（1）火焰加热表面淬火

利用氧－乙炔火焰对工件表面进行加热，使其表面迅速达到淬火温度，随即喷水（或用乳化液）冷却的过程称为火焰加热表面淬火，如图 6–3–2 所示。

火焰加热表面淬火的淬硬层深度为 2 ～ 6 mm。这种方法操作简单，不需要专用设备，但加热温度不易控制，淬火质量不稳定，而且仅适用于中碳钢或中碳合金钢，因为含碳量过高，工件容易被淬裂。它主要用于单件或小批量零件以及在大型零件上的局部处理。

（2）感应加热表面淬火

利用感应电流通过工件时产生的热效应，使工件表面迅速达到淬火温度，随即快速冷却的过程称为感应加热表面淬火，如图 6–3–3 所示。

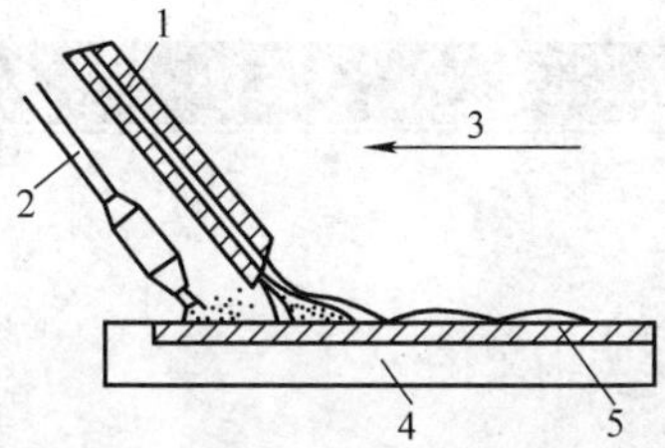

● 图 6–3–2　火焰加热表面淬火

1— 喷水管　2—火焰喷嘴　3—移动方向　4—工件　5— 淬硬层

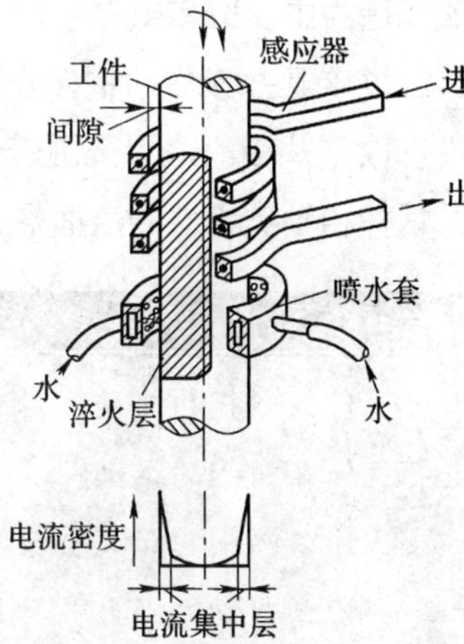

● 图 6–3–3　感应加热表面淬火

感应加热表面淬火加热速度快，而且可以用不同频率的交流电进行加热，工件淬硬层深度易于控制，淬火质量好，工件变形小，并容易实现机械化和自动化操作，因此广泛用于大批量生产。但是受设备限制，难以对大型或形状复杂的零件进行表面处理，常用于各种齿轮的轮齿、轴、销的加工，如变速齿轮、转向节销、活塞销等的表面热处理。

2. 表面化学热处理

表面化学热处理是通过一定的工艺方法，将一种或几种元素渗入钢件表面，以改变其化学成分和组织结构，从而获得所需性能的热处理工艺。

按渗入元素不同，表面化学热处理有渗碳、渗氮和碳氮共渗等。

（1）渗碳

渗碳是指将钢件放在渗碳介质中加热并保温，使活性碳原子渗入工件表面，以增加表面含碳量的热处理工艺。主要用于含碳量为 0.15% ～ 0.25% 的低碳钢或低合金钢。常用方法有固体渗碳、液体渗碳和气体渗碳等。

渗碳后的钢件，其表层的含碳量为 0.85% ～ 1.05%，而心部仍保持原来的低含碳量。

故经淬火和低温回火后，钢件表面具有高的硬度和耐磨性，同时心部又有良好的韧性和塑性。渗碳处理主要用于有强烈磨损并承受较大冲击载荷的零件，如汽车传动齿轮、活塞销和十字轴等。

（2）渗氮

渗氮是将活性氮原子渗入钢件表面的热处理工艺，也称氮化处理。目前常用的是气体渗氮。与渗碳相比，渗氮能使工件表面具有更高的硬度和耐磨性，并能提高工件的耐蚀性，而且由于工件渗氮后不必进行淬火处理，因此其变形也很小。但渗氮周期长、成本高。因此，主要用于要求硬度高、耐磨、耐蚀的零件，如排气阀、精密丝杆等。

（3）碳氮共渗

碳氮共渗也称氰化处理，是指向钢件表面同时渗入碳和氮的热处理工艺。碳氮共渗一般以碳为主。经碳氮共渗后的工件还需进行淬火及回火处理。

经过碳氮共渗后的钢件表面具有很高的硬度、耐磨性和疲劳强度，并具有一定的耐蚀性。碳氮共渗的适用范围较广，低碳钢、中碳钢和合金钢均可进行，常用于汽车的齿轮、蜗杆和轴类零件的表面热处理。

思考与练习

1. 什么叫钢的热处理？它有哪些工艺过程？
2. 什么叫钢的退火？其目的是什么？
3. 什么叫钢的正火？它与钢的退火有什么异同？
4. 什么叫钢的淬火？其目的是什么？
5. 淬火钢为什么要进行回火？常用的回火方法有哪些？
6. 常用表面热处理方法有哪几种？表面淬火与表面化学热处理有什么异同？

§6—4 合 金 钢

学习目标

1. 了解合金钢的优点。
2. 熟悉合金钢的分类和牌号。
3. 知道合金钢在汽车上的应用。

汽车上一些零件是在多种载荷和强烈摩擦条件下工作的，它们受力复杂，若选用非合金钢来制造，则达不到性能要求。因此，在现代汽车制造中还广泛使用合金钢，而当合金元素低于规定含量时，则构成低合金钢。本节主要介绍常用的合金钢。

合金钢是指在非合金钢的基础上，为了改善性能，冶炼时有目的地加入一些合金元素炼成的钢。常用的合金元素有硅（Si）、锰（Mn）、铬（Cr）、镍（Ni）、钨（W）、钼（Mo）、钒（V）、硼（B）、铝（Al）、钛（Ti）和稀土元素（RE）等。

知识链接

改善钢的性能通常有两种途径：一是通过对钢进行热处理；二是调整钢的化学成分，特意在炼钢中加入一些合金元素。它们两者之间的关系相辅相成，极为密切。

合金钢和非合金钢相比有许多优点：在相同的淬火条件下，能获得更深的淬硬层；具有良好的综合力学性能；具有良好的耐磨性、耐蚀性和耐高温性等特殊性能。但合金钢冶炼成本高，价格昂贵，焊接和热处理工艺也较为复杂。虽然如此，为保证使用的可靠性，汽车的重要零件大多采用合金钢来制造。常见的汽车合金钢零件如图 6-4-1 所示。

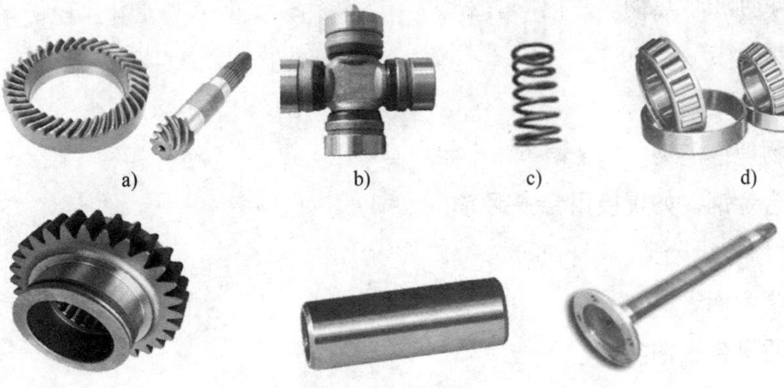

图 6-4-1　常见的汽车合金钢零件

a）减速器齿轮　b）十字轴　c）气门弹簧　d）轴承

e）变速器齿轮　f）活塞销　g）半轴

案例链接

2012 年 6 月，某公司生产的一辆面包车在正常行驶 260 km 后，半轴断裂，在随后较短的时间内，又有两起类似事故发生，半轴的宏观断裂特征基本相同。于是该公司立即对该批次生产的半轴进行封存和更换。

1. 事故分析

断裂汽车半轴的材料为40Cr钢，直径为48 mm，加工过程为锻造—正火—粗车—调质—精车、钻孔、加工齿轮和键槽—中频淬火、回火—磨削—探伤。通过宏观分析、显微组织和断口形貌观察以及硬度测试等方法对40Cr钢汽车半轴的断裂原因进行分析。

2. 事故原因

汽车半轴断裂的主要原因是半轴凸缘与连杆连接的轴台阶处表面存在脱碳层，在高的扭转疲劳剪切应力作用下形成裂纹；40Cr钢含有较多的大尺寸非金属夹杂物，另外热处理工艺不当，造成材料综合力学性能达不到要求，使表面产生的裂纹在应力作用下迅速扩展，造成汽车半轴疲劳断裂。

一、合金钢的分类和牌号

1. 合金钢的分类

（1）按合金钢的主要性能和使用特性分类

1）工程结构用合金钢。

2）机械结构用合金钢。

3）不锈耐蚀和耐热钢。

4）工具钢。

5）轴承钢。

6）特殊物理性能钢。

7）其他合金钢，如焊接用合金钢等。

（2）按质量等级分类

1）优质合金钢。

2）特殊质量合金钢。

此外，按合金元素的种类分类，有锰钢、铬钢、镍铬钢等；按合金钢的冶炼质量分类，有优质钢、高级优质钢、特级优质钢等。

2. 合金钢的牌号

根据有关国家标准的规定，合金钢的牌号采用下述方法表示。

（1）合金结构钢的牌号

合金结构钢的牌号采用“两位数字＋合金元素符号＋数字”的格式表示，首部两位数字表示平均含碳量的万分之几。元素符号代表所含合金元素，后面的数字表示合金元素平均含量的百分数。当合金元素平均含量小于1.5%时，只标注元素符号，不标注含量。例如：

40 Cr

- 铬，其后无数字，表示平均含铬量小于1.5%
- 表示平均含碳量为0.40%

60 Si2 Mn

- 锰，其后无数字，表示平均含锰量小于1.5%
- 硅，其后数字为2，表示平均含硅量为1.50%~2.49%
- 表示平均含碳量为0.60%

（2）合金工具钢的牌号

合金工具钢的牌号采用“一位数字 + 合金元素符号 + 数字”的格式表示。首部一位数字表示平均含碳量的千分之几，当含碳量大于或等于 1% 时则不标注，合金元素及其含量的标注与合金结构钢相同。例如：

9 Si Cr

- 铬，其后无数字，表示平均含铬量小于1.5%
- 硅，其后无数字，表示平均含硅量小于1.5%
- 表示平均含碳量为0.9%

Cr12 MoV

- 钼、钒，其后无数字，表示二者的平均含量均小于1.5%
- 铬，其后数字为12，表示平均含铬量为11.50%~12.49%
- 元素符号前无数字，表示平均含碳量≥1.0%

想一想

合金结构钢和合金工具钢的平均含碳量标注有什么不同？

高速工具钢含碳量的表示方法有所不同，虽然含碳量小于 1.0%，但也不标注。例如：

C W18 Cr4 V

- 钒，其后无数字，表示平均含钒量小于1.5%
- 铬，其后数字为4，表示平均含铬量为3.50%~4.49%
- 钨，其后数字为18，表示平均含钨量为17.50%~18.49%
- 元素符号前无数字，表示平均含碳量小于1.0%，为区别牌号，在牌号前加C表示高速工具钢

（3）特殊性能钢的牌号

特殊性能钢的牌号表示方法和合金工具钢基本相同，首部数字表示平均含碳量的千分之几，当平均含碳量小于千分之一时，用 0 表示。例如：

0 Cr18 Ni9

- Ni9：表示平均含镍量为8.50%~9.49%
- Cr18：表示平均含铬量为17.50%~18.49%
- 0：表示含碳量小于0.1%

3 Cr13

- Cr13：表示平均含铬量为12.50%~13.49%
- 3：表示含碳量为0.3%

（4）滚动轴承钢的牌号

滚动轴承钢的牌号表示方法和合金工具钢基本相同，但是其牌号中 Cr 元素后面的数字是表示含铬量的千分之几，并且在其牌号头部加符号 G。例如：

G Cr9 SiMn

- SiMn：表示硅、锰含量均小于1.5%
- Cr9：表示平均含铬量为0.9%
- G：表示为滚动轴承钢

二、合金结构钢

合金结构钢按其用途可分为工程用钢和机械制造用钢两大类。工程用钢主要用于制造汽车大梁等工程构件，工程用钢的合金含量少，所以又称为低合金结构钢，常用的有低合金高强度结构钢。机械制造用钢主要用于制造机械零件，通常是优质或高级优质合金结构钢，按其用途和热处理特点不同，又分为合金渗碳钢、合金调质钢、合金弹簧钢等。

1. 低合金高强度结构钢

低合金高强度结构钢的含碳量在 0.12% ~ 0.20%，合金元素的含量一般小于 3%。由于合金元素的存在，低合金高强度结构钢比相同含碳量的非合金钢的强度要高得多，并且具有良好的塑性、韧性、耐蚀性和焊接性等。

低合金高强度结构钢一般是经热轧在空气中冷却后而成，加工成构件后不需要热处理就可直接使用。用低合金高强度结构钢替代非合金钢可以提高构件强度，减轻构件质量，延长构件使用寿命。低合金高强度结构钢在汽车上常用于制造纵梁、横梁和前保险杠等结构件。

低合金高强度结构钢的牌号表示方法与碳素结构钢相同。

常用低合金高强度结构钢的牌号及在汽车上的应用见表 6–4–1。

表 6–4–1　　常用低合金高强度结构钢的牌号及在汽车上的应用

牌号	应用举例
Q295A	水箱固定架底板、风扇叶片、车架横梁等
Q355B	车架纵梁、横梁、油箱托架、角撑、蓄电池固定后板等
Q390B	车架前横梁、中横梁、前保险杠、角撑等

2. 合金渗碳钢

合金渗碳钢是用于制造渗碳零件的钢。这类钢的含碳量一般为 0.10% ~ 0.25%，较低的含碳量能保证零件心部具有足够的塑性和韧性。钢中常加入铬、镍、锰、硼等合金元素以提高钢的强度，使钢经热处理后达到“表硬里韧”的性能。加入钒、钛等元素用以细化晶粒，以提高渗碳层的耐磨性。

知识链接

20CrMnTi 钢经热处理后，表面硬度为 35 ~ 45HRC，并具有较高的强度以及良好的塑性和韧性，是制造汽车渗碳零件最常用的一种钢。

汽车上的变速齿轮、十字轴和活塞销等零件，工作时承受强烈冲击和剧烈摩擦，要求表面硬而耐磨，心部则有足够的强度和韧性，因而这些零件大多采用渗碳钢制造。

常用合金渗碳钢的牌号及在汽车上的应用见表 6–4–2。

表 6–4–2　　常用合金渗碳钢的牌号及在汽车上的应用

牌号	应用举例
15Cr	活塞销、气门挺杆、气门弹簧座等
20CrMnTi	变速齿轮、齿套、变速轴、半轴齿轮、万向节和差速器十字轴等
15MnVB	变速轴、变速齿轮、齿套、钢板弹簧中心螺栓等
20MnVB	减速器齿轮、万向节十字轴、差速器十字轴、传动轴十字轴等

3. 合金调质钢

合金调质钢是按热处理方法命名的合金钢，其主要热处理方法是淬火 + 高温回火。合金调质钢的含碳量在 0.25% ~ 0.50%，中等的含碳量能保证钢有良好的硬度和韧性。

钢中常加入锰、铬、硼、镍等合金元素以增加淬透性，提高钢的强度；加入钼、钒、钛等合金元素用于细化晶粒，提高回火稳定性，使钢在调质处理后具有很好的综合力学性能。

知识链接

40Cr 钢是一种典型的合金调质钢，其强度比 40 钢高 20%。汽车上一些重要零件大多由它制造。

合金调质钢常用来制造承受多种载荷、受力复杂的零件，如汽车的半轴、连杆、转向节等。常用合金调质钢的牌号及在汽车上的应用见表 6–4–3。

表 6–4–3 常用合金调质钢的牌号及在汽车上的应用

牌号	应用举例
40Cr	曲轴、连杆、连杆盖、气缸盖螺栓、水泵轴、发动机支架、固定螺栓等
40MnB	半轴、水泵轴、变速器轴、转向节、转向节臂、万向节叉等
45Mn2	进气门、半轴套管、钢板弹簧、U 形螺栓等
50Mn2	离合器从动盘、减振盘等

4. 合金弹簧钢

合金弹簧钢是用于制造弹簧和弹性元件的专用钢。其含碳量要比调质钢高，一般为 0.46% ~ 0.70%。钢中常加入锰、硅、铬等合金元素用以提高钢的强度和弹性极限。有重要用途的钢还加入少量的钼、钨、钒等合金元素，以提高韧性和回火稳定性。

汽车常用的合金弹簧钢有 65Mn、55Si2Mn、60Si2Mn 和 50CrVA 等。小型弹簧如气门弹簧、离合器弹簧、转向纵拉杆弹簧和活塞销卡簧等常用 65Mn 钢制造。大截面弹簧选用 55Si2Mn、60Si2Mn 和 50CrVA 钢制造，如钢板弹簧、拖钩弹簧等。

三、特殊性能钢

特殊性能钢是指具有特殊的物理性能和化学性能的钢，常用的有不锈钢、耐热钢和耐磨钢等。

1. 不锈钢

不锈钢是指在腐蚀介质中具有高抗腐蚀能力的钢。按其合金元素的不同，常用的有铬不锈钢和铬镍不锈钢两种。

铬不锈钢中的合金元素以铬为主，其含量一般大于 13%。铬能使钢表面形成一层致密的氧化膜，将钢与外部介质隔离，避免金属被腐蚀。铬不锈钢的含碳量一般为

0.1% ~ 0.4%，碳能保证钢有一定的强度、硬度和耐磨性，但会降低其耐蚀性。常用的牌号有 1Cr13、2Cr13、3Cr13 和 4Cr13 等，用来制造在腐蚀介质下工作的轴承、弹簧等。

铬镍不锈钢的含碳量较低，含铬量约为 18%，含镍量在 8% ~ 11%。大量铬、镍元素的存在不仅能提高钢的耐蚀性，而且能使钢经热处理后获得单一的组织，防止电化学腐蚀，且具有良好的塑性、焊接性能和低温韧性。常用的铬镍不锈钢牌号有 1Cr18Ni9、2Cr18Ni9 等，用来制造在腐蚀介质下工作的零件，如汽车的空气压缩机阀片、外装饰件等。

2. 耐热钢

耐热钢是指在高温下具有良好的抗氧化性能和强度的钢。耐热钢中加入铬、硅、铝、钨、钼等合金元素，在高温下形成高熔点的致密氧化膜，覆盖在钢的表面，避免钢在高温下继续被氧化，同时提高其高温强度。

耐热钢分为抗氧化钢和热强钢两类。汽车中常用的是热强钢，牌号有 15CrMo、4Cr9Si2、4Cr10Si2Mo 等，主要制造在高温下工作的发动机进、排气门。

3. 耐磨钢

耐磨钢是指具有高抗磨损能力的钢。其含碳量为 1.0% ~ 1.3%，含锰量为 11% ~ 14%，因含锰量高，故又称高锰钢。耐磨钢经热处理后，塑性和韧性好，硬度并不高。当它受到强烈的冲击和挤压时，表面因塑性变形而迅速硬化，使硬度大大提高，从而具有高的耐磨性。当表面磨损后，新露出的表面又因受到冲击和挤压而提高耐磨性。耐磨钢不宜切削加工，但有良好的铸造性能，所以一般都采用铸造成形。

常用耐磨钢的牌号为 ZGMn13，广泛用于制造在强烈冲击和严重磨损条件下工作的零件，如拖拉机履带、挖掘机铲斗等。

思考与练习

1. 说出下列牌号钢的类别：Q295A、15Cr、40Cr、50CrVA、GCr15、1Cr13、15CrMo。
2. 什么叫合金钢？合金钢有哪些优点？
3. 合金钢按其用途可分为哪几类？
4. 用于机械制造的合金结构钢可分为哪几类？简述它们的含碳量及主要用途。
5. 什么叫不锈钢？常用的不锈钢有哪几类？说出它们各自的主要用途。
6. 说明下列各牌号钢属于哪一类钢，它们的含碳量及合金元素含量大致为多少，各有哪些主要用途：Q295、20CrMnTi、55Si2Mn、GCr9、1Cr18Ni9、15CrMo、ZGMn13。

§6—5 铸 铁

学习目标

1. 熟悉铸铁的种类。
2. 知道铸铁在汽车上的应用。

铸铁是含碳量大于 2.11% 的铁碳合金。工业常用铸铁的含碳量一般为 2.5% ~ 4.0%。此外，还含有硅、锰、硫、磷等合金元素。

铸铁是用途广泛的工程材料，汽车中常见的发动机气缸体、气缸盖、变速箱壳体等大多由铸铁制造。据统计，汽车的铸铁用量占整车金属总量的 50% 以上。常见的汽车铸铁零件如图 6-5-1 所示。

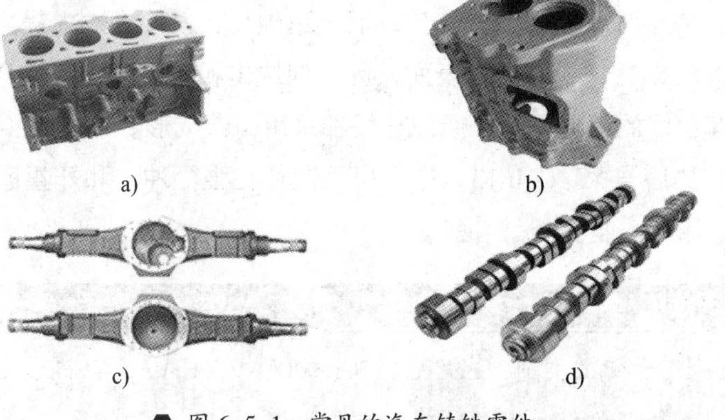

图 6-5-1 常见的汽车铸铁零件

a）合金铸铁制造的气缸体 b）灰铸铁制造的变速器壳

c）可锻铸铁制造的驱动桥壳 d）球墨铸铁制造的凸轮轴

案例链接

一辆欧宝安德拉汽车仅行驶 3 个月，发动机便出现动力明显不足现象，猛踩加速踏板也无反应。

故障原因分析：在拆卸发动机的过程中，缸体中掉下半截活塞环。事后经技术员鉴定，发动机活塞环断裂就是造成动力失灵的原因。发动机 4 个活塞均出现活塞环断裂现象，发动机内部还有斑斑锈迹，并附有一层厚厚的积炭。造成积炭的主要原因可能是使用劣质燃油、点火电火花不足及在拥堵城市路况下行驶过多等。活塞环断裂原因有很多种。首先，活塞环质量太差，会因为承受不了发动机气缸内高温高压的工作环境而断裂。其次，活塞环如果开口间隙、边间隙或背隙过小，当活塞环热胀后，容易因发卡而断裂。另外，缸内积炭严重，会沉积在活塞环槽内，导致环槽不平直，使活塞环在工作中因受力而弯曲，从而发生断裂现象。除此之外，连杆弯曲或扭曲也会使得活塞连杆组在运动中受力不均，而使活塞环断裂。

厂家最后将 4 个断裂的活塞环带回，通过试验分析知道此活塞环的原材料可锻铸铁 KTZ450-06 不合格。

一、铸铁的种类

铸铁中的碳大部分是以自由状态的石墨或其化合物形式存在的。根据铸铁中石墨形态的不同进行分类，有灰铸铁、可锻铸铁、球墨铸铁、蠕墨铸铁等，其种类、组织特点及结构见表 6-5-1。

表 6-5-1　　铸铁的种类、组织特点及结构

种类	组织特点	组织结构
灰铸铁	铸铁中的碳全部或大部分以片状石墨的形式存在，其断口呈暗灰色，故称灰铸铁	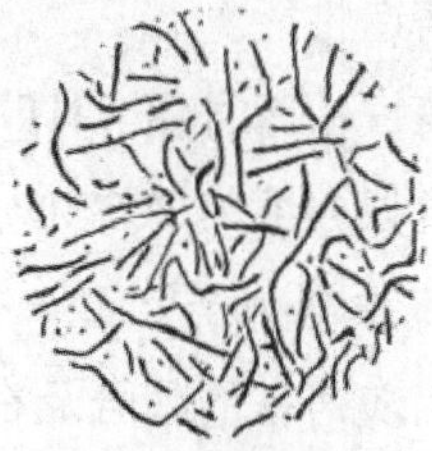
可锻铸铁	铸铁中的碳以团絮状石墨形式存在，它比灰铸铁强度高，韧性好，虽然名义上称为可锻铸铁，但实际上并不能进行锻造	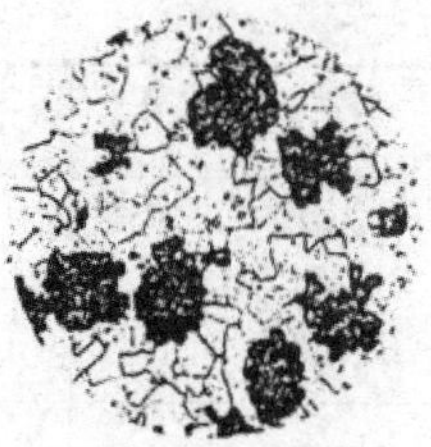
球墨铸铁	铸铁中的碳大部分以球状石墨形态存在，故称球墨铸铁	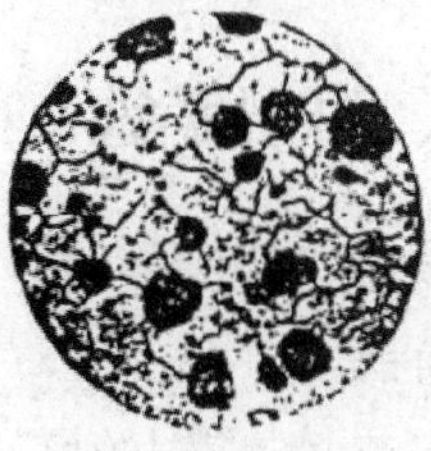

续表

种类	组织特点	组织结构
蠕墨铸铁	铸铁中的碳以蠕虫状石墨形态存在，故称蠕墨铸铁	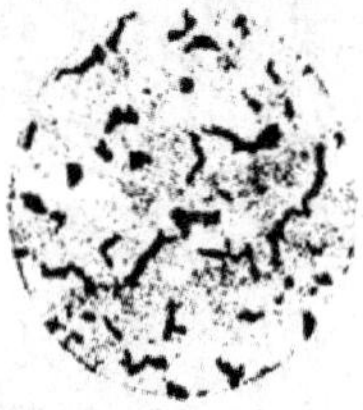

此外，还有在灰铸铁或球墨铸铁基础上加入某些合金元素后形成的合金铸铁。合金铸铁具有耐磨、耐热、耐蚀等良好性能，从而进一步扩大了铸铁的应用范围。

二、灰铸铁

灰铸铁中的碳大部分是以片状石墨形态存在的，由于铸铁中的石墨硬度低，强度和塑性几乎等于零，所以片状石墨在钢基体中犹如许多细小的裂缝，从而对金属主体产生割裂作用，破坏了组织的连续性，同时在裂纹尖角处产生应力集中。因此，灰铸铁的抗拉强度、塑性和韧性比同样基体的钢低得多，但石墨对铸铁的抗压强度影响不大。

石墨虽然降低了灰铸铁的力学性能，但石墨的存在，赋予了灰铸铁许多钢所没有的优良性能，使灰铸铁具有良好的减摩性、减振性和切削加工性能。此外，灰铸铁还具有良好的铸造性能。

灰铸铁的牌号用“HT”和一组数字表示，数字表示最低抗拉强度。例如，HT200 表示最小抗拉强度为 200 MPa 的灰铸铁。

灰铸铁常用于制造一些形状复杂、强度要求不高的零件，如气缸体、变速器壳体等。常用灰铸铁的牌号及在汽车上的应用见表 6–5–2。

表 6–5–2　　常用灰铸铁的牌号及在汽车上的应用

牌号	应用举例
HT150	进、排气歧管，变速器壳体，水泵叶轮等
HT200	凸轮轴正时齿轮、飞轮壳、气缸体、气缸盖、气门导管、制动蹄等
HT250	气缸体、飞轮、曲轴带轮等

三、可锻铸铁

可锻铸铁俗称马口铁，铸铁中的石墨以团絮状存在，常用的有黑心可锻铸铁和珠光体可锻铸铁。

由于可锻铸铁中的石墨呈团絮状，与片状石墨相比，大大减轻了对基体的割裂作用。因此，它不但比灰铸铁具有较高的强度，而且具有较好的塑性和韧性。其中，珠光体可锻铸铁还具有较高的硬度和耐磨性。

黑心可锻铸铁和珠光体可锻铸铁的牌号分别用“KTH”“KTZ”和两组数字表示，第一组数字表示最低抗拉强度，第二组数字表示最低断后伸长率。例如，KTH300–06 表示最低抗拉强度为 300 MPa、最低断后伸长率为 6% 的黑心可锻铸铁；KTZ450–06 表示最低抗拉强度为 450MPa，最低断后伸长率为 6% 的珠光体可锻铸铁。

可锻铸铁常用来制造一些形状复杂而强度和韧性要求较高的薄壁零件，如汽车上的后桥壳、轮毂、钢板弹簧吊架等。近年来有不少可锻铸铁的零件已逐渐被球墨铸铁所替代。常用可锻铸铁的牌号及在汽车上的应用见表 6–5–3。

表 6–5–3　　常用可锻铸铁的牌号及在汽车上的应用

牌号	应用举例
KTH350–10	后桥壳、差速器壳、减速器壳、轮毂、钢板弹簧吊架、制动蹄片等
KTZ450–06	曲轴、凸轮轴、连杆、齿轮、活塞环、发动机臂等

四、球墨铸铁

球墨铸铁简称球铁，铸铁中的石墨大部分以球状形态存在，比团絮状石墨更加光滑，因而对基体的割裂作用更小，能较充分地发挥基体组织作用。所以球墨铸铁的抗拉强度、塑性和韧性都优于灰铸铁和可锻铸铁，甚至与中碳钢相近，还具有灰铸铁的良好性能。

球墨铸铁还可以像钢一样进行各种热处理，以提高其力学性能；其价格又比钢低。因此，一些原来用非合金钢、可锻铸铁或合金钢制造的零件，也逐步由球墨铸铁替代。

球墨铸铁的牌号用“QT”和两组数字表示，第一组数字表示最低抗拉强度，第二组数字表示最低断后伸长率。例如，QT400–18 表示最低抗拉强度为 400 MPa、最低断后伸长率为 18% 的球墨铸铁。

球墨铸铁常用来制造一些受力复杂，强度、韧性和耐磨性要求高的零件，如汽车上的曲轴、连杆、凸轮轴和轮毂等。常用球墨铸铁的牌号及在汽车上的应用见表 6–5–4。

表 6–5–4　　常用球墨铸铁的牌号及在汽车上的应用

牌号	应用举例
QT450–10	轮毂、转向器壳、制动蹄、牵引钩支撑座、辅助钢板弹簧支架等
QT600–03	曲轴、发动机臂、牵引钩支撑座、钢板弹簧侧垫板及滑块等

五、蠕墨铸铁

蠕墨铸铁是 20 世纪 60 年代中期开始发展起来的一种新型铸铁材料，铸铁中的石墨是以蠕虫状形态存在的，是介于球状和片状之间的一种过渡型石墨形态。所以，它既有球墨铸铁较高的抗拉强度、塑性和韧性，又具有灰铸铁良好的减振性、切削加工性和铸造性能等。蠕墨铸铁是一种很有发展前景的铸铁。

蠕墨铸铁的牌号用“RuT”和一组数字表示，数字表示最低抗拉强度。例如，RuT300 表示最低抗拉强度为 300 MPa 的蠕墨铸铁。

蠕墨铸铁常用的牌号有 RuT340、RuT300、RuT260 等，目前在汽车上主要用于制造柴油机气缸盖、进排气管、制动盘和制动鼓等。

六、合金铸铁

在普通铸铁中加入一定量的合金元素，使之具有某些特殊性能的铸铁，称为合金铸铁。合金铸铁具有耐热、耐磨和耐蚀等特殊性能。汽车中常用的有耐热铸铁和耐磨铸铁。

1. 耐热铸铁

耐热铸铁是在球墨铸铁中加入铝、硅、铬等合金元素而形成的。合金元素在其表面形成一层致密的氧化膜，将内层金属与氧化介质隔绝，使内层金属在高温时不被氧化，从而提高了铸铁的耐热性。

耐热铸铁在汽车上主要用于制造高温条件下工作的发动机进、排气门座和排气管密封环等。

2. 耐磨铸铁

耐磨铸铁是在灰铸铁中加入铬、钼、铜、钛、磷等合金元素而形成的。磷在铸铁中能形成硬而脆的磷化物，从而提高铸铁的耐磨性；铬、钼、铜在铸铁中使组织细化，既能提高硬度和耐磨性，又能提高强度和韧性。

常用的耐磨铸铁有高磷耐磨铸铁和铬钼铜耐磨铸铁等，主要用于制造在高温下强烈摩擦的零件，如汽车的气缸套、活塞环等。

思考与练习

1. 灰铸铁中的石墨以何种形式存在？它对灰铸铁的性能有何影响？
2. 常用的可锻铸铁有哪几种？
3. 球墨铸铁为什么具有比灰铸铁更好的力学性能？
4. 灰铸铁、可锻铸铁和球墨铸铁的牌号是怎样表示的？
5. 蠕墨铸铁的石墨形态有何特点？它对蠕墨铸铁的性能有何影响？
6. 什么叫合金铸铁？汽车中常用的有哪几种？
7. 说出下列牌号铸铁的类别：HT200、KTH350–10、QT400–18、RuT340。

第七章　有色金属材料及其在汽车上的应用

材料学上通常把铁、锰、铬及以铁碳为主的合金（钢铁）称为黑色金属，如钢、生铁、铁合金、铸铁等，把其他金属及其合金称为有色金属。有色金属具有质轻、强度和硬度一般比普通金属高、导电性好、电阻温度系数小等钢铁材料所不具备的物理性能和化学性能，而且又具有一定的力学性能和较好的工艺性能，是实现汽车轻量化的理想材料，因而在现代汽车工业中得到了广泛的应用。

汽车上常用的有色金属主要有铝、铜及其合金和滑动轴承合金。近年来，镁、钛、锌及其合金和粉末冶金材料等有色金属的应用也日趋广泛。

§7—1　铝及铝合金

学习目标

1. 了解纯铝以及常用铝合金的基本性能。
2. 熟悉铝以及常用铝合金的种类及牌号。
3. 知道铝以及常用铝合金在汽车制造中的主要应用。

近年来，轿车上的铝及其合金用量已经从占汽车总质量的 5% 左右上升至 15% 甚至更高。在 20 世纪末，全铝合金车身首先在德国奥迪轿车上被采用，把有色金属在汽车制造业中的应用推向更高的层次。采用铝、镁、钛等轻金属替代钢铁材料减轻自重，是汽车制造业中轿车实现轻量化的一种重要手段。

铝及铝合金的密度小，属于轻金属。铝在地球上的储量丰富，高居各种有色金属首位。如果在轿车制造中采用铝合金制造汽车的发动机缸体和车身，整个汽车的质量可以减轻 40% 以上。现代轿车材料要求强度高而质量轻，采用铝合金的车身是一条理想的出路。但是，铝材加工成本高，而且铝合金材料冲压及焊接技术要求比较特殊，所有零部件均由铝合金材料制造的难度比较大，以目前的技术尚不是一般厂家可以做到的，大部分轿车还是部分零部件采用铝合金制造，例如车圈、气缸盖、发动机上盖、气缸体和变速器外壳等。

案例链接

一辆丰田卡罗拉轿车使用五年后，在一次行驶中发现水箱漏水。在车主艰难地将车开到丰田 4S 店维修时，维修师傅检查发现是散热水箱冷却水管在使用中被冷却液腐蚀穿孔而导致漏水。在更换一个散热水箱之后，故障得以排除。

该车散热水箱中的冷却水管为铝制品，该材料具有良好的导热性和耐蚀性，但是其焊接性能差，不能采用修补或者补焊的办法来解决水箱漏水故障。

一、工业纯铝

1. 工业纯铝的基本性能

工业纯铝呈银白色，纯度为 98.0% ~ 99.7%，熔点较低，只有 660 ℃，其密度小，仅为 2.7 g/cm^3，约为铁的 1/3。工业纯铝具有良好的塑性，断后伸长率为 35% ~ 50%；但强度低（R_m=80 ~ 100 MPa）、硬度低（25 ~ 30HBW），可以经冷变形处理提高硬度，更主要的是可以通过合金化使其强化；可以进行冷、热压力加工，容易加工成各种板材、箔材、线材或型材等，但是纯铝的焊接性能较差。

铝的导电、导热性能良好，仅次于银、铜和金，是铁的 3 倍，并具有良好的耐蚀性。常用铝代替铜制作导线和零件、电气设备的散热片等。铝在空气中具有良好的耐蚀性，表面可被氧化形成氧化膜，故在化工、日用品工业中广泛使用。但铝不耐酸、碱和盐的腐蚀。

2. 工业纯铝的表示法

根据《变形铝及铝合金化学成分》（GB/T 3190—2008）的规定，工业纯铝的牌号有 1070A、1060、1050A、1035、1200（相当于旧牌号 L1、L2、L3、L4、L5）等，牌号中数字越大，表示杂质的含量越高，纯度越低。

3. 工业纯铝的主要用途

工业纯铝主要用来代替铜制作导线、电缆、电气元件以及强度不高的耐蚀器皿、生活器皿和配制铝合金等。在汽车中常用于制作压缩机垫圈，排气阀垫片，内、外装饰件和铭牌等。

二、铝合金

铝合金是在纯铝中加入硅、铜、镁、锌、锰等合金元素而形成的合金。铝合金不仅保持着纯铝密度小、导热性和耐蚀性好的优点，其强度、硬度也得到了极大提高，常用于制造质量轻、强度要求较高的零件。

目前，铝合金在汽车上不仅用于制造活塞、气缸体、气缸盖、连杆和进气歧管等发动机零部件，还用于制造轮毂、离合器壳、变速器壳、转向器壳和变速器拨叉等底盘零部件，甚至车身、车架等也开始采用铝合金制造。常见铝合金汽车零件如图 7-1-1 所示。

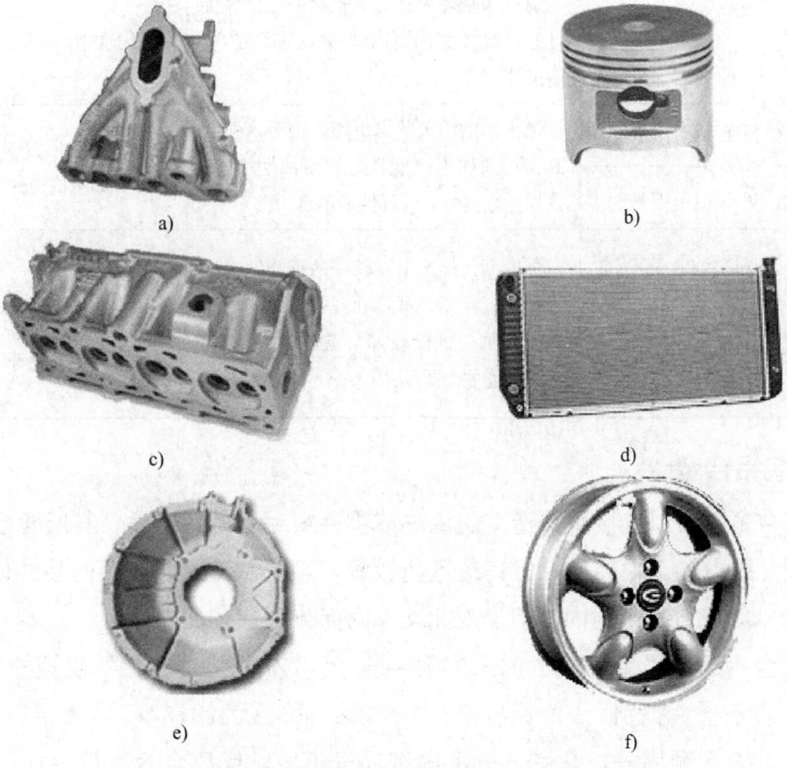

● 图 7-1-1　常见铝合金汽车零件

a）进气歧管　b）活塞　c）气缸盖　d）散热器　e）离合器壳　f）轮毂

根据化学成分和生产工艺不同，铝合金分为变形铝合金、铸造铝合金和压铸铝合金三类。

1. 变形铝合金

变形铝合金是指适宜于压力加工成形的铝合金。其合金含量一般小于 5%（高强度铝合金的合金含量在 14%）。它具有良好的塑性，可加工成锻坯、板材、管材和棒材等各种型材，用于汽车各种零件的制造。

变形铝合金分为能热处理强化和不能热处理强化两大类。常用的变形铝合金有防锈铝合金、硬铝合金、超硬铝合金和锻造铝合金四类。其中，防锈铝合金属于不能热处理强化的铝合金，其他三类均属于能热处理强化的铝合金。变形铝合金的特性及其应用见表 7–1–1。

表 7–1–1　　变形铝合金的特性及其应用

组别	旧牌号	新牌号	特性	应用
防锈铝合金	LF5	5A05	退火状态下塑性高，焊接性好，耐蚀性好，切削加工性能差	用于制造各种高耐蚀性薄板，如油箱等，也常用于制作受力小、质轻的耐蚀制品，如蒙皮、管道、窗框、灯具等
	LF13	5A13		
	LF21	3A21		
硬铝合金	LY1	2A01	退火和刚淬火状态下塑性中等，焊接性好；切削加工性能在时效状态下变差，耐蚀性中等	用于制作中等强度的铆钉等
	LY11	2A11		
超硬铝合金	LC3	7A03	退火和刚淬火状态下塑性中等，强度高，切削加工性能良好，耐蚀性中等，点焊性能良好，气焊性能不良	用于制造承力构件和高载荷零件，如飞机构件
	LC4	7A04		
锻造铝合金	LD5	2A50	强度高，热态下有较好的可塑性，易于锻造、冲压，可热处理强化，耐蚀性和切削加工性能较好，点焊性能良好，气焊性能差	用于制造形状复杂、中等强度的锻件，如内燃机活塞，压气机叶片、叶轮等
	LD7	2A70		
	LD10	2A14		

2. 铸造铝合金

铸造铝合金是可以直接用铸造方法浇注成零件或毛坯的铝合金，其所含合金元素的数量比较大，压力加工性能差，但铸造性能较好，可以制造形状复杂的零件，合金元素的总含量在 8% ~ 25% 范围内，因加入元素不同而分为许多类别。

铸造铝合金的代号用“ZL”加三位数字表示。“ZL”是“铸铝”汉语拼音的缩写，第一位数字表示合金类别：1 为铝硅系，2 为铝铜系，3 为铝镁系，4 为铝锌系。第二、三位数字表示合金顺序号，化学成分不同则序号不同，优质合金在后面加“A”。例如 ZAlSi12Cu2Mg1，表示含硅量为 12%，含铜量为 2%，含镁量为 1% 的铝硅合金（其代号则为 ZL108）。

（1）铝硅合金

铝硅系铸造合金简称为铝硅合金，是目前工程上应用最为广泛的铸造铝合金，合金中单加入硅元素的简称为简单铝硅合金，此外还可以加入铜、镁等元素，构成复杂铝硅合金，其中 ZL102 使用最为普遍，又称“硅铝明”。

铝硅合金的特点是流动性好，收缩小，不易产生裂纹，适于进行锻造。此外，铝硅合金密度小，耐蚀性好，又可以用变质处理来提高其强度，所以常用于浇铸或压铸质量轻、有一定强度和复杂形状的中小型零件，尤其是薄壁零件，如仪器仪表零件、活塞、发动机气缸体及工作温度在 200 ℃以下、要求气密性好的承载零件。高强度的复杂铝硅合金可以制造形状复杂、强度要求高并可在高温下工作的机器零件，如内燃机气缸体、气缸盖、活塞等。

（2）铝铜合金

铝铜系铸造合金简称为铝铜合金，其特点是耐热性好，具有较高的高温强度，能通过热处理来强化。其最大的缺点是耐蚀性差，随含铜量增加耐蚀性降低。加入镍、锰后耐热性大大提高，常用于制造高强度或高温条件下工作的零件，如高速内燃机缸头、活塞等。

（3）铝镁合金

铝镁系铸造合金简称为铝镁合金，其特点是密度小，强度高，耐蚀性较好，能耐大气和海水腐蚀。但铸造性能较差，铸件组织疏松，热强性也差，一般仅适用于在 200 ℃以下工作的零件。因此，常用来制造耐腐蚀的铸件，如海轮配件等。它在一定场合可以替代不锈钢。

（4）铝锌合金

由于能溶入大量的锌（极限溶解度为 32%），所以铝锌合金的强度显著提高，而且价格比较便宜。在合金中加入适量的锰、铁和镁，可以提高耐热性，缺点是耐蚀性能差，主要用于制造结构形状复杂的汽车、飞机零件和医疗器械、仪表零件、日常用品等。

3. 压铸铝合金

在现代汽车制造工业中，由于压力铸造的生产效率高，铸件质量好、强度和硬度高，所以，铝合金铸件逐步由压力铸造来制造。适于压力铸造的铝合金称为压铸铝合金。

压铸铝合金的代号用“YL”开头表示，其牌号则用“YZAl”开头表示，表示的格式和铸造铝合金相同。例如，YL102（YZAlSi12）。

目前铝制变速器壳、离合器壳、转向器壳等大多采用压力铸造，而活塞、气缸体、气缸盖和轮毂等零件也开始逐步采用压力铸造。

常用铸造铝合金和压铸铝合金的特性及其应用见表 7–1–2。

表 7–1–2　　常用铸造铝合金和压铸铝合金的特性及其应用

组别		合金牌号	合金代号	特性	应用
铸造铝合金	铝硅合金	ZAlSi7Mg	ZL101	耐蚀性、力学性能和铸造工艺性能良好，易气焊	用于制造形状复杂的零件，如发动机气缸体、气缸盖、活塞、风扇叶片、油泵体等
		ZAlSi12	ZL102		
		ZAlSi9Mg	ZL104		
		ZAlSi12Cu2Mg1	ZL108		

续表

组别		合金牌号	合金代号	特性	应用
铸造铝合金	铝铜合金	ZAlCu5Mn	ZL201	焊接性能和切削加工性能良好，铸造性能差，耐蚀性能差	用于制造形状简单的零件，如曲轴箱、支架、飞轮盖等
		ZAlCu4	ZL203		
	铝镁合金	ZAlMg10	ZL301	强度高，耐蚀性能好，耐热性能差	用于制造受到冲击载荷、高静载荷、同腐蚀介质接触的零件，如船舶、飞机、机车零件等
		ZAlMg5Si1	ZL303		
	铝锌合金	ZAlZn11Si7	ZL401	铸造性能良好，耐蚀性能差，热处理性能差	用于制造形状复杂、承受高载荷又不经热处理的零件，如飞机零件等
		ZAlZn6Mg	ZL402		
压铸铝合金		YZAlSi12	YL102	生产效率高，铸件的精度高，合金的强度、硬度高，只需少量切削或无须切割加工	参见相应代号的铸造铝合金的应用
		YZAlSi10Mg	YL104		
		YZAlSi12Cu2	YL108		

思考与练习

1. 纯铝有哪些特性？说出它们在汽车上的应用。
2. 铝合金是如何分类的？
3. 常用变形铝合金有哪几种？常用铸造铝合金有哪几种？
4. 说出下列铝合金代号的名称和用途：ZL101、ZL201、ZL301、ZL401、YL102。

§7—2 铜及铜合金

学习目标

1. 了解铜及铜合金的种类和基本性能。
2. 知道铜及铜合金在汽车制造中的主要应用。

铜是人类发现和使用最早的金属。铜有优良的导电、导热性和良好的化学稳定性，在金属的导电、导热性能上仅次于银。铜的塑性变形能力很高，可采用挤压、压延和拉拔等压力加工方法制成各种型材，在工业上得到广泛应用，特别是制作导电器材，其用量占铜总用量的一半以上。在汽车工业所用有色金属材料中，铜合金用量仅次于铝合金，在汽车上用于制造各类热交换器、散热器、耐磨减摩零件、电气元件、油管等构件。

案例链接

一辆上汽通用别克凯越轿车在使用八年后，有一次停放在停车场时，发动机舱内突然发生自燃现象。车主在消防人员的帮助下才得以把大火扑灭。在把车拖到4S店维修时，维修师傅检查认为是电气设备短路引起电线着火，在把发动机舱内所有电线和易燃构件全部更换之后，汽车得以修复。

汽车电气设备线路的金属导体就是铜制品。

一、工业纯铜

纯铜是用电解法获得的，也称“电解铜”，外观呈紫红色，故又称紫铜。工业纯铜的含铜量为99.50% ~ 99.95%。纯铜具有良好的塑性、导电性和耐蚀性，特别是导电性仅次于银而居于第二位。铜的密度为8.9 g/cm^3，熔点为1 083 ℃。工业纯铜的强度、硬度低，不宜制作结构零件，广泛应用于制造电线、电缆、铜管以及配制铜合金。此外，纯铜还可用于制作气缸垫、进排气管垫、轴承衬垫和油管等。

我国工业纯铜常用的有T1、T2、T3三种代号。代号中数字越大，表示杂质含量越高，导电性、塑性越差。

想一想

纯铜为什么一般不用来制作汽车车体框架等结构件？

二、黄铜

黄铜是以锌为主要添加元素的铜合金。根据其中化学成分的不同，黄铜可分为普通黄铜和特殊黄铜两大类。

1. 普通黄铜

普通黄铜由铜和锌两种元素组成，其含锌量小于50%。普通黄铜具有良好的耐蚀性和压力加工性能，并具有一定的塑性和强度。在普通黄铜中，若含锌量小于35%，则塑性、韧性好，能够进行冷热压力加工；当含锌量为36% ~ 46%时，黄铜的塑性、韧性下降，硬度和脆性增加，冷压力加工困难，只能进行热压力加工，故又称热加工黄铜。

由于黄铜强度比纯铜高，价格便宜，又有较好的耐蚀性，因此得到了广泛应用。普通黄铜中铜的含量越高，延展性越好，切削加工性能越差。此外，通过加工硬化，能改善黄铜的切削加工性能。

普通黄铜可以分为压力加工普通黄铜和铸造普通黄铜两类。

（1）压力加工普通黄铜

压力加工普通黄铜的代号用 H+ 含铜量表示，例如，H62 表示含铜量为 62% 的压力加工普通黄铜。

（2）铸造普通黄铜

铸造普通黄铜的牌号则用 ZCu+ 主加元素符号 + 主加元素含量 + 其他加入元素符号及含量组成，例如，ZCuZn38 表示含锌量为 38% 的铸造普通黄铜。

普通黄铜在汽车上常用于制造散热器管、油管接头、气缸水套和黄油嘴等。

2. 特殊黄铜

为了获得某些性能，在普通黄铜中加入铝、硅、锰、锡、铅等合金元素而组成的合金，称为特殊黄铜。按其所加元素的不同，分为硅黄铜（HSi80–3）、铅黄铜（HPb63–3）、锡黄铜（HSn62–1）等。特殊黄铜加入合金元素，改善了黄铜的力学性能、耐蚀性或某些工艺性能。如加入铝能提高黄铜的硬度、强度和耐磨性；加入硅能提高黄铜的硬度、强度和铸造性能；加入锰能提高黄铜的力学性能和耐蚀性；加入锡能提高黄铜的耐蚀性，尤其是能提高黄铜在海水中的耐蚀性；加入铅能改善黄铜的切削加工性能等。

特殊黄铜又可分为压力加工特殊黄铜和铸造特殊黄铜两类。

（1）压力加工特殊黄铜

压力加工特殊黄铜的代号用“H”加锌以外的主要添加元素符号和两组数字的格式表示，第一组数字表示铜的质量分数，第二组数字表示锌以外的主要添加元素的百分含量。

例如，HPb59–1 表示含铜量为 59%，含铅量为 1% 的铅黄铜。

（2）铸造特殊黄铜

铸造特殊黄铜的牌号则用“ZCu”加主要添加元素符号及其百分含量和其他添加元素符号及其百分含量的格式表示。

例如，ZCuZn16Si4 表示含锌量为 16%，含硅量为 4% 的铸造硅黄铜。

合金元素的加入，提高了材料的硬度、强度、耐磨性和耐蚀性，因此，其综合性能较普通黄铜得到普遍提高。

特殊黄铜在汽车上常用于制造转向节衬套、钢板销衬套等，还可用于制造减摩零件、管接头和垫圈等零件。

常用黄铜的特性及其应用见表 7–2–1。

表 7–2–1　　常用黄铜的特性及其应用

组别		牌号或代号	特性	应用
压力加工黄铜	普通黄铜	H62	良好的力学性能，塑性好，切削加工性能好，易焊接，耐腐蚀，但易产生腐蚀破裂，是应用最为广泛的普通黄铜	用于制造各种深拉伸和弯折制作的受力零件，如销钉、铆钉、垫圈、螺母、散热器零件等
		H68	有极好的塑性（黄铜中最佳）和较高的强度，切削加工性能好，易焊接，耐一般腐蚀，易产生腐蚀破裂	用于制造复杂的冷冲件和深冲件，如散热器外壳、导管、波纹管、垫片等
		H96	导热、导电性好，在大气和淡水中有高的耐蚀性，有良好的塑性，易于压力加工，易焊接，无腐蚀破裂倾向，强度在普通黄铜中最低	用于制造散热器管、散热器片、水箱带、导管等
	特殊黄铜	HPb59–1	切削加工性能好，有良好的力学性能，易于压力加工，易焊接，耐一般腐蚀，但有腐蚀破裂倾向，是应用较广泛的铅黄铜	用于制作各种结构零件，如螺钉、垫圈、衬套、螺母、喷嘴等
		HSn90–1	有良好的塑性，易于压力加工，易焊接，有较高的耐磨性和减摩性，是唯一可做耐磨合金的锡黄铜	用于制作耐蚀、减摩零件，如弹性套管、垫圈等
铸造黄铜	普通黄铜	ZCuZn38（ZH62）	具有优良的铸造性能和较高的力学性能，切削加工性能好，可以焊接，耐蚀性较好	用于制作一般结构和耐蚀零件，如法兰、阀座、支架、手柄和螺母等
	特殊黄铜	ZCuZn25Al6Fe3Mn3（ZHAl66–6–3–2）	具有很高的力学性能，铸造性能良好，耐蚀性较好，可以焊接	用于制作高强、耐磨零件，如螺母、螺杆、滑块和蜗轮等

三、青铜

青铜原指铜锡合金，因呈青黑色而得名。由于需要发展了不含锡而加入铝、硅、铍、锰、铅等其他元素的青铜，称为特殊青铜或无锡青铜。

按其化学成分的不同，青铜可分为锡青铜和特殊青铜两大类；按其加工方法的不同，青铜又可分为压力加工青铜和铸造青铜两大类。

压力加工青铜的代号用“Q”加主要添加元素符号和若干组数字表示。数字分别表示主要添加元素的百分含量和其他添加元素的百分含量，符号只表示主要添加元素，其他添加元素在符号中不表示，需查找有关标准或手册。例如，QSn4–4–2.5 表示含锡量为 4%、含锌量为 4%、含铅量为 2.5% 的锡青铜。铸造青铜的代号和牌号表示法同铸造黄铜。

课堂讨论

结合自己的所闻所见，说明哪些物品是用黄铜和青铜制造的。

1. 锡青铜

锡青铜是以锡为主要添加元素的铜合金。工业用锡青铜的含锡量一般不超过 14%。锡青铜具有一定的强度和硬度，以及良好的耐磨性、耐蚀性和铸造性能，特别适合铸造形状复杂的铸件。锡青铜的价格较昂贵，且力学性能不佳，所以大部分零件都由特殊青铜制造。锡青铜在汽车上常用于铸造齿轮，制造发动机曲轴衬臂、活塞销衬套、轴套、轴瓦等。

知识链接

锡青铜的锡含量不宜过高，一般含量在 10% 时，锡青铜的塑性开始下降；当达到 20% 时脆性很大，已无实用价值。

2. 特殊青铜

特殊青铜又称为无锡青铜，是由铝、铅、硅、铍、锰等元素添加而成的铜合金。按其所加元素的不同，特殊青铜可分为铝青铜、铅青铜、硅青铜、铍青铜、锰青铜等。

特殊青铜具有较高的强度和耐磨性以及良好的耐蚀性和工艺性等，它们是锡青铜的主要替代材料。例如，铝青铜具有较好的耐磨性、耐蚀性和加工工艺性，其强度、硬度和塑性都优于锡青铜，并且可以进行锻造，常用于制造齿轮、蜗轮和轴套等；铅青铜具有良好的疲劳强度和韧性，还具有良好的导热性和耐磨性，常用于制造重载荷的轴瓦等。

想一想

特殊青铜和锡青铜的区别在哪里？

常用青铜的特性及其应用见表 7–2–2。

表 7–2–2　常用青铜的特性及其应用

<table>
<tr><th colspan="2">组别</th><th>牌号或代号</th><th>特性</th><th>应用</th></tr>
<tr><td rowspan="2">压力加工青铜</td><td rowspan="2">锡青铜</td><td>QSn4–4–2.5</td><td>含锌、铅元素的锡青铜。有高的减摩性和良好的切削加工性能，易于焊接，有良好的耐蚀性，只能在冷态下压力加工</td><td>用于制造摩擦条件下工作的轴承、轴套、衬套和衬套内垫等</td></tr>
<tr><td>QSn4–3</td><td>含锌的锡青铜。有较高的耐磨性和弹性，抗磁性良好，适合压力加工，切削加工性能好，易焊接，耐蚀性好</td><td>用于制造弹簧（扁弹簧、圆弹簧）及其他弹性元件</td></tr>
</table>

续表

组别		牌号或代号	特性	应用
压力加工青铜	特殊青铜	QAl9-4	含铁的铝青铜。有高的强度和减摩性，良好的耐蚀性，热态下压力加工性能良好	用于制造高负荷下工作的减摩、耐蚀零件，如轴承、轴套、齿轮、蜗轮、阀座等
		QBe2	含少量镍的铍青铜。力学性能、物理性能、化学性能等综合性能良好	用于制造仪表、仪器中的弹性元件，耐磨零件，高速、高压、高温下工作的轴承、衬套
铸造青铜	锡青铜	ZCuSn10Zn2（ZQSn10-2）	耐磨性和耐蚀性好，易加工，铸造性能和气密性较好	用于制造在较高载荷、中速下工作的耐磨、耐腐蚀零件，如轴瓦、衬套、缸套、蜗轮等
	特殊青铜	ZCuPb30（ZQPb30）	有良好的自润滑性，易切削，铸造性能差	用于制造高速滑动的双金属轴瓦、减摩零件

思考与练习

1. 汽车上应用的铜主要有哪几种？
2. 纯铜有哪些特性？说出它们在汽车上的应用。
3. 什么是普通黄铜？普通黄铜有什么特性？
4. 什么是特殊黄铜？加入的合金元素对其性能有什么影响？
5. 什么是特殊青铜？举例说明特殊青铜有哪些特性。
6. 说出下列铜合金代号的名称和用途：H96、HPb59-1、ZH62、QSn4-4-2.5、QBe2、ZQSn10-2、ZQPb30。

§7—3　滑动轴承合金

学习目标

1. 了解滑动轴承合金的种类和基本性能。
2. 知道滑动轴承合金在汽车制造中的主要应用。

案例链接

一辆本田雅阁轿车在高速公路上行驶时发生发动机熄火故障，被救援车拖拽到4S店检查之后发现曲轴无法正常转动，通过询问驾驶员得知，该轿车已经有两年没有更换机油了。把发动机大修解体之后，发现曲轴轴颈部位出现严重的拉伤痕迹，而且多处表面呈现蓝色。这是由于发动机润滑系统工作不良造成的曲轴和轴瓦烧蚀现象，如果按照维修要求正常进行保养，这样的故障是完全可以避免的。

想一想

（1）曲轴轴瓦使用的是什么轴承合金？主要利用该合金的什么性能？

（2）为了延长轴瓦的使用寿命，汽车在日常使用过程中应该怎样维护和保养？

滑动轴承合金是用来制造滑动轴承轴瓦或内衬的专用合金。滑动轴承的传动效率不如滚动轴承，但是滑动轴承承压面积大，噪声小，工作平稳，故常用于高速重载的场合，如汽车发动机的曲轴轴承、连杆轴承和凸轮轴轴承都采用了滑动轴承。常见的轴瓦结构如图 7–3–1 所示。

轴在轴承中运转工作时，轴承不仅要受到强烈的摩擦，而且要承受轴颈传给的周期性载荷。为了减少轴的磨损，保证轴承正常工作，滑动轴承合金应具备以下性能：合适的硬度，足够的强度和耐磨性，足够的塑性和韧性，较小的摩擦因数和高的磨合性能，良好的导热性、耐蚀性和低膨胀系数等。

为了满足上述性能要求，滑动轴承合金的理想组织应由塑性好的软基体和均匀分布在软基体上的硬质点构成，如图 7–3–2 所示。

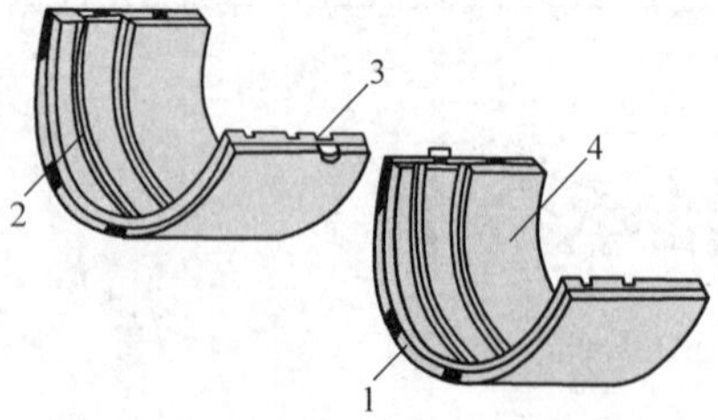

● 图 7–3–1　常见的轴瓦结构

1—钢背（低碳钢）2—油槽　3—定位凸键

4—内衬（轴承合金）

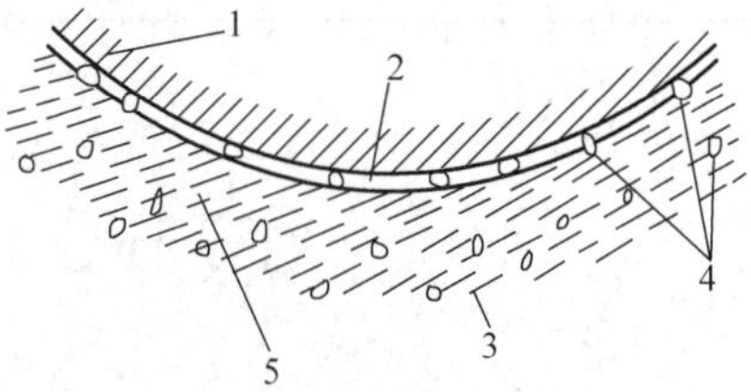

● 图 7–3–2　滑动轴承合金的理想组织（软基体硬质点）

1—轴　2—润滑油空间　3—软基体

4—硬质点　5—轴瓦

软基体组织的塑性高，能与轴颈磨合，并承受轴的冲击。软基体磨损后形成凹坑，可储存润滑油，在轴颈和轴瓦之间形成油膜，减少摩擦和磨损，而凸起的硬质点则起支撑轴颈的作用。

常用的滑动轴承合金有锡基轴承合金、铅基轴承合金、铜基轴承合金和铝基轴承合金等。

一、锡基、铅基轴承合金（巴氏合金）

锡基和铅基轴承合金牌号的表示方法为“Z”+基本元素符号+主加元素符号及质量分数+辅加元素符号及质量分数。例如，ZPbSb15Sn5为铸造铅基轴承合金，主加元素锑的质量分数为15%，辅加元素锡的质量分数为5%，其余为铅。

锡基和铅基轴承合金强度较低，不能承受高压，故常用离心浇注法将其镶铸在钢制的轴瓦上，形成一层薄（厚度小于0.1 mm）而均匀的内衬。

1. 锡基轴承合金（锡基巴氏合金）

锡基轴承合金是以锡为基体元素，加入铅、铜等元素组成的合金。这类合金摩擦因数小，塑性和导热性好，并具有良好的耐腐蚀能力。常用作重要轴承，如汽轮机、内燃机、压气机等机器的高速轴承。其缺点是价格昂贵，因锡是稀有金属；抗疲劳强度差，工作温度不能超过150 ℃。

2. 铅基轴承合金（铅基巴氏合金）

铅基轴承合金是以铅为基体，加入锡、铜元素组成的合金。这类合金的强度、硬度、韧性、导热性及耐蚀性均较锡基轴承合金差，且摩擦因数较大，但是价格便宜。因此，铅基轴承合金常用来制造承受中低载荷的中速轴承，如汽车曲轴轴承、连杆轴承、电动机轴承等，铸造工作温度不能超过120 ℃。

二、铜基、铝基轴承合金

1. 铜基轴承合金

铜基轴承合金是以铜为基体，加入适量的锡、铅、锌等元素组成的合金，主要有铸造锡青铜和铸造铅青铜等合金。常用的铸造锡青铜有ZCuSn10Pb1和ZCuSn5Pb5Zn5等，铸造合金机体断面组织中存在着较多的分散缩孔，有利于储存润滑油，这种合金能承受较大的载荷，广泛用于中速重载荷轴承，如电动机、泵、金属切削机床及汽车转向机构等的轴承，铸造锡青铜轴承合金可直接制成轴瓦。

2. 铝基轴承合金

铝基轴承合金是以铝为基体，加入适量的锡、铜等元素组成的合金。铝基轴承合金分为高锡铝基轴承合金、低锡铝基轴承合金和铝镁锑轴承合金等。其中，高锡铝基轴承合金是目前在汽车上广泛应用的一种轴承合金，它是以铝为基体加入20%的锡和1%的铜组成的合金，具有较高的承载能力、良好的耐磨性和导热性，价格较低，能替代锡基轴承合金，用于制造曲轴轴瓦和连杆轴瓦。但它的膨胀系数较大，易与轴发生咬合，所以在装配时应留有较大的间隙。

常用滑动轴承合金的特性及其应用见表 7–3–1。

表 7–3–1　　常用滑动轴承合金的特性及其应用

种类	合金牌号	特性	应用
锡基	ZSnSb11Cu6	具有较高的抗压强度，一定的韧性和硬度，可塑性好，其导热性、耐蚀性优良	用于高速、重载的重要轴承，如汽车发动机、高速内燃机、压缩机等的轴承
	ZSnSb8Cu4		
	ZSnSb4Cu4		
铅基	ZPbSb10Sn6	性能和锡基轴承合金相近，是其理想替代材料	用于中等载荷或高速低载下工作的轴承，如汽车发动机、空压机、高压油泵等的主轴承
	ZPbSb15Sn10	摩擦因数高，有良好的磨合性和可塑性，退火后其减摩性、塑性、韧性及强度均明显提高	
铜基	ZCuSn5Pb5Zn5	耐磨性和耐蚀性好，易加工，铸造性能和气密性好	用于在较高载荷、中等滑动速度下工作的轴瓦
	ZCuPb30	良好的自润滑性，易切削，但铸造性能较差	用于高滑动速度的双金属轴承

思考与练习

1. 简述锡基、铅基、铜基、铝基轴承合金的成分和特性及其应用。
2. 滑动轴承合金必须具备哪些性能？

§7—4　其他有色金属

学习目标

1. 了解除了铜和铝之外的其他有色金属及合金的种类和基本性能。
2. 知道其他有色金属及合金在汽车制造中的主要应用。

随着社会及科技的发展，人们对汽车提出了更高的要求：轻型、节能、美观、安全、环保等。有色金属在汽车上的应用也日益增多，钛、镁、锌等合金的应用也越来越受到人们的重视。

一、镁及镁合金

镁的密度仅为 1.74 g/cm^3，还不到铝的 2/3。纯镁具有很高的化学活性，耐蚀性很差，强度和塑性均不高，所以一般不直接用作结构材料。

镁合金是在镁中加入铝、锌、锰、锆等合金元素而制成的。常用的有镁－锰合金、镁－铝－锌合金和镁－锌－锆合金等。镁合金可以进行热处理，它具有较好的耐蚀性，强度和塑性都得到了提高，而且减振性能良好，易于吸收冲击载荷，同时还具有良好的铸造性能和切削加工性能，只是耐热性稍差。

镁合金可分为变形镁合金和铸造镁合金，它们的代号分别以“MB”和“ZM”加序号表示。汽车上应用的镁合金除少量镁板等变形镁合金外，一般都使用铸造镁合金。

目前，镁合金作为汽车轻量化材料，在汽车上的应用量还不如铝合金。但它一直为汽车行业所关注，并不断寻求应用途径，镁合金的发展潜力很大。目前已有不少汽车零件采用了镁合金制造，如壳体类的发动机气缸体、曲轴箱、变速器壳、离合器壳、进气歧管等，还有一些车身骨架零件和车身覆盖件正在开发和推广采用镁合金制造。可以预见，随着镁合金研究的进一步深入，其应用范围还将不断扩大。

二、锌及锌合金

锌呈蓝白色，密度为 7.14 g/cm^3，室温下脆性较大。由于锌在常温下表面易生成一层保护膜，所以锌主要用作钢铁表面的防护性镀层。

锌能和铝、铜、镁等合金元素组合成锌合金。锌合金的强度较高，铸造性能好，价格也不高，不足之处是塑性较低，耐热性、焊接性能较差。锌合金也可分为变形锌合金和铸造锌合金。铸造锌合金主要用于受力不大、形状复杂的小尺寸结构件或装饰件上。目前应用最广的铸造锌合金是 ZZnAl4Cu1Mg。锌合金在汽车上可用于制造汽油泵壳、机油泵壳、车门手柄、刮水器、安全带扣和内饰件等。

三、钛及钛合金

钛呈银白色，密度为 4.51 g/cm^3，熔点高达 1 677 ℃，是一种高熔点的轻金属。纯钛的强度较高，接近于碳素结构钢，耐蚀性优于铬镍不锈钢，韧性与钢铁相当。目前，由于钛较昂贵，限制了它的应用。

钛能和铝、铬、锰、钼、钒等合金元素组成钛合金。按其组织类型的不同，钛合金可分为 α 型钛合金、β 型钛合金和 α+β 型钛合金，其代号分别以 TA、TB、TC 加序号来表示。

钛合金的比强度（即材料的抗拉强度与材料密度之比）极高，韧性、耐蚀性良好，能在较宽的温度范围中使用，但产品生产成本较高。例如，TC4（Ti-6Al-4V）钛合金具有良好的力学性能和耐蚀、耐热性能，并可进行焊接和热处理等工艺加工。它是应用最早也是应用最广的一种钛合金，以前一直用于航空和航天工业中的零件制造，目前在汽车上也得到了应用，可用于制造发动机连杆、曲轴、气门、气门弹簧和悬架弹簧等。

常用镁合金、锌合金、钛合金的特性和应用见表 7-4-1。

表 7-4-1　　常用镁合金、锌合金、钛合金的特性和应用

合金种类	牌号（代号）	特性	应用
铸造镁合金	ZM1 ZM2 ZM5	密度小，减振性好，但耐蚀性较差，强度不高，塑性、韧性较差	替代铝合金，用于压铸汽车结构零件
铸造锌合金	ZZnAl4Cu1Mg（ZA4-1）	强度较高，铸造性能好，耐蚀性好，但塑性、耐热性、焊接性较差	用于压铸小尺寸的高强度、耐蚀性零件
α 型钛合金	Ti-3Al（TA4）	强度高，韧性、热稳定性、热强性、焊接性和铸造性能好，抗氧化性较好，但塑性较低	用于在 500 ℃以下工作的零件，如飞机涡轮机壳等
β 型钛合金	Ti-3Al-8Mo-11Cr（TB1）	强度较高，韧性好，易冲压成形，可热处理强化	用于在 350 ℃以下工作的零件，如压气机叶片、飞机构件等
α+β 型钛合金	Ti-6Al-4V（TC4）	塑性好，热强性好，耐蚀性强，生产工艺简单，可热处理强化，还有良好的低温工作性能	用于在 400 ℃以下工作的零件，如有一定高温强度的发动机零件、低温工作零部件等

四、粉末冶金材料

粉末冶金是用几种金属粉末（或金属粉末和非金属粉末）作为原料，经压制成形和高温烧结，制成金属材料或者成形制品的工艺方法。

粉末冶金是一种新兴的技术，它在完成金属材料冶炼的同时，获得形状大小合乎要求的机械零件。所以它既是一种制取金属材料的冶金方法，也是一种制造机械零件的加工方法。粉末冶金制成的零件一般只需少量切削或无须切削就可使用，不仅能节约材料、简化加工，而且能获得传统材料所不具备的某些特殊性能。合金粉末及粉末冶金制作的汽车零件如图 7-4-1 所示。

a)

b)

图 7-4-1　合金粉末及粉末冶金制作的汽车零件

a）合金粉末　b）汽车防抱死制动系统齿轮

粉末冶金零件在汽车上已得到大量的应用，国外粉末冶金产品的60%以上都用于汽车制造。粉末冶金零件微孔多，能吸收并储存润滑油，其硬度高、耐磨性好且强度较高，可用于制造气门导管、离合器衬套、轮毂油封外圈、机油泵齿轮、曲轴带轮、水泵叶轮、正时齿轮等减摩和耐磨零件。

粉末冶金材料也可用来替代传统的石棉制品，用于制造制动蹄片、离合器摩擦片等摩擦材料，以满足环保的要求。此外，粉末冶金材料以其特有的耐高温和耐高压的性能，用于制造现代汽车的过滤元件和消音元件等。总之，粉末冶金材料在汽车零部件上的应用正在进一步扩大。

想一想

粉末冶金制成的零件为什么只需少量切削或无须切削？

知识链接

粉末冶金工艺过程主要包括粉料制备、压制成形、烧结和后处理等几道工序。粉末冶金法与生产陶瓷有相似的地方，因此，粉末冶金技术也可用于陶瓷材料的制备。由于粉末冶金技术的优点，它已成为解决新材料问题的钥匙，在新材料的发展中起着举足轻重的作用。

思考与练习

1. 简述镁合金在汽车上的主要应用。
2. 钛合金有哪几种？试简述它们的特性和应用。
3. 简述粉末冶金材料在汽车上的主要应用。

第八章 非金属材料与复合材料及其在汽车上的应用

在汽车制造中，除使用金属材料外，还广泛使用非金属材料，如汽车灯罩、仪表板、转向盘、坐垫、风窗玻璃、轮胎、传动带、连接软管、各类油封、密封垫圈等都是由各种非金属材料制成的。近年来，随着非金属材料的迅猛发展和汽车轻量化的要求，越来越多的非金属材料在汽车上得到应用，其比例也在不断上升，已成为汽车不可或缺的材料。

非金属材料的种类很多，本章主要介绍塑料、橡胶、玻璃、陶瓷、复合材料、胶黏剂、摩擦材料等非金属材料的基本知识，以及它们在汽车上的应用。

知识链接

金属材料、高分子材料和陶瓷材料并称为三大工程材料。三者各有优缺点，而通过复合工艺将几种不同材料组合而成的复合材料，既保留了原组成材料的优点，同时又克服了各自的缺点。因此，复合材料是又一种新兴的具有广阔发展前景的工程材料。

§8—1 塑　　料

学习目标

1. 了解汽车塑料的种类和性能。
2. 知道塑料制品在汽车上的应用。
3. 会选配和鉴别汽车上常见的塑料件。

随着塑料性能的不断改进，塑料在汽车上除了广泛用于制造各种内装饰件外，目前已可用来替代部分金属材料，制造某些结构零件、功能零件和外装饰件。塑料在汽车上的广泛应用，既满足了某些汽车零部件的特殊性能要求，又是实现汽车轻量化的有效途径。目前，塑料在轿车中的用量约占全车质量的 8% ~ 12%。

案例链接

一辆朗逸轿车行驶中因驾驶员操作不当，撞上了路边的花基，导致车辆前保险杠破裂，需更换前保险杠。

1. 案例分析

根据案例中的故障现象进行分析，经查询得知，用来制造汽车前保险杠的塑料可能是 ABS 塑料、PP 塑料和 PU 塑料。识别车身塑料件的具体鉴别方法如下：

（1）查看压制在塑料部件上的 ISO 代号，一般在塑料件的背后能看到所标的符号。

（2）燃烧鉴别。切下一小片塑料，放在火中燃烧，查看其火焰颜色、燃烧情况或闻气味。ABS 塑料燃烧时有明显的烟雾产生；PVC 塑料受热后容易熔化，燃烧时火焰呈绿色或青色，有盐酸味；聚烯烃类塑料燃烧时的火焰没有明显的烟雾，有蜡的气味；聚酯纤维塑料经点燃后有醋酸味。

（3）敲击法。用手敲击塑料制品内侧，仔细听发出的声音。PU 塑料声音较弱，PP 塑料声音较脆。

（4）打磨法。PU 塑料用砂纸打磨后没有粉末，而 PP 塑料打磨后有粉末，PU 塑料易被划伤。

2. 故障排除

拆下车辆前保险杠检查，因保险杠使用时间较长，未找到相关的标志符号。用手敲击测试，塑料发的声音较清脆，再用砂纸打磨测试，出现较多粉末，从而确定此保险杠由 PP 塑料制成。

一、汽车塑料件

汽车塑料零部件主要有三类：内饰件、外饰件和功能件。内饰件主要有仪表板、车门内饰板、座椅、车厢内饰等。外饰件除要求具有内饰件的功能外，还要求强度高、韧性好、耐环境条件及耐冲击性能好，主要有前后保险杠、挡泥板等。塑料材料的前保险杠如图 8-1-1 所示，保险杠饰板和泡沫塑料碰撞吸能器可吸收车速低于 4 km/h 时的轻微碰撞力，这些部件碰撞后会自动恢复原样。功能件一般要有特殊的使用性能，主要有暖风机、散热器格栅、车灯框、进气管、蓄电池壳、后视镜壳、转向盘、车轮罩等。塑料在轿车上的应用如图 8-1-2 所示。

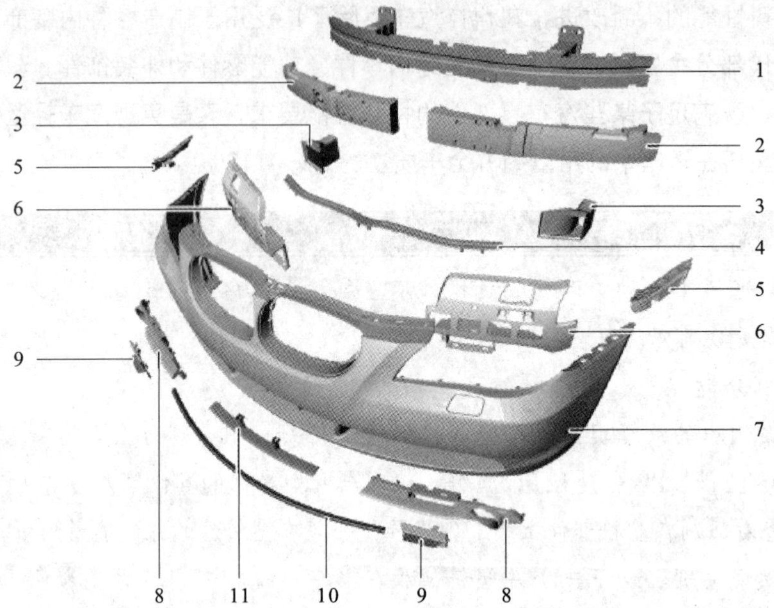

● 图 8-1-1 前保险杠

1—带有变形元件的保险杠托架 2—碰撞吸能器 3—制动器导风管 4—车前盖密封条 5—保险杠饰板侧托架 6—保险杠侧衬垫 7—保险杠饰板 8—侧冷风格栅 9—制动器导风管饰板 10—唇形缓冲条 11—中部冷风格栅

● 图 8-1-2 塑料在轿车上的应用

二、塑料的组成

塑料是以合成树脂为基体，并加入某些添加剂而制成的高分子材料。塑料可以在一定的温度和压力下，被塑造和固化成各种形状的制品。

1. 合成树脂

合成树脂是从煤、石油和天然气中提炼出来的高分子化合物。合成树脂是塑料的主要成分，它的种类、性质及加入量决定了塑料的性能。因此，大部分的塑料是以所含合成树脂的名称来命名的。

合成树脂的种类很多，常用的有酚醛树脂、环氧树脂、聚酯树脂、硅树脂、聚氯乙烯树脂、聚乙烯树脂和聚苯乙烯树脂等。

2. 添加剂

加入添加剂是为了改善塑料的性能，以扩大其使用范围。它包括填料、增强材料、固化剂、增塑剂、稳定剂、润滑剂、抗静电剂、阻燃剂和着色剂等。

（1）塑料可以通过添加不同的添加剂来改变它的机械强度及加工成形性能，以适应不同汽车零部件的用途要求。例如，保险杠要采用有较高机械强度的工程塑料，而坐垫和靠背要采用柔软的泡沫塑料。

（2）塑料还可以通过添加剂来调色，产生不同的颜色，省去喷漆工艺。有些塑料件还可以电镀，例如，ABS 塑料具有很好的电镀性能，可用于制造装饰条（见图 8–1–3）、标牌、开关旋钮、车轮罩等。

图 8–1–3　ABS 塑料汽车装饰条

塑料的主要组织成分及其作用见表 8–1–1。

表 8–1–1　　塑料的主要组织成分及其作用

成分类别			材料名称	作用
合成树脂	热固性树脂		酚醛树脂、环氧树脂、聚酯树脂、硅树脂等	占塑料全部组成的 40% ~ 100%。它将全部组分胶黏起来，同时也决定和影响着塑料的理化性能和机械强度
	热塑性树脂		聚氯乙烯树脂、聚乙烯树脂、聚苯乙烯树脂等	
添加剂	填料	有机填料	木粉、核桃壳粉、棉籽壳粉	提高塑料的硬度、冲击强度和耐热、耐磨性能，改善成形性能等
		无机填料	高岭土、硅藻土、滑石粉等	
	增强材料		玻璃纤维及其制品、棉纤维和棉布等	提高塑料的物理性能和强度
	固化剂		胺类和聚酯类、过氧化物等	促使热固性塑料的成形
	稳定剂		胺类和酚类	增强塑料对光、热、氧等老化作用的抵抗力
	润滑剂		硬脂酸盐、脂肪酸等	改善塑料加热成形时的流动性，使制品表面光滑
	着色剂		有机染料和无机颜料	增强制品的美观性，适应使用要求

三、塑料的分类

1. 按成形工艺性能分类

塑料的种类有很多，按成形工艺性能可分为热塑性塑料和热固性塑料。

（1）热塑性塑料

热塑性塑料是指受热时软化、冷却后变硬，再加热又软化、冷却又变硬，可反复多次加热塑制的塑料。这类塑料成形加工方便，但耐热性相对较差，容易变形。常用的有聚乙烯、聚丙烯、聚氯乙烯、ABS 塑料、聚甲醛、聚四氟乙烯、聚酰胺、聚苯醚、聚碳酸酯等。例如，奥迪汽车前照灯灯框即为热塑性塑料，如图 8–1–4 所示。

（2）热固性塑料

热固性塑料是指经一次固化后，不再受热软化，只能塑制一次的塑料。这类塑料耐热性能好，不易变形，但生产周期较长，常用的有酚醛塑料、氨基塑料、环氧树脂和有机硅塑料等。例如，某奥迪汽车前中央扶手即为热固性塑料，如图 8–1–5 所示。

图 8–1–4　奥迪汽车前照灯

图 8–1–5　奥迪汽车中央扶手

课堂讨论

你见过的热塑性塑料或热固性塑料有哪些？

2. 按使用特性分类

塑料按使用特性可分为通用塑料、工程塑料和特种塑料。

（1）通用塑料

通用塑料是指用于日常用品、绝缘材料等的塑料。这类塑料产量大、成本低、应用广泛，主要有聚乙烯、聚氯乙烯、聚苯乙烯、聚丙烯、氨基塑料和酚醛塑料等。

（2）工程塑料

工程塑料是指用于工程构件和机械零件的塑料。这类塑料的强度、刚度较高，韧性、耐热性、耐蚀性较好，可用来替代金属材料制造机械结构零件。工程塑料主要有聚酰胺、聚甲醛、聚碳酸酯和 ABS 塑料等。汽车上的零件大部分采用工程塑料。

（3）特种塑料

特种塑料一般是指具有特种功能的塑料。这类塑料可用于航空、航天等特殊应用领域。如氟塑料和有机硅具有突出的耐高温、自润滑等特殊功能；增强塑料和泡沫塑料具有高强度、高缓冲性等。

想一想

热塑性塑料和热固性塑料的区别有哪些？

四、塑料的主要特性

与其他材料相比，塑料具有许多优良的物理性能、化学性能和力学性能，主要有质量轻、化学稳定性好、比强度高、绝缘性能好、吸振性和消声性好、耐磨性和减摩性优良、易于加工成形等。

但塑料也有不少缺点：与钢相比，大部分塑料的力学性能较差；耐热性和导热性较差，其热导率只有钢的 1/200 ~ 1/600。此外，塑料还有易老化、易燃烧等缺点。

五、塑料在汽车上的应用

常用塑料的主要特性及其在汽车上的应用见表 8–1–2。

表 8–1–2　　常用塑料的主要特性及其在汽车上的应用

种类	化学名称	代号	主要特性	应用
热塑性塑料	丙烯腈 – 丁二烯 – 苯乙烯	ABS	综合力学性能优良，耐热性、耐蚀性、尺寸稳定性好，易于加工成形	车体件、前围板、格栅、车头灯框等
	聚酰胺	PA	韧性好，强度高，耐磨性、耐疲劳性、耐油性等综合性能好，但吸水率和收缩率大	车外装饰板件、风扇叶片、里程表齿轮、衬套等
	聚甲醛	POM	综合力学性能优良，尺寸稳定性好，耐磨性、耐油性、耐老化性好，吸水率小	半轴齿轮和行星齿轮垫片、汽油泵壳、转向节衬套等
	聚乙烯	PE	强度较高，耐高温、耐磨、耐蚀性和绝缘性好	内装饰板、车窗框架、手柄、挡泥板等

续表

种类	化学名称	代号	主要特性	应用
热塑性塑料	聚四氟乙烯	PTFE	化学稳定性优良，耐蚀性极高，摩擦因数小，耐高温性、耐寒性和绝缘性好	各种密封圈、垫片等
	聚苯醚	PPE 或 PPO	抗冲击性能优良，耐磨性、绝缘性、耐热性好，吸水率小，尺寸稳定性好，但耐老化性差	格栅、车头灯框、仪表板、装饰件、小齿轮、轴承、水泵零件等
	聚酰亚胺	PI	耐高温性好，强度高，综合性能优良，耐磨性和自润性好	正时齿轮、密封垫圈、泵盖等
	聚丙烯	PP	耐热性、耐蚀性较好，成形容易，但收缩率大、低温呈脆性、耐磨性不高	内饰镶条、内装饰板、散热器固定框、前围板、保险杠等
	聚氯乙烯	PVC	强度较高，化学稳定性、绝缘性、耐油性、抗老化性较好，但耐热性差、成形加工性能较差	内装饰件、软垫板、电气绝缘体等
	聚碳酸酯	PC	力学性能优良，尺寸稳定性好，耐热性较好，但疲劳强度低、耐磨性差	格栅、仪表板等
热固性塑料	酚醛树脂	PF	强度高，耐热性好，绝缘性、化学稳定性、尺寸稳定性好，但质地较脆、抗冲击性差	电气绝缘件、摩擦片等
	环氧树脂	EP	强度较高，韧性较好，收缩率小，绝缘性、化学稳定性、耐蚀性好	汽车涂料、胶黏剂、玻璃钢构件等
	聚氨酯	PUR	力学性能优良，吸振缓冲性、绝热性好，加工简单，易于成形	软质塑料用于座椅、坐垫、内饰材料；半硬质塑料用于转向盘、仪表板、保险杠、扶手等

思考与练习

1. 塑料分为哪几类？其主要特性有哪些？
2. 举例说明塑料在汽车上的应用。

§8—2 橡　　胶

学习目标

1. 了解车用橡胶的品种及性能特点。
2. 知道橡胶制品在汽车上的应用。

橡胶也是一种有机高分子材料。橡胶在汽车工业中的应用十分广泛，许多汽车零部件，如轮胎、胶带、制动皮碗、胶管和缓冲垫等，都是由橡胶制造的。

常见汽车橡胶制品如图 8-2-1 所示。

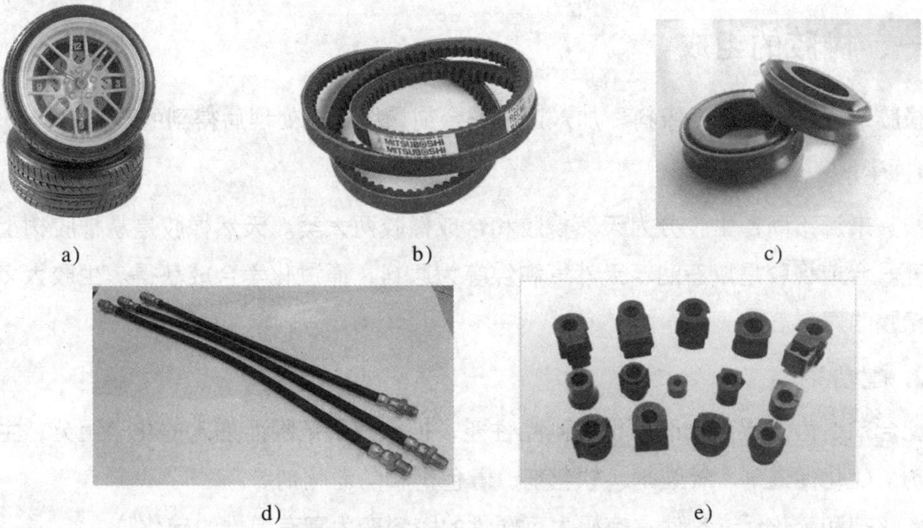

图 8-2-1　常见汽车橡胶制品

a）轮胎　b）胶带　c）制动皮碗　d）制动胶管　e）各类胶套、胶垫

案例链接

一辆大众速腾轿车在行驶途中突然出现空调不制冷故障，车辆开进维修厂后，经维修人员检查发现空调压缩机输出端高压软管破裂，制冷剂泄漏严重。解决的办法是更换高压软管后给空调系统重新加注制冷剂。

1. 案例分析

根据规定，维修人员应选用原车的空调软管，但在特定的条件下，为了使空调系统继续工作，经车主同意，可选用代用胶管或重新制作胶管。选用代用胶管时必须知道原车胶管的规格、类型、用途，检查代用胶管与原车胶管的规格类型是否相同或相近，然后决定是否选用。

2. 故障排除

查看原车的空调软管，发现胶管上印有"CR"字母，查找橡胶代号可知是氯丁橡胶，此橡胶制成的胶管具有抗拉强度高，耐老化性、耐热性和气密性好等特点。查找维修厂配件仓，有成捆的内径各异的氯丁橡胶管，测量原车空调软管的外径和内径，找到基本尺寸一致的氯丁橡胶管后裁剪相同长度，用压管机压好两端接头即完成空调软管的制作。

把制作好的空调软管重新装上，再对空调系统抽真空并按规定量加注制冷剂后，故障排除。

一、橡胶的组成

橡胶是以生胶为主要原料，加入适量配合剂，经硫化处理后得到的一种材料。

1. 生胶

按其来源不同，生胶分为天然橡胶和合成橡胶两大类。天然橡胶是从橡胶树上采集的胶乳。合成橡胶是以石油、天然气和煤等为原料，通过化学合成获得。生胶大多只是作为橡胶的原料。

2. 配合剂

配合剂是为了提高和改善橡胶制品性能，扩大使用范围而加入的化学组分，主要有硫化剂、硫化促进剂、补强剂、软化剂、着色剂和防老化剂等。

硫化剂和硫化促进剂使具有极大可塑性的胶料变为富有弹性的硫化胶。

补强剂用以提高橡胶的力学性能和耐磨、耐撕裂性能，常用的有炭黑、氧化硅、滑石粉等。

软化剂能提高橡胶的柔软性和可塑性。

着色剂用来使橡胶制品着色。

防老化剂主要用来延缓和防止橡胶老化。

3. 增强材料

增强材料主要用来提高橡胶的力学性能，如强度、硬度、耐磨性和刚性等。

二、橡胶的分类

1. 按原料来源分类

橡胶的种类很多，按其原料来源不同，橡胶分为天然橡胶、合成橡胶和再生橡胶三大类。

（1）天然橡胶

天然橡胶是指以天然生胶制成的橡胶材料。天然橡胶是一种综合性能优良的高弹性物质，大量用于制造各类轮胎以及各种胶带、胶管等橡胶制品。

（2）合成橡胶

合成橡胶是指以合成生胶制成的橡胶材料。合成橡胶品种繁多，通常分为通用合成橡胶和特种合成橡胶。通用合成橡胶是汽车工业的重要材料，常用的有氯丁橡胶、丁苯橡胶、顺丁橡胶等。

（3）再生橡胶

再生橡胶是利用废旧橡胶制品经再加工而成的橡胶材料。再生橡胶强度较低，但有良好的耐老化性，且加工方便，价格低廉。汽车上常用于制造橡胶地毡、各种封口胶条等。

2. 按性能和用途分类

橡胶按其性能和用途不同，分为通用橡胶和特种橡胶两大类。

（1）通用橡胶

通用橡胶是指产量大、应用广，在使用上没有特殊性能要求的橡胶，如天然橡胶、丁苯橡胶、顺丁橡胶、异戊橡胶等。汽车上使用的一般都是通用橡胶。

（2）特种橡胶

特种橡胶是指具有耐热、耐寒、耐油和耐化学腐蚀等特殊性能的橡胶。主要用于在特殊环境下工作的零件，如硅橡胶、氟橡胶、聚氨酯橡胶等。

三、橡胶的基本性能

1. 极高的弹性

这是橡胶独特的性能。橡胶的伸长率高达 1 000%。橡胶在起初受负荷时变形量很大，但随着外力的增加，橡胶又具有很强的抵抗变形的能力。因此，橡胶可作为减振材料，用于制造各种减轻冲击和吸收振动的零件。

2. 良好的热可塑性

橡胶在一定温度下失去弹性而具有可塑性，称为热可塑性。橡胶处于热可塑性状态时，容易加工成各种形状和尺寸的制品，而且当加工外力去除后，仍能保持该变形下的形状和尺寸。根据这一特性，可把橡胶加工成不同形状的制品。

3. 良好的黏着性

黏着性是指橡胶与其他材料黏结成整体而不分离的能力。橡胶有很强的吸附能力，能与其他材料黏结成整体，如汽车轮胎就是利用橡胶与棉、毛、尼龙等牢固地黏结在一起而制成的。

4. 良好的绝缘性

橡胶大多数是绝缘体，是制造电线、电缆等导体的绝缘材料。此外，橡胶还具有良好的耐蚀性、密封性和耐寒性等，但橡胶的导热性差，抗拉强度低，尤其是容易老化。

课堂讨论

常用橡胶的综合性能、特点及用途有哪些？

四、橡胶在汽车上的应用

橡胶是汽车上不可缺少的材料，其中用量最大的制品是轮胎。橡胶还广泛用于制造各种胶带、胶管、减振配件以及耐油配件等。汽车常用橡胶的种类、特性及应用见表 8-2-1。

表 8-2-1　　汽车常用橡胶的种类、特性及应用

种类	代号	主要特性	应用
天然橡胶	NR	良好的耐磨性、抗撕裂性，加工性能好，但耐高温、耐油性较差，易老化	轮胎、胶带、胶管和通用橡胶制品等
丁苯橡胶	SBR	优良的耐磨性、耐老化性能，力学性能与天然橡胶相近，但是加工性能特别是黏着性较天然橡胶差	可替代天然橡胶，用于轮胎、胶带、胶管和通用橡胶制品等
氯丁橡胶	CR	良好的物理、力学性能，耐腐蚀、耐老化、耐油、黏着性好，但耐寒性较差，密度较大，绝缘性能差	胶带、胶管、电线护套、垫圈、密封圈和汽车门窗嵌条等
丁基橡胶	IIR	良好的气密性，吸振能力强，化学稳定性好，耐气候和耐酸碱性能良好，但耐油性和加工性能较差	轮胎内胎、胶管、电线护套和减振元件等
丁腈橡胶	NBR	优良的耐油、耐老化、耐磨性能，耐热性、气密性好，但耐寒性、绝缘性较差	油封、油管、皮碗和密封圈等耐油元件

思考与练习

1. 橡胶是如何分类的？其主要特性有哪些？
2. 说一说汽车常用橡胶的种类、主要特性及应用。

§8—3 玻　璃

学习目标

1. 了解车用玻璃的种类、性能及主要用途。
2. 熟悉玻璃在汽车上的位置和车用玻璃产品的鉴别方法。

玻璃是陶瓷材料家族中的一员，它是由石英砂等硅酸盐矿物材料经过配料、熔制而成的非金属材料。玻璃具有透明、隔声、隔热等特性，并具有良好的化学稳定性。

在现代汽车中，玻璃不仅是一种功能性外装饰件，而且还与保障视野、优化乘坐环境、减少行车阻力以及美观等多种要求有关，是汽车的重要组成部分。据统计，轿车的玻璃使用量约占轿车总质量的 3%。

案例链接

一重物从高楼坠落，砸在楼下的一辆轿车的后窗玻璃（见图 8-3-1）上，导致该车后窗玻璃完全破碎。为不影响车辆行驶安全和美观，车主要求更换性能更好的后窗玻璃。

图 8-3-1　汽车后窗玻璃损坏

1. 案例分析

要选用适合车主需要的汽车后窗玻璃，首先要知道其型号，然后根据常用汽车玻璃的种类、特点进行选择。

根据图 8-3-1 所示的汽车后窗玻璃破损的特征，可以断定原车后窗玻璃为普通钢化玻璃。在受到冲撞时，冲撞点处的玻璃一旦破碎，整个玻璃就像雪崩般破碎，形成无锐角的颗粒碎片。一般中低档汽车的后窗玻璃多选用普通钢化玻璃。

2. 故障排除

为进一步提高行车安全性，可以选择夹层玻璃，夹层玻璃具有较高的柔韧性和抗穿透能力，而且由于有夹层安全膜，玻璃受冲撞破碎时呈辐射状碎裂，但仍粘连在安全膜上。这样既避免了玻璃碎片脱落伤人，又保证有一定的视野范围，因此具有很高的安全性。

汽车玻璃主要用作风窗玻璃、车门玻璃、后窗玻璃等。为保障安全，常用的汽车玻璃使用钢化玻璃、夹层玻璃等。普通平面玻璃强度低，破碎后如图 8-3-2 所示，容易伤人，通常作为制造其他玻璃的原料。汽车玻璃由于采用钢化玻璃和夹层设计，当受到冲击时，玻璃整体受力不易碎，如图 8-3-3 所示，即使破碎也不会产生尖锐的棱角。

图 8-3-2 普通平面玻璃破碎

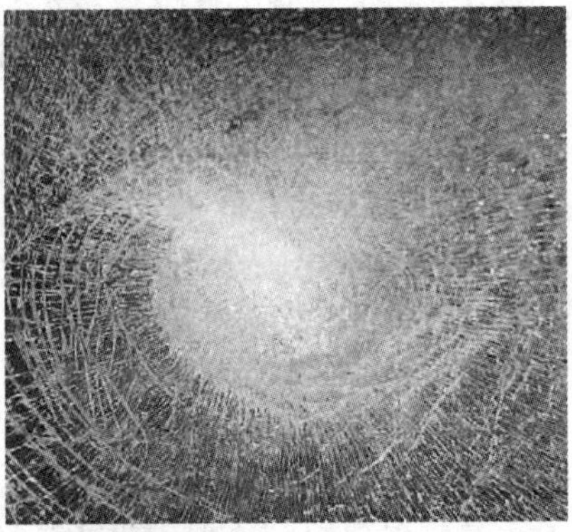

图 8-3-3 汽车玻璃破碎

课堂讨论

汽车玻璃为什么不能使用普通平面玻璃？

一、车用玻璃的种类、性能、特点及用途

车用玻璃的种类、性能、特点及用途见表 8-3-1 所示。

表 8-3-1　　　　车用玻璃的种类、性能、特点及用途

种类	性能及特点	用途
钢化玻璃	由普通玻璃经一定的热处理制成，热稳定性、耐冲击性和机械强度高，碎片呈颗粒状，使用较安全，但前风窗玻璃破碎后严重阻挡视线，易引起二次事故	用作车门玻璃或后窗玻璃，其破碎状态如图所示 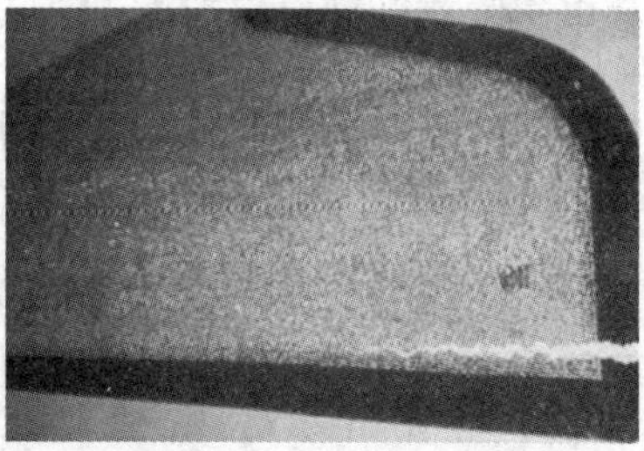
区域钢化玻璃	各区域钢化程度不同，破碎时视区形成较大的玻璃碎片，周边部分形成较小的碎片，在视区内仍能保证一定的能见度，以避免二次事故的发生	主要用于汽车风窗玻璃，其破碎状态如图 8-3-3 所示
夹层玻璃	两层或多层玻璃中间夹了一层或多层有机聚合物中间膜，经热压而制成，有较高的柔韧性、抗穿透能力，破碎时呈辐射状碎裂，仍粘连在安全膜上，既避免伤人，又保证有一定视野范围，安全性高	用作高级轿车的风窗玻璃，破碎状态如图所示 
中空玻璃	将两片或多片玻璃以有效支撑均匀隔开并周边黏结密封，隔热、隔音，可获得冬暖夏凉的效果	用作汽车的侧窗
防弹玻璃	由两层以上玻璃和优质工程塑料经过夹层加工而成，具有防子弹穿透功能	主要用于特殊车辆，汽车防弹玻璃破碎状态如图所示 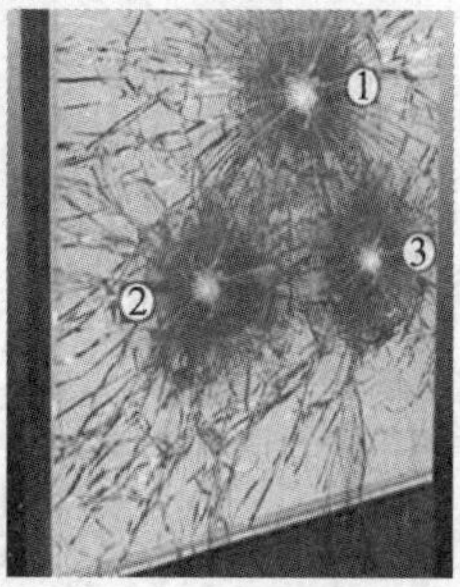

课堂讨论

普通钢化玻璃有什么缺点？区域钢化玻璃是如何弥补普通钢化玻璃缺点的？

此外，现代汽车用玻璃正向轻量化、绝热、安全和多功能的方向发展。如后窗玻璃采用的电热除霜玻璃，还有新型的天线夹层玻璃、调光夹层玻璃和热反射玻璃等。

二、车用玻璃的具体应用和产品鉴别

1. 玻璃在汽车上的具体应用

玻璃在汽车上的具体应用位置如图 8-3-4 所示。

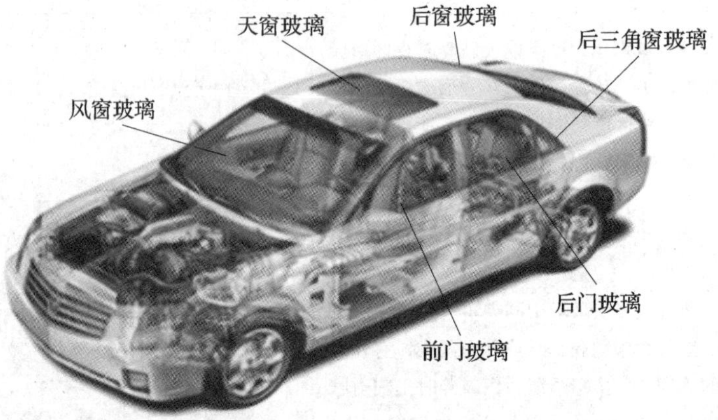

● 图 8-3-4　玻璃在汽车上的具体应用位置

2. 车用玻璃产品的鉴别

车用玻璃上都有一些标志，不同的标志代表不同的含义，看懂这些标志便能鉴别玻璃的质量。一般来说，国产汽车玻璃上的标志可分为四大类：国家安全认证标志、国外认证标志、汽车生产厂标志、玻璃生产企业标志，如图 8-3-5 所示。

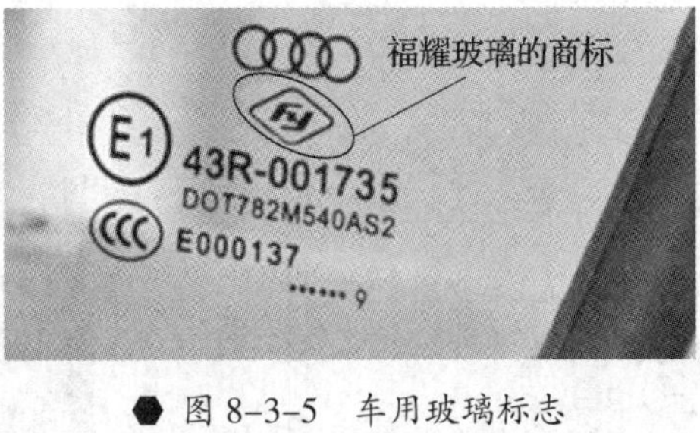

● 图 8-3-5　车用玻璃标志

（1）国家安全认证标志

CCC（3C）认证即“中国强制认证”，其英文名称为“China Compulsory Certification”。

汽车用安全玻璃属国家强制认证产品，所以汽车上的每块玻璃都应有国家安全认证标志，也就是俗称的“方圆标志”，这是汽车玻璃上最常见也是最重要的标志。

（2）国外认证标志

如美国的DOT标志、欧洲ECE的E标志等，表示该产品也经过了这些国外认证机构的认证许可，并可以向国外出口。当然，有的企业获得国外认证仅仅是为了说明其产品的质量具有“国际水准”。

（3）汽车生产厂标志

一般而言，玻璃生产厂会应汽车生产厂的要求在玻璃上印制该汽车生产厂家的标志，如商标、公司名称等。

（4）玻璃生产企业标志

玻璃生产企业会在自己生产的玻璃上印制商标或公司简称。

一块汽车玻璃上的标志并不都包含这四种标志，只要有国家安全认证标志就是可以使用的。

图8-3-5所示车用玻璃标志是一块奥迪汽车的后窗玻璃，在其右下角有一组商标代码，这是国家法规强制规定的，凡是汽车玻璃都要有，它们一般位于玻璃的左下或者右下底角上。

其中，最上面车标——奥迪配套生产的贴牌产品。

Fy——福耀玻璃商标。

E000137——玻璃生产厂家编码，福耀集团长春有限公司。

E1——E代表着欧盟，1代表德国，2代表法国，3代表意大利，4代表荷兰等。43R-001735——43R代表欧共体第43号法规，001735代表产品认证代码，不同产品的厚度和颜色代码不同。（DMLQA）DOT782——美国交通部认证的工厂代码。M540 AS2——美国交通部DOT认证代码以及玻璃分类代码，AS标志玻璃透光率，AS1表示风窗玻璃，AS2用于除风窗玻璃外任何部位。

CCC——中国3C强制性认证的标志。

……9——2009年1月生产。“9”——表示年份，就是2009年。黑点在“9”前，表示上半年生产，计算公式是“7－黑点数”，故7-6=1；如果黑点在“9”后，则表示为下半年生产，计算公式是“13－黑点数”。

思考与练习

1. 汽车常用玻璃有哪几种？它们各有什么特性及应用？
2. 如何识读汽车玻璃的标志？

§8—4 陶　瓷

学习目标

1. 了解车用陶瓷的分类及性能特点。
2. 熟悉车用陶瓷的主要应用。

在汽车上广泛应用的非金属材料中，陶瓷材料也已成为汽车制造工业的重要材料。

陶瓷是以天然或合成的化合物为原料，经处理、成形、干燥、烧结而制成的一种无机非金属材料。陶瓷不仅仅是指制作日用器皿的传统陶瓷材料，随着陶瓷性能的不断改进，已发展成为除金属材料和高分子材料以外的第三大类工程材料。

小资料

陶瓷材料是人类最早利用自然界所提供的原料制造而成的材料。从陶器发展到瓷器，是陶瓷发展史上的第一次重大飞跃。从传统陶瓷到新型陶瓷，是陶瓷发展史上的第二次重大飞跃，这一过程始于20世纪四五十年代。目前，从新型陶瓷到纳米陶瓷将是陶瓷发展史上的第三次重大飞跃。

案例链接

一辆行驶了5万千米的汽车出现加速无力、点火失火、油耗增加等症状，汽车维修师傅判定应是火花塞的问题。

当发现火花塞顶端有疤痕或是破坏，电极出现熔化、烧蚀现象时，都表明火花塞已经毁坏，此时就应该更换火花塞。在更换过程中，可以检查火花塞烧蚀的情况以及颜色的变化。

症状1：绝缘体顶端有灰黑色条纹

诊断：这种条纹的出现表明火花塞已经漏气，需要无条件更换新件。

症状2：电极变圆且绝缘体结有疤痕

诊断：这表明发动机早燃，可能是点火时间过早或者汽油辛烷值过低，火花塞热值过高等原因造成。

症状 3：绝缘体顶端碎裂

诊断：一般来说，爆震燃烧是绝缘体破裂的主要原因。而点火时间过早、汽油辛烷值低、燃烧室内温度过高，都可能导致发动机爆震燃烧。

症状 4：电极熔化且绝缘体呈白色

诊断：这种现象表明燃烧室内温度过高。这可能是燃烧室内积炭过多，从而造成气门间隙过小，进一步引发排气门过热或是冷却装置工作不良造成的。在火花塞未按规定力矩拧紧时也会造成电极熔化、绝缘体呈现白色的现象。

陶瓷在工业生产中应用广泛。汽车采用陶瓷产品，可以有效地降低汽车的质量，提高发动机的热效率，降低油耗，减少排气污染，提高机件使用寿命以及实现汽车智能化等。目前在汽车上应用的陶瓷材料主要有普通陶瓷和特种陶瓷两大类。

一、陶瓷的分类及性能特点

陶瓷的类别、原料、特性及应用见表 8-4-1。

表 8-4-1　　陶瓷的类别、原料、特性及应用

类别		原料	特性	应用
普通陶瓷		黏土、石英或长石等天然硅酸盐材料	是应用广泛的传统材料，质地坚硬，耐蚀性好，不导电，易于加工成形	日用陶瓷、建筑陶瓷和化工陶瓷，图示为发动机火花塞 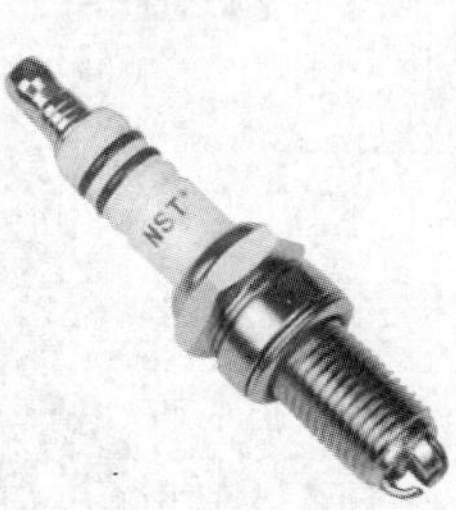
特种陶瓷	工程陶瓷	氧化物、氮化物、碳化物和硼化物等化合物	具有高的强度、硬度、耐热性、耐磨性和耐蚀性，热膨胀系数小，质量轻，是理想的耐高温材料，但其脆性大	常用的有氧化铝陶瓷、氮化硅陶瓷、碳化硅陶瓷等；制造汽车发动机活塞、气缸套、凸轮轴、柴油机喷嘴、涡轮增压叶片等
	功能陶瓷		具有特殊的介电性、压电性、导电性、透气性和磁性等	制造汽车传感器、导电元件和显示元件等，图示为汽车氧传感器 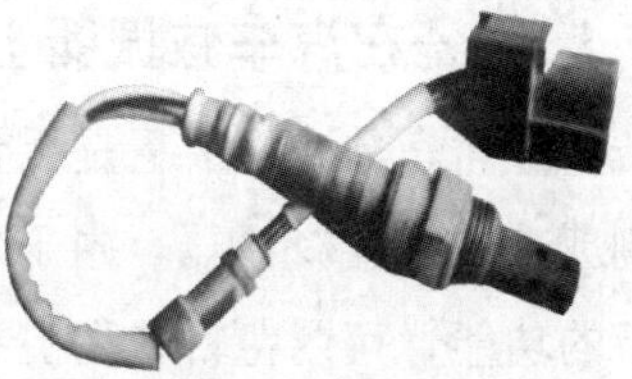

二、陶瓷在汽车上的应用

1. 陶瓷在汽车传感器上的应用

对汽车用传感器的要求是能长久适用于汽车特有的恶劣环境（高温、低温、振动、加速、潮湿、噪声、废气），并应当具有小型轻量、重复使用性好、输出范围广等特点。陶瓷耐热、耐蚀、耐磨，具有优良的电磁、光学性能，近年来随着制造技术的进步而得到充分利用。

2. 陶瓷在汽车发动机上的应用

新型陶瓷是由碳化硅和氮化硅等无机非金属材料烧结而成的。与氧化铝陶瓷相比，强度是其三倍以上，能耐 1 000 ℃以上高温，新材料推进了汽车上新用途的开发。例如，为减少热能损失，用隔热性能好的陶瓷材料围住燃烧室进行隔热，进而用废气涡轮增压器和动力涡轮来回收排气能量，有试验证明，这样可把热效率提高到 48%。同时，由于新型陶瓷的使用，柴油机瞬间快速启动将变成可能。采用新型陶瓷的涡轮增压器比当今超耐热合金具有更优越的耐热性，而密度却只有金属涡轮的约三分之一。

3. 陶瓷在汽车制动器上的应用

陶瓷制动器是在碳纤维制动器的基础上制造而成的。陶瓷制动器的碳硅化合物表面的硬度接近钻石，让碟片极为耐磨，碟片内的碳纤维结构使它坚固、耐冲击、耐腐蚀。目前此类技术除了在 F1 赛车中应用，在超级民用跑车中也有涉及，如图 8-4-1 所示。

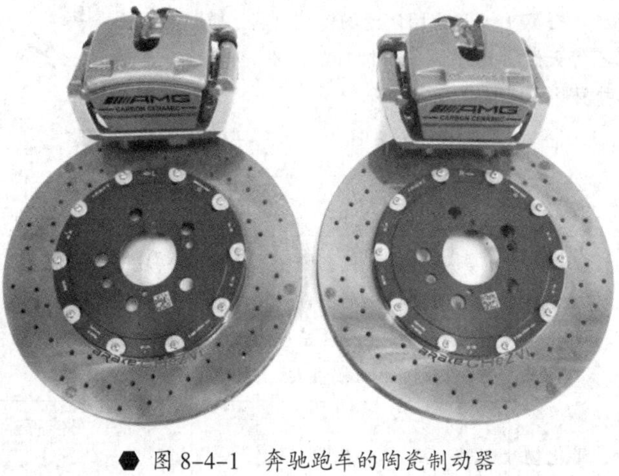

图 8-4-1 奔驰跑车的陶瓷制动器

4. 陶瓷在汽车减振器上的应用

高级轿车的减振装置是综合利用敏感陶瓷正压电效应、逆压电效应和电致伸缩效应研制成功的智能减振器。由于采用高灵敏度陶瓷元件，这种减振器具有识别路面且自我调节的功能，可以将轿车因粗糙路面引起的振动降到最低限度。

5. 陶瓷在汽车喷涂技术上的应用

近年来，在航天技术中广泛应用的陶瓷薄膜喷涂技术开始应用于汽车上。这种技术的优点是隔热效果好、能承受高温和高压、工艺成熟、质量稳定。为达到低散热的目标，可对发动机燃烧室部件进行陶瓷喷涂，如活塞顶喷涂的氧化锆和缸套喷涂的氧化锆。经过这种处理的发动机可以降低散热损失、减轻发动机自身质量、减小发动机尺寸、减少燃油消耗量。

三、陶瓷在汽车应用中有待解决的问题

目前，特种陶瓷在汽车上的应用并不广泛，其中的主要原因有：

1. 制造工艺复杂、要求高。

2. 因特种陶瓷对原材料要求比较严格、工艺难以掌握，使得各批制品的性能难以保持均匀一致。

3. 成本较高，可加工性差，脆性大，使用可靠性差。

但随着科学技术的飞速发展，在未来的汽车制造业中将会有更多的特种陶瓷、智能陶瓷制品被引入和采用到汽车上，而且一定会在汽车生产中得到广泛的应用。

思考与练习

陶瓷材料有哪几种？试述它们各自的特性及其在汽车上的应用。

§8—5　复合材料

学习目标

1. 了解复合材料的分类及性能特点。
2. 知道复合材料在汽车上的应用。

复合材料是由两种或两种以上不同性质的材料通过物理或化学的方法，在宏观上组成的具有新性能的材料。各种材料在性能上互相取长补短，产生协同效应，使复合材料的综合性能优于原组成材料而满足各种不同的要求。

资料链接

在汽车修理厂，有许多维修人员对陶瓷材料、复合材料了解很少。在零件选用时往往不能准确把握，甚至选择错误。针对这种情况，要求维修人员必须对陶瓷材料、复合材料有一个清晰的认识，把握每种材料的种类、性能特点及在汽车上的应用，见表 8-5-1。

表 8-5-1　　陶瓷材料、复合材料的种类、性能特点及在汽车上的应用

名称	种类	性能和特点	在汽车上的应用
陶瓷材料	1. 氧化铝陶瓷 2. 氮化硅陶瓷 3. 碳化硅陶瓷 4. 氮化硼陶瓷	1. 高硬度、高耐磨性、高弹性模量、较高抗压强度 2. 高熔点、热膨胀系数低，导热性小 3. 化学稳定性高，耐蚀性好 4. 电绝缘性好	用于制造活塞、活塞环、气缸套、预燃烧室、气门头、气门座、气门挺杆、气门导管、进排气门管、涡轮增压器等
复合材料	1. 纤维增强塑料：玻璃纤维增强塑料、碳纤维增强塑料等 2. 金属复合材料：纤维增强金属基复合材料；颗粒、晶须增强金属基复合材料等 3. 纤维增强陶瓷	1. 比强度和比模量高 2. 抗疲劳性能好 3. 减振能力强 4. 耐高温性能好 5. 断裂安全性好 6. 独特的成形工艺	车身外板零件挡泥板、行李舱盖、散热器前装饰护栅、带加强肋的发动机罩、车顶盖、保险杠、侧密封、下盖板、车厢后围板的装饰、前照灯壳体等；发动机室内的蓄电池槽、气缸盖罩、配电盘、轴承盖、空气调节阀等；驾驶室内的仪表板芯、仪表罩壳、发动机气缸活塞、喷油嘴部件、制动装置等

一、车用复合材料的种类、特性

1. 车用复合材料的种类

在汽车上采用的主要复合材料是纤维增强塑料（FRP）、纤维增强陶瓷（FRC）、纤维增强金属基复合材料（FRM）。

2. 车用复合材料的特点

复合材料中的各组成材料在性能上互相取长补短并保持各自的最佳特性，从而获得优良的性能效果，与其他材料相比较，其突出特点如下：

（1）比强度和比模量较高

复合材料有比其他材料高得多的比强度和比模量。用碳纤维和玻璃纤维混合制成的复合材料片弹簧，其刚度和承载能力与质量大 5 倍多的钢片弹簧相当。

（2）抗疲劳性能好

多数金属的疲劳强度是拉伸强度的 40% ~ 50%，而碳纤维增强复合材料则为 70% ~ 80%。

（3）断裂安全性好

复合材料每平方厘米上独立的纤维有几千根甚至几万根，当构件过载并有少量纤维断裂后，会迅速进行应力分配，由未断裂的纤维来承载，使构件在短时间内不会失去承载能力，提高使用安全性。

（4）耐高温性能好

一般铝合金在 400 ℃时弹性模量大幅度降低，强度显著下降，而碳（或硼）纤维增强铝合金制成的复合材料在此温度下强度和模量基本不变，是高温状态下工作零件的理想材料。

（5）减振能力强

复合材料的比模量大，自振频率很高，不易产生共振。纤维与基体的界面具有吸振能力，故振动阻尼高，减振能力强。

（6）独特的成形工艺

复合材料可以整体成形，减少了零部件紧固和接头数目，材料利用率也高得多。

复合材料也有不足之处，其断后伸长率较小，抗冲击性差，横向拉伸和层间抗剪强度较低，成本比其他工程材料高得多，工艺成形方法尚需改进。但随着对复合材料的研究和应用的不断发展，这缺点必然会得到改善，并大大推动复合材料的发展和应用。

课堂讨论

汽车上的哪些零件是由复合材料制成的？

二、复合材料在汽车上的应用

1. 纤维增强塑料（FRP）

FRP 是汽车轻量化最重要的材料。FRP 主要由纤维（玻璃纤维、碳纤维和陶瓷短纤维等）、树脂（聚丙烯塑料 PP、聚乙烯塑料 PVC、聚二烯塑料 PE、ABS 等不饱和热塑性树脂等）和填充料（常用中空的玻璃微球、陶瓷微球和有机物微球）三部分组成。

碳纤维增强塑料（CFRP）是纤维增强塑料的一种，CFRP 制件的最大优点是轻量化效果显著，见表 8-5-2，节能效果胜于钢和铝制件。

表 8-5-2　CFRP 在载货车上使用的轻量化效果　kg

零件	钢制	CFRP	减轻质量
传动轴	74	23	51
板簧	59	14	45
车架	720	135	585

2. 纤维增强陶瓷（FRC）

纤维增强陶瓷是克服陶瓷脆性的有效产品，利用纤维承受载荷可提高断裂强度，阻止裂纹扩展，提高断裂韧性，增大抗断裂能力。纤维增强陶瓷（FRC）的性能特点见表 8-5-3。

表 8-5-3　纤维增强陶瓷（FRC）的性能特点

类别	性能特点
碳纤维系增强陶瓷	高弹性模量、高强度、耐磨性好、膨胀系数低
陶瓷纤维系增强陶瓷	优良的抗氧化性、耐热性好、断裂韧性较高
晶须纤维系增强陶瓷	高强度、高抗断裂韧性

3. 纤维增强金属基复合材料（FRM）

FRM 是利用纤维的特性制造的轻质结构材料，具有比强度、比刚度高的优点。利用 FRM 制成同等强度的零件，可使质量减小、耐热性提高、热传导和电导性变佳、耐磨性提高。因此，FRM 材料在汽车上常用来制造活塞环、连杆、气缸体、活塞销等。

颗粒、晶须增强金属基复合材料是目前应用范围最广、开发前景最好的一种金属复合材料。这类复合材料的金属基大多数是采用密度较低的铝、镁和铁合金，以便提高复合材料的比强度和比模量，其中较为成熟、应用较多的是铝基复合材料。这类复合材料采用的增强材料为碳化硅、碳化硼、氧化铝颗粒或晶须，其中以碳化硅为主。此类材料除了用于军事工业外，还主要用于汽车工业，如制造发动机气缸活塞、喷油嘴部件、制动装置等。

思考与练习

1. 什么叫复合材料？
2. 简述复合材料的特性及其在汽车上的应用。

§8—6 胶 黏 剂

学习目标

1. 了解车用胶黏剂的组成和种类。
2. 在汽车修理中能正确选用胶黏剂。

胶黏剂又称为黏合剂或黏结剂，它是一种能将两种材料黏结在一起的高分子材料。胶黏剂既能黏结材料，又能填补零件裂纹和孔隙缺陷等。它具有较高的黏结强度，良好的密封性、耐蚀性和绝缘性，并且使用简单，成本低，因此在汽车制造和维修中得到广泛应用。目前国外单车胶黏剂用量为：轿车约 20 kg，中型车约 16 kg，重型车约 22 kg。此外，汽车胶黏剂在汽车修理行业中已成为黏结各种零部件和防止“三漏”的重要材料之一，汽车使用胶黏剂部位如图 8–6–1 所示。

图 8–6–1　汽车使用胶黏剂部位

案例链接

一辆柴油货车发动机冷却系统加注了自来水，车开到北方后，由于天气寒冷，驾驶员忘记排放冷却水，导致机体内冷却水结冰，缸体位置胀出裂纹（见图 8–6–2），使发动机不能正常运行。

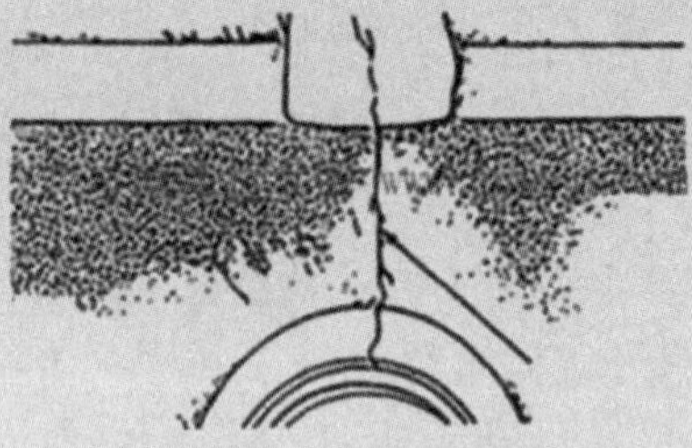

图 8-6-2 胀裂的气缸体

1. 案例分析

要修理发动机机体的大裂纹需要先在裂纹处进行点焊，然后采取胶结修复的办法；小的裂纹直接采用胶结法即可。而修复工作最重要的一环就是要正确选用胶黏剂，否则就会导致修理无效。

2. 故障排除

发动机机体的材料是铸铁，而发动机经常处于高温、振动很大的工作环境中。根据这些具体情况，结合掌握的胶黏剂相关知识，决定选用酚－丁腈胶黏剂。因为酚－丁腈胶黏剂既有良好的柔韧性，又有较高的耐热性，胶结强度高，耐振动、冲击韧性大，其抗剪强度随温度变化不大，可以在 −55 ～ 180 ℃下长时间使用，其耐水、耐化学介质以及耐大气老化性能都较好，可用于金属和大部分非金属材料的胶结。酚－丁腈胶黏剂的这些特点适合发动机的工作状况，是本次修理中最为理想的胶黏剂。

一、胶黏剂的组成

胶黏剂是由黏性基料和添加剂配合而成的。

1. 黏性基料

黏性基料是胶黏剂的主要组分，它对胶黏剂的性能起主要作用，因此必须具有足够的黏附力和良好的耐热性、抗老化性等。常用的基料有环氧树脂、酚醛树脂、聚氨酯树脂、氯丁树脂、丁腈橡胶等。

2. 添加剂

添加剂的种类有很多，它们是根据胶黏剂的性能和使用要求来选择的。常用的添加剂有固化剂、硫化剂、增塑剂、稀释剂、填料等。

二、胶黏剂的种类及常用胶黏剂的性能和用途

1. 胶黏剂的种类

胶黏剂按其来源分为天然胶黏剂、合成胶黏剂和无机胶黏剂。合成胶黏剂按基料组成不同又可分为热固性树脂胶黏剂、热塑性树脂胶黏剂、橡胶型胶黏剂和混合型胶

黏剂。

胶黏剂按其性能及使用场合分为结构胶黏剂、绝缘胶黏剂、导电胶黏剂、导磁胶黏剂、导热胶黏剂、光学胶黏剂和密封胶黏剂等。

2. 常用胶黏剂的性能和用途

（1）结构胶黏剂

用于受力构件的胶结，能承受较大的动、静负荷并能长期使用。各类胶黏剂具有不同的强度特性。例如，环氧树脂、酚醛树脂胶黏剂具有良好的剪切强度，但耐冲击性差；橡胶型胶黏剂具有好的韧性，但抗剪切强度差。应用时，应根据胶结件的受力情况适当选择。

（2）绝缘胶黏剂

此类胶黏剂基料的体积电阻率在 $10^2\ \Omega \cdot cm$ 以上，如环氧树脂、酚醛树脂等。

（3）导电胶黏剂

导电胶黏剂是具有导电和黏结双重性能的一类胶黏剂。目前使用的导电胶黏剂主要是在胶黏剂中加入导电填料而制成。常用的导电填料有金属粉、石墨粉、碳素纤维等。

（4）导磁胶黏剂

导磁胶黏剂是在胶黏剂中加入导磁填料而制成。加入羰基铁粉的导磁胶黏剂可用于黏结变压器铁芯。

（5）导热胶黏剂

导热胶黏剂是在胶黏剂中加入导热填料而制成，如加入银粉、铜粉、锌粉等。

（6）光学胶黏剂

光学胶黏剂是主要用于胶结光学透明元件的特种胶黏剂，如丙烯酸型树脂胶黏剂、聚氨酯胶黏剂、环氧树脂胶黏剂等。

（7）密封胶黏剂

密封胶黏剂是具有密封性能的一类胶黏剂。该类胶黏剂一般为液体或糊状物，能填充凹凸不平的表面，对所接触的金属或非金属材料具有良好的黏附能力，能承受一定的温度和压力，且耐大气老化，使用较为方便。

三、胶黏剂的选用与使用

1. 胶黏剂的选用

胶黏剂的品种繁多，其性能、使用方法、价格等各不相同。在选用时要综合考虑被黏物质的种类和性质、被胶结件的受力和使用环境、胶黏件所允许的工艺条件以及胶黏剂的刺激气味大小、毒性大小、储存稳定性和价格等。

2. 胶黏剂的使用

不同种类的胶黏剂其使用方法各不相同，使用时应注意以下几个方面：

（1）胶结件的预处理

胶结件的预处理是指除去被胶结件表面的水分、灰尘、油污等各种杂质，疏松表面氧化膜，以形成新的、牢固的表面氧化膜。

对于一般材料，常用有机溶剂（汽油、丙酮等）清洗法或机械法（打磨、喷砂等）处理，金属表面常用化学法（碱蚀、酸蚀等）处理。重要的铝质件表面需用阳极氧化法处理。

（2）胶黏剂的配制和涂敷

配制胶黏剂时必须按规定的比例配制并搅拌均匀。涂敷的方法有刷涂、刮涂、浸涂、喷涂和辊涂。胶黏剂胶液一般采用手工涂敷，尺寸大而形状简单的胶结表面可采用机械辊涂胶液及热压黏膜技术。涂敷时，应注意胶黏剂的黏度和涂敷的速度，必须保证胶层无气泡、无缺胶。

（3）胶黏剂的固化

固化的方法有室温固化和加热固化两种。室温固化法是将胶黏剂涂敷于被胶结件表面，待胶黏剂润湿被胶结件表面，且溶剂基本挥发后，压合两个涂胶面即可。加热固化法是将热固性树脂胶黏剂涂敷于被胶结件表面上，待溶剂挥发后，叠合涂胶面，然后加热、加压固化，使胶黏剂完成交联反应以达到胶结的目的。

四、胶黏剂在汽车上的应用

黏结技术在汽车上的应用能够起到增强汽车结构强度、紧固防锈、隔热减振和内外装饰的作用，还能够代替某些部位的焊接、铆接等传统工艺方法，实现相同或不同材料之间的连接，起到简化生产工艺的效果。因此，胶黏剂已成为汽车生产必需的一类重要辅助材料，品种日益齐全，应用也越来越广泛。

汽车用胶黏剂是指汽车生产、维修过程中用到的各种黏结剂和密封胶。汽车用胶黏剂按其用途分有车身用胶、汽车内饰黏结密封胶、汽车玻璃黏结密封胶、离合器片胶黏剂、接合面液态密封胶等几大类。汽车用胶黏剂的种类见表 8-6-1。

表 8-6-1　　汽车用胶黏剂的种类

种类		品种	备注
车身用胶	卷边胶	环氧树脂类、PVC 类、聚丙烯酸酯类胶黏剂	用于车门、发动机罩盖和行李舱板的内外折边部的黏结，取代点焊接
	点焊密封胶	橡胶型、聚氯乙烯和丙烯酸酯型胶黏剂	
	防振密封胶	PVC 树脂密封胶、氯丁橡胶溶剂型密封胶	
	抗石击阻尼胶	沥青型隔热阻尼胶、合成树脂水基隔热阻尼胶、PVC 塑溶胶、无溶剂抗石击胶	用于车身底部、翼子板内侧和发动机内侧

续表

种类		品种	备注
汽车内饰黏结密封胶	顶篷胶黏剂	过去多用氯丁胶，现用丙烯酸酯和聚氨酯水基胶等非结构型胶黏剂代替	
	车门密封固定胶	过去多用氨丁橡胶溶剂型胶黏剂，现改用热溶丁基胶	
汽车玻璃黏结密封胶		聚硫、聚氨酯和有机硅密封胶	
离合器片胶黏剂		酚醛－丁腈胶黏剂、酚醛－环氧胶黏剂等结构型胶黏剂	
接合面液态密封胶		硅橡胶、厌氧胶	用于汽车发动机、变速箱、底盘各种平面连接，孔盖管接头的密封和螺栓的锁固

汽车维修中常用胶黏剂的性能及用途见表 8–6–2。

表 8–6–2　　汽车维修中常用胶黏剂的性能及用途

类别	组成	性能	用途
环氧树脂胶黏剂	环氧树脂基料、固化剂、增韧剂、增塑剂、稀释剂和填料等	黏结力强、固化收缩率小，耐热性、耐蚀性、绝缘性好，使用方便，缺点是脆性大，耐热性差	用于黏结修复塑料、玻璃、钢铁和铝等材料制成的零件，如可修补蓄电池壳、气缸体水套、气缸盖、变速器壳和后桥壳等的裂纹；可修补磨损的轴颈和孔；可黏结非金属的离合器摩擦片、制动蹄片和正时齿轮等
酚醛树脂胶黏剂	酚醛树脂基料、固化剂、增韧剂、增塑剂、稀释剂和填料等	胶黏强度高，电绝缘性好，耐高温、耐油、耐水、耐大气老化，缺点是脆性较大，收缩率大	用于胶黏金属、玻璃、陶瓷、石棉、木材等。可用于修补汽车上的各种轴、轴承和泵壳体零件，以及黏结离合器摩擦片和制动蹄片等
磷酸－氧化铜胶黏剂	磷酸、氧化铜和氢氧化铝等	调配使用方便，耐热可达 600 ℃，套接和槽接黏结强度较高，但平面黏结性能较差，性脆、耐酸碱介质性能差	特别适用于零件的套接或槽接，也可用于填补裂缝、堵漏和黏结零件等，如用于修补气缸上平面、气缸盖下平面、气缸内和气门室附近的裂纹，以及用于镶螺塞和堵管路接头渗漏等

思考与练习

胶黏剂为什么会在汽车制造和维修中得到广泛应用？

§8—7 摩擦材料

学习目标

1. 了解摩擦材料的分类和性能要求。
2. 认识摩擦材料的结构与组成。

摩擦材料是一种应用在动力机械上，依靠摩擦作用来执行制动或传递动力的部件材料。汽车上的制动器摩擦衬片（制动片）和离合器摩擦片（离合器片）都是摩擦材料制成的。制动片用于制动，离合器片用于传动。

案例链接

一辆大众轿车的车主踩下制动踏板后，会听到一声刺耳的“尖啸”，当将其制动片拆下来后，发现制动片周边呈白色，如图 8–7–1 所示。

图 8–7–1 大众轿车制动片

1. 案例分析

制动片出现死灰现象，即制动片的周边呈白色，这说明制动片的摩擦材料性能已经发生变化，多由紧急制动频繁、车轮抱死以及制动钳故障造成制动时间长而过热烧蚀。

2. 故障排除

遇到这种情况，需要更换制动片并监测制动钳回位。

一、摩擦材料的分类

材料按其摩擦特性分为低摩擦因数材料和高摩擦因数材料。低摩擦因数材料又称减摩材料或润滑材料，其作用是减少机械运动中的动力损耗，降低机械部件磨损，延长其使用寿命。高摩擦因数材料又称摩阻材料（摩擦材料）。

1. 按工作性能分类

按工作性能来分，摩擦材料可分为传动与制动两大类摩擦材料，如传动作用的离合器片、制动作用的制动片。

2. 按产品形状分类

按产品形状来分，摩擦材料可分为制动片（图 8–7–2 所示为盘式制动片、图 8–7–3 所示为鼓式制动片）、制动带、闸瓦、离合器片、异形摩擦片。盘式制动片呈平面状，鼓式制动片呈弧形。

● 图 8–7–2　盘式制动片

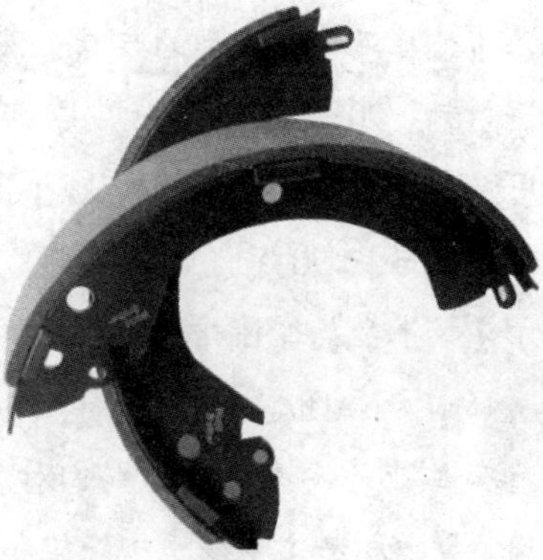

● 图 8–7–3　鼓式制动片

3. 按产品材质分类

按产品材质来分，摩擦材料可分为石棉摩擦材料、无石棉摩擦材料两大类。

（1）石棉摩擦材料

石棉线摩擦材料用于制造缠绕型离合器片、短切石棉线段摩擦材料等。石棉布摩擦材料用于制造层压类钻机闸瓦、制动带、离合器面片等。石棉编织摩擦材料用于制造油浸或树脂浸制动带、石油钻机闸瓦等。

（2）无石棉摩擦材料

1）半金属摩擦材料。应用于轿车和重型汽车的盘式制动片。其材质配方组成中通常含有 30% ~ 50% 的铁质金属物（如钢纤维、还原铁粉、泡沫铁粉），半金属摩擦材料因此而得名。

2）NAO 摩擦材料。NAO 摩擦材料中的基材料在大多数情况下为两种或两种以上纤维（以无机纤维为主，并有少量有机纤维）混合物。通常制动片为短切纤维摩擦块，离合器片为连续纤维摩擦片。

3）粉末冶金摩擦材料。又称烧结摩擦材料，是将铁基、铜基粉状物料经混合、压形，并在高温下烧结而成，适用于较高温度下的制动与传动工况条件。

4）碳纤维摩擦材料。是用碳纤维为增强材料制成的一类摩擦材料，也是各种类型摩擦材料中性能最好的一种。因其价格昂贵，故其应用范围受到限制，用量较少。

知识链接

自世界上出现机动车辆后，在其传动和制动机构中就使用摩擦片。初期的摩擦片是用棉花、棉布、皮革等作为基材的，随着车辆速度和载重的增加，其制动温度也相应提高，这类摩擦材料已经不能满足使用要求。人们开始寻求耐热性好的、新的摩擦材料类型，石棉摩擦材料由此诞生。

20世纪60年代，人们逐渐认识到石棉对人体健康有一定的危害性。在开采或生产过程中，微细的石棉纤维易飞扬在空气中被人吸入肺部，长时间处于这种环境下的人们比较容易患上石棉肺一类的疾病，因此，人们开始寻求能取代石棉的其他纤维材料来制造摩擦材料。20世纪70年代，以钢纤维为主要代替材料的半金属摩擦材料在国外被首先采用。在20世纪80年代至90年代初，半金属摩擦材料已占据了整个汽车用盘式制动片领域。20世纪90年代后期以来，NAO摩擦材料在欧洲的出现是一个发展的趋势，它有助于克服半金属摩擦材料固有的高密度、易生锈、易产生制动噪声及导热系数过大等缺陷。目前，NAO摩擦材料已得到广泛应用，取代了半金属摩擦材料。进入21世纪，随着汽车工业的飞速发展，人们对汽车制动性能要求越来越高，开始研发陶瓷摩擦材料。陶瓷摩擦材料主要以无机纤维和几种有机纤维混合组成，无石棉，无金属。

二、摩擦材料的性能要求

摩擦材料是车辆与机械的离合器总成和制动器中的关键安全零件，在传动和制动过程中主要应满足以下性能要求：

1. 适宜而稳定的摩擦因数

摩擦因数是评价任何一种摩擦材料的一个最重要的性能指标，关系着摩擦片执行传动和制动功能的好坏。它不是一个常数，而是受温度、压力、摩擦速度或表面状态及周围介质因素等影响而发生变化的一个数。理想的摩擦因数应具有理想的冷摩擦因数和可以控制的温度衰退。

2. 良好的耐磨性

摩擦材料的耐磨性是衡量摩擦材料耐用程度的重要技术经济指标。工作温度是影响磨损量的重要因素。当材料表面温度达到有机黏结剂的热分解温度范围时，有机黏结剂如橡胶、树脂产生分解、碳化和失重现象。随着温度升高，这种现象加剧，黏结作用下降，磨损量急剧增大，称之为“热磨损”。

3. 具有足够的强度和良好的物理性能

在工作中，摩擦材料在承受很高温度的同时，还要承受较大的压力与剪切力。因此，要求摩擦材料必须具有足够的强度，以保证在加工或使用过程中不出现破损与碎裂。

4. 制动噪声低

制动噪声关系到车辆行驶的舒适性，而且会对周围环境特别是对城市环境造成噪声污染。对于轿车和城市公交车来说，制动噪声是一项重要的性能要求，一般要求汽车制动时产生的噪声不应超过 85 dB。

三、摩擦材料的组成

摩擦材料属于高分子三元复合材料，它包括以下三部分：以高分子化合物为有机黏结剂；以无机或有机纤维为增强组分；以填料为摩擦性能调节剂或配合剂。

1. 有机黏结剂

摩擦材料所用的有机黏结剂为酚醛类树脂和合成橡胶，以酚醛类树脂为主。它们的特点和作用是当处于一定加热温度下时先软化而后进入黏流态，产生流动并均匀分布在材料中形成材料的基体，最后通过树脂固化作用和橡胶硫化作用，把纤维和填料黏结在一起，形成质地致密的有相当强度及能满足摩擦材料使用性能要求的摩擦片制品。

2. 纤维增强材料

纤维增强材料构成摩擦材料的基材，它赋予摩擦制品足够的强度，使其能承受摩擦片在生产过程中的磨削和铆接加工的负荷力以及使用过程中由于制动和传动而产生的冲击力、剪切力及压力。

3. 填料

摩擦材料组分中的填料主要是由摩擦性能调节剂和配合剂组成。填料常用重晶石、硅灰石、氧化铝、铬铁矿粉、氧化铁、轮胎粉及铜、铅等粉末等。

使用填料的目的主要有：调节和改善制品的摩擦性能、物理性能与强度；控制制品热膨胀系数、导热性、收缩率，增加产品尺寸的稳定性；减小制品的制动噪声；提高制品的制造工艺性能与加工性能；改善制品外观质量及密度；降低生产成本。

思考与练习

1. 摩擦材料是如何分类的？其性能要求有哪几个方面？
2. 试说出摩擦材料的组成。

§8—8　其他非金属材料

学习目标

1. 了解石棉及其他非金属材料的种类和性能。
2. 知道石棉及其他非金属材料在汽车上的应用。

汽车中还使用了其他多种类型的非金属材料，如制作排气管接口垫的石棉材料和油底壳的软木垫等。石棉制品、纸板制品、软木板、毛毡等非金属材料也在汽车上得到了广泛的应用，它们主要起密封、隔热等作用。

案例链接

一辆迈腾轿车在行驶途中出现水温高现象，经查发现发动机冷却液不循环，初步诊断是节温器失效造成水温高故障。抢修的临时办法是拆卸节温器，再恢复冷却管路连接。但拆卸节温器后相接水管的接口垫已损坏，为使车辆能继续正常行驶，驾驶员应如何选用节温器连接水管的接口垫？

1. 案例分析

安装节温器的两水管接口部位采用的是软钢纸板密封垫，按规定应购买发动机修理包，用配套的接口垫安装。在特定的条件下，为节约成本并保证车辆继续行驶，可以购买类似纸片进行人工裁剪。

2. 故障排除

查看原车拆卸的接口垫的厚度，在汽配店购买相同厚度的青壳纸一小张，把青壳纸压在水管口上，先用铅笔沿水管外轮廓画出接合位置轮廓线，再用剪刀沿轮廓线裁剪即可制作出一个标准的接口垫。把裁剪出的接口垫粘上密封胶安装在两水管的接合位置，拧紧相应的螺栓，再加好冷却液即可排除水温高故障。

一、石棉

石棉是具有高抗拉强度、高挠性、耐化学和热侵蚀性、电绝缘性和可纺性的硅酸盐类矿物产品。它是天然的纤维状的硅酸盐类矿物质的总称。石棉由纤维束组成，而纤维束又由很长很细的能相互分离的纤维组成。石棉具有高度耐火性、电绝缘性和绝热性，是重要的防火、绝缘和保温材料。

石棉的应用范围很广泛，在汽车上主要用作密封、隔热、绝缘及摩擦材料等。常用石棉制品如图 8-8-1 所示，其类别及应用见表 8-8-1。

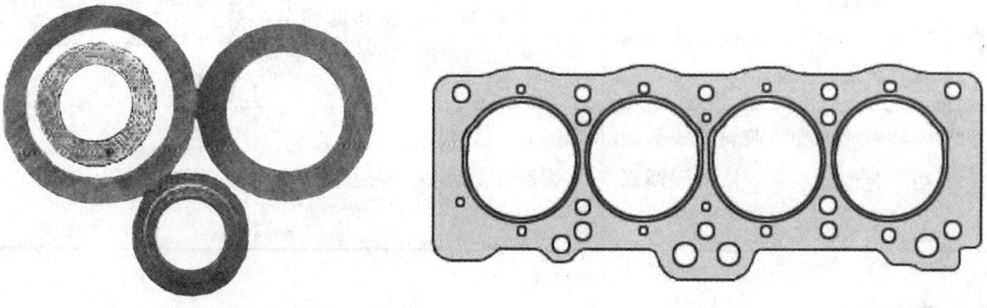

a)　　b)

图 8-8-1　常用石棉制品

a）密封垫圈　b）气缸垫

表 8-8-1　常用石棉制品的类别及应用

类别	组成	性能	应用
石棉盘根	由石棉线用润滑油、石墨浸渍或橡胶黏结后，扭制或编织而成	耐热和耐蚀性都很好	转轴、阀门杆的密封，发动机最后一道主承轴的密封等
石棉橡胶板	由石棉、填料、橡胶等黏结而成	耐压性和耐热性好	常用作高温环境下工作的密封衬垫，如气缸垫、排气管接口密封衬垫等
石棉摩擦片	由石棉、辅料和黏合剂混合加热压制而成	较高的强度和耐热性，有良好的摩擦性能	汽车离合器、制动器摩擦片

二、纸板制品

纸板制品在汽车上主要用来制造各种衬垫，用于汽车零部件连接部位的密封。常用的纸板制品有软钢纸板、硬钢纸板、滤芯纸板、浸渍纸板等。常用纸板制品的类别及其应用见表 8-8-2。

表 8-8-2　常用纸板制品的类别及其应用

类别	组成	性能	应用
软钢纸板	由纸类经甘油、蓖麻油和氧化锌处理而成的软性纤维板	抗拉强度高、韧性好，且密封性、耐水性、耐油性和耐热性好	汽车发动机密封垫片

续表

类别	组成	性能	应用
硬钢纸板	由纸类经氧化锌处理而成的硬性纤维板	抗拉强度较高，绝缘性能好	汽车上的发电机、起动机和调节器等的绝缘性衬垫
滤芯纸板	纸浆经长纤维打浆，并加入三聚氰胺树脂，纸面用酚醛树脂和有机硅处理而成	有良好的透气性和滤清效果，有一定的耐水和防潮性能	薄滤芯纸板常用作滤清器的滤片；厚滤芯纸板常用作滤清器滤片的垫架
浸渍纸板	在纸浆中加入胶料制成纸板后，再经甘油水溶液等浸渍而成	弹性好，耐水、耐油性好	汽车发动机、变速箱衬垫等

三、软木板

软木板是由颗粒状的软木用牛骨胶、干酪素等胶黏剂黏合而成的。

软木板质地轻软，塑性、密封性较好，且耐水、耐油等。软木板常用于汽车零部件连接部位的密封，如用作防止漏水的水泵衬垫、水套挡板衬垫，以及用作防止漏油的变速器盖衬垫（见图 8–8–2）、油底壳衬垫和后桥盖衬垫等。

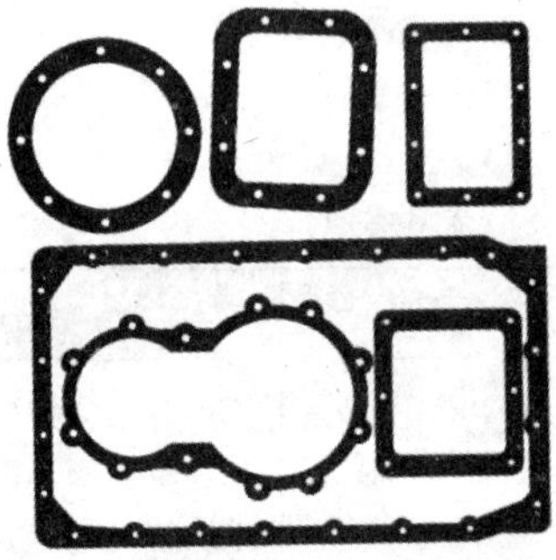

图 8–8–2　软木板的应用——变速器盖衬垫

四、毛毡

毛毡是由羊毛或合成纤维加入黏合剂而制成的材料。毛毡能储存润滑油，具有防水、防尘、缓冲和防止金属表面擦伤的作用。毛毡有细毛毡、半粗毛毡和粗毛毡等，在汽车上可用作油封、滤芯和衬垫材料。

思考与练习

1. 汽车常用密封、隔热材料有哪些？
2. 汽车常用的纸板制品、石棉制品分别有哪几种？

第九章 汽车电工材料

汽车电器元件是千万个汽车零件的一部分，在制造过程中也使用了金属材料和非金属材料，这些材料在电器零件中的主要作用是导电、导磁或绝缘。因此，在汽车电气工程中，将这些起导电、导磁或绝缘等作用的材料称为汽车电工材料。汽车电工材料可分为绝缘材料、导电材料、半导体材料和磁性材料。

§9—1 绝缘材料

学习目标

1. 了解绝缘材料的分类、性能与用途。
2. 熟悉绝缘材料在汽车中的应用。

汽车电气设备中的电器元件采用了大量的绝缘材料，如分电器中的分电器盖、分火头、触点臂与支撑轴之间的塑料胶套，点火线圈中的一、二次绕组，高压导线的外皮等。绝缘材料的作用就是隔离不同电位的导体，使电流的流动符合电路设计要求。此外，在某些场合还具有装配支撑（铅蓄电池壳体）、灭弧（电容器绝缘薄膜）、防潮、防霉、防护（蓄电池极板上的防护板）等作用。

案例链接

汽车在使用过程中经常有汽车电器绝缘层损坏导致汽车发生自燃的情况，图 9-1-1 所示就是一辆凯迪拉克 SUV 因导线绝缘失效引起汽车自燃。

图 9-1-1　因导线绝缘失效引起汽车自燃

绝缘材料的稳定性和可靠性是电气设备正常工作的基础，电气设备的功能和工作极限在很大程度上取决于绝缘材料的品种和质量。熟悉材料的主要性能、掌握正确的使用维护方法，是合理、科学地选择和使用绝缘材料的依据。

一、绝缘材料的分类

1. 按材料的物理状态分类

（1）气体绝缘材料：空气、氮气、二氧化碳和六氟化硫等。

（2）液体绝缘材料：变压器油、断路器油、电容器油、电缆油等。

（3）固体绝缘材料：绝缘漆、绝缘胶、绝缘纸、绝缘浸渍纤维制品、云母制品、电工塑料、陶瓷、橡胶等。

2. 按材料的化学成分分类

（1）常用有机绝缘材料：虫胶、树脂、橡胶、棉纱、纸、麻、人造丝等，大多用以制造绝缘漆、绕组导线的被覆绝缘物等。

（2）常用无机绝缘材料：云母、石棉、大理石、瓷器、玻璃等。主要用作电动机、电器的绕组绝缘、开关的底板和绝缘子等。

（3）混合绝缘材料：混合绝缘材料为由以上两种材料经过加工制成的各种成形绝缘材料，用作电器的底座、外壳等。

3. 按材料的用途分类

按材料的用途可分为高压工程材料和低压工程材料。

4. 按材料来源分类

按材料来源可分为天然绝缘材料和人工合成绝缘材料。

5. 按应用及工艺特征分类

（1）漆、树脂和胶类：浸渍漆、覆盖漆、胶黏漆、树脂、硅钢片漆、磁漆、漆包线漆等。

（2）浸渍纤维制品类：漆布、漆管、漆绸、绑扎带等。

（3）层压制品类：层压板、层压管、层压棒等。

（4）塑料类：木粉填料、有机填料、石棉填料、玻璃纤维填料、云母填料、矿物填料、无填料类等。

（5）云母制品类：云母带、云母板、云母管、云母箔等。

（6）薄膜、黏带和复合制品类：薄膜、薄膜黏带、橡胶及织物黏带、薄膜玻璃漆布复合箔、合成纤维纸复合箔、多材质复合箔。

二、绝缘材料的基本性能

1. 绝缘材料的绝缘电阻和电阻率

绝缘材料并不是绝对不导电的材料，当向绝缘材料施以一定的直流电压后，绝缘材料会流过极其微弱的电流。

绝缘材料的绝缘电阻是指绝缘材料在直流电压作用下加压较长时间，待线路上的充电电流和吸收电流消失，只有漏电电流通过时的电阻值。

在电场强度不太高时，漏电电流与直流电场强度的比值即为绝缘材料的电导率。电导率的倒数即为绝缘材料的电阻率。

影响绝缘电阻的因素有温度、湿度、杂质、电场强度等。

2. 绝缘强度与电击穿

当施加于绝缘材料上的电场强度高于临界值时，通过绝缘材料的电流剧增，使绝缘材料的分子发生破裂式分解，从而完全失去绝缘性能，这种现象称为绝缘材料的电击穿。绝缘材料被外部施加的电压击穿时的电压值即为绝缘强度。它表征绝缘材料在外加电压达到某一极限值时保持绝缘性能的能力。

不同的绝缘材料发生电击穿的原理和影响因素各不相同。图 9–1–2 所示为火花塞电击穿点火的情景。

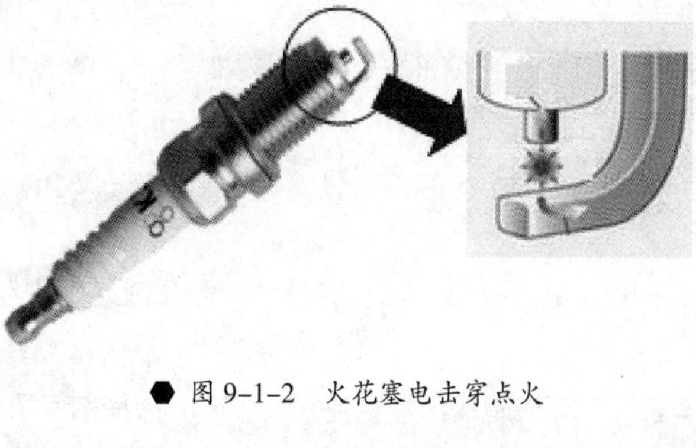

● 图 9–1–2　火花塞电击穿点火

3. 绝缘材料的老化

绝缘材料在运行过程中由于各种因素的作用而发生一系列不可逆的化学、物理变化，从而导致了材料电气性能与力学性能的劣化，这种不可逆的变化通称为老化。

绝缘老化分为热老化、环境老化和电老化。造成老化的因素有热、电、光照、氧化、机械作用、辐射及微生物等。

绝缘材料的老化现象一旦发生，绝缘性能不可恢复。

想一想

使用时间较长的高压导线会出现裂纹、漏电现象。因此，车辆每行驶规定里程后，就要更换高压导线，这是为什么呢？

三、气体和液体绝缘材料

1. 气体绝缘材料

通常情况下，常温常压下的干燥气体均具有良好的绝缘性能。作为绝缘材料用的气体往往还要兼有散热、灭弧和保护等作用。因此，它必须尽可能地满足以下要求：具有极高的游离场强和击穿场强，并且击穿后绝缘性能能迅速、自动地恢复；化学性质稳定、惰性大、无腐蚀性、无毒性；不燃、不爆，不易为放电作用所分解；热稳定性高、热容量大、导热性和流动性好；容易制取，成本较低。

2. 液体绝缘材料

绝缘油作为一种重要的液体绝缘材料，在变压器、断路器、电流和电压互感器、套管等油浸绝缘高电压设备中，通过浸渍和填充消除了设备内绝缘层的气隙，从而提高了绝缘强度，并改善了设备的散热性能。同时，绝缘油还有较强的灭弧作用。图 9–1–3 所示为油浸式点火线圈。

图 9–1–3　油浸式点火线圈

绝缘油的主要性能指标有击穿电压、水分含量、酸值、闪点、运动黏度及倾点、氧化安定性等。

液体绝缘油主要有矿物油、合成油、天然植物油等种类，其中矿物油使用较为广泛。

四、绝缘漆

绝缘漆是以高分子聚合物为基础，在一定条件下固化成绝缘硬膜或绝缘整体的绝缘材料。

绝缘漆主要由漆基（合成树脂或天然树脂）、溶剂、稀释剂、填料等组成。

绝缘漆按用途可分为浸渍漆、漆包线漆和丝包线漆、覆盖漆、硅钢片漆等。其特点和应用见表 9–1–1。

表 9-1-1　　绝缘漆的特点和应用

种类	特点	应用
浸渍漆	能提高电气线圈的绝缘强度、力学性能、导热性能和防护性能	用于浸渍电气线圈
漆包线漆和丝包线漆	电气性能好，耐热、耐溶剂性能好，且具有一定的弹性和耐磨性，漆膜附着力强，表面光滑、柔软、有韧性	用于电磁线绝缘，如电动机转子绕组
覆盖漆	干燥快、附着力强、漆膜坚硬、强度高、耐潮、耐油、耐腐蚀	用于涂覆浸渍过的电气线圈、绝缘件和金属结构件
硅钢片漆	涂层薄、附着力强、坚硬、光滑、厚度均匀、耐油、耐潮、电气性能好	用于电动机等硅钢片间绝缘

五、绝缘纤维制品、浸渍纤维制品和电工层压制品

1. 绝缘纤维制品

绝缘纤维制品是指绝缘纸、纸板、纸管和各种纤维织物等绝缘材料，常用植物纤维、无碱玻璃纤维和合成纤维制成。

2. 浸渍纤维制品

浸渍纤维制品以绝缘纤维材料为底材，浸以绝缘漆制成。因绝缘漆填充了纤维制品的毛孔和空隙，在制品表面形成一层光滑的漆膜，从而使制品具有一定的强度、电气性能、耐潮性能、不同的耐热等级和较好的柔软性以及防霉、防电、防辐射等特殊性能。常用的浸渍纤维制品有漆布、漆管和绑扎带等。

3. 电工层压制品

电工层压制品是以有机纤维、无机纤维为底材，浸（或涂）以不同的胶黏剂，经热压（或卷制）而制成的层状结构的绝缘材料。常用的层压制品有层压板、层压木、层压管、层压棒、层压电容套管芯等。

六、电工用绝缘薄膜、复合材料及黏带

1. 绝缘薄膜

绝缘薄膜由若干种高分子材料聚合而成，其特点是较薄、柔软、耐潮、电气性能和力学性能好、化学稳定性高。主要用作电动机、电气线圈和电线电缆绕包绝缘或电容器介质。

2. 复合材料

复合材料是在薄膜的一面或两面黏结纤维材料而制成的一类绝缘材料。纤维材料的

主要作用是加强薄膜的力学性能，并保持良好的柔软性，提高耐热性。适用于中小型电动机的槽绝缘及电动机、电气线圈的端部绝缘和相间绝缘。复合层的材质不同，其性能也不同。

3. 黏带

黏带是在一定的温度和压力下能自黏成形的带状材料，如图 9–1–4 所示，具有绝缘性能好、使用方便等特点，主要用于电动机、电气线圈的绝缘，电气设备导线的包扎固定、绝缘等。

电工黏带分为薄膜黏带、织物黏带和无底材黏带三类。

七、云母制品

云母是性能优良的绝缘材料之一，具有良好的电气性能和力学性能，耐热性好、化学稳定性和耐电弧性好，适用于发电机、电动机、电热设备和防火电缆等电气元件的绝缘。

云母制品是以云母、胶黏剂及补强材料为基料经过加工制成的绝缘品。图 9–1–5 所示为云母电容器。

图 9–1–4　电工黏带

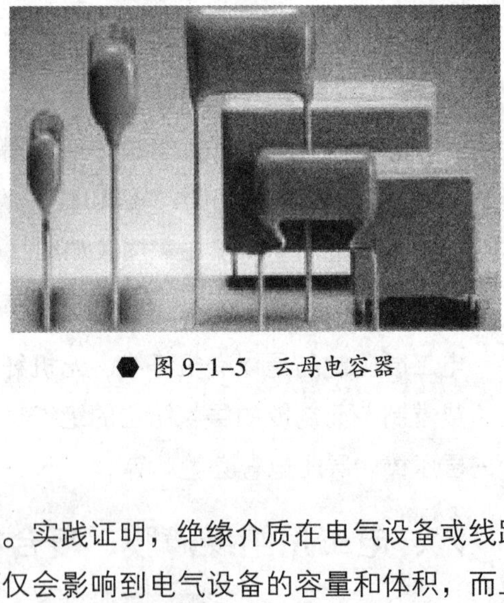

图 9–1–5　云母电容器

八、绝缘材料的选用

电气绝缘是一切电气设备的重要组成部分。实践证明，绝缘介质在电气设备或线路中往往是薄弱环节。因此，绝缘材料的选用不仅会影响到电气设备的容量和体积，而且还直接关系到电气线路运行的质量和使用寿命。具体选用步骤为：

1. 拟定出材料可能遭受的各种环境条件，包括温度、湿度、化学作用、电弧、冲击、负荷和辐射等。

2. 考虑设备或部件的使用和制造工艺，以保证能满足电气成品的电气性能、力学性能、耐热等级和工艺性能等方面的要求。

3. 通过材料的相容性试验筛选材料。

4. 综合考虑制造成本和材料成本后，确定出候选材料。

5. 进行试验，必要时修改设计并重新试验。

想一想

汽车上哪些线路最易短路起火？哪些电气线路不能用水冲洗？

思考与练习

1. 绝缘材料的基本性能有哪些？
2. 在汽车电气设备中有哪些部件用到了绝缘漆？

§9—2　导电材料与半导体材料

学习目标

1. 了解导电材料与半导体材料的分类、性能与用途。
2. 熟悉导电材料与半导体材料在汽车中的应用。

导电材料是主要的电工材料之一，可分为普通导电材料、特殊导电材料、半导体导电材料、超导体材料和导电高分子材料。

普通导电材料是专用于传导电流的金属材料。主要类型有导电纯金属、导电金属合金和复合导电金属等几类。

特殊导电材料是既有传导电流的作用，又具有其他特殊功能（熔断、加热等）的导电材料。如熔体材料、电阻合金、电热合金、电触点材料、双金属片材料、热电偶材料、弹性合金等。

半导体导电材料是导电能力介于导体与绝缘体之间的导电材料，其电阻率为 $1\times10^{-2}\sim10\ \Omega\cdot m$，如硅、锗、砷化镓等。

超导体材料是金属导体的电阻随温度的降低而减小，当温度降低到一定程度时，会出现电阻突然消失的现象，这种现象称为超导现象。能出现超导现象的物质（零电阻特性）称为超导体。

传统的高分子材料由于具有良好的力学性能，作为结构材料得到了广泛的应用，通常为绝缘体。自从 1977 年发现聚乙炔有明显的导电性能后，有机高分子材料的应用进入到一个全新的领域。导电高分子材料包括结构型导电高分子材料和复合型导电高分子材料两大类。导电高分子材料因具有加工易于成形、耐腐蚀、质量轻等优点，越来越受到重视。

案例链接

一辆丰田凯美瑞汽车电动风扇不动作，发动机过热。

1. 案例分析

实际上，电动风扇有两种驱动方式，一种是曲轴传动带轮通过传动带驱动电动风扇；另一种是通过传感器检测冷却液温度，控制电动风扇。两种驱动方式在发动机过热时的处理方法不尽相同。对于此丰田凯美瑞汽车而言，其电动风扇的驱动方式为后者，应强制电动风扇运转，待冷却液温度下降。如果这种方法不灵，应立即使发动机熄火。

打开散热器盖一看，已经看不到冷却液，因此大约补充了 1.8 L 冷却液。此车不久前曾因过热检修过，散热器和水管类零件都是新换过的。

上次检修更换了缸垫、研磨缸盖及散热器芯核，还更换了有关的水管、温度调节器以及长寿冷却液。

2. 故障排除

首先检查散热器是否往外冒气泡。启动发动机，等到水温表表示发动机过热时，从散热器盖往外冒水，启动空调强制电动风扇旋转后，水温开始下降。由此可见，原来是电动风扇不转。对丰田车而言，电动风扇不转可以进行简单检查，方法是拔下温度调节器套附近的风扇单元的连接器，然后将点火开关置于“ON”位置，观察风扇是否转动，如果风扇转动，则电动风扇单元不良；如果不转动，那就是电动风扇本体或者配线有问题。

拔下连接器，将点火开关置于“ON”位置，电动风扇不转，对于本车而言，强制驱动电动风扇时风扇是旋转的，所以风扇本体以及配线不会有问题。剩下来只可能是电动风扇继电器出现问题了。打开熔丝箱一看，是各种丰田车都使用的电动风扇继电器，从报废的凯美瑞汽车上拆下电动风扇继电器换上去一试，电动风扇动作正常，散热器也不往冒气泡了，发动机也不过热了。

推测故障的原因是电动风扇不动作导致发动机过热，散热器的冷却液溢出。在夏天使用空调，电动风扇被强制运转，发动机一般不会过热，但是在冬天一般不使用空调，所以在寒冷的冬天发动机过热必须给予充分注意。

一、金属导电材料

常用金属中银、铜、铝的导电性较好，工业上常用铜、铝、银及其合金作为导电材料。

1. 铜及铜合金

纯铜具有高的导电性和导热性，塑性好，强度低，在大气、淡水及非氧化性液体酸中具有良好的耐蚀性，且无低温脆性，易于加工，便于焊接。纯铜是最早广泛应用的导电材料。

导电用铜合金有银铜、镉铜、铬铜、铍青铜等。

2. 铝及铝合金

铝的导电性稍次于银、铜，室温下其电导率约为铜的62%，但铝的相对密度小。

铝合金经强化，其强度比纯铝高，且保持了密度小、抗蚀性和导热性好等优点，电导率相对纯铝降低也很小。常用导电铝合金有铝镁合金、铝镁硅合金、铝锆合金和铝硅合金等。

3. 银及银合金

汽车电气设备上常用银及银合金作为电气开关重要触头的材料。银的优良导电性、导热性居导电金属之首，接触电阻低而稳定，抗高温氧化，加工性能好。由银粉、树脂及溶剂混合而成的导电银胶和由银或银合金微粒、玻璃料及树脂等构成的导电浆料是重要的导电材料。

二、复合导电金属

复合导电金属根据性能的不同分为高强度、高导电、高弹性、耐高温、耐腐蚀等类型。

高强度类复合导电金属主要有铝包钢线、铜包钢线、镀锡铜包钢线、铜包钢排等。高导电类复合导电金属主要有铜包铝线、铜包铝排等。

三、电碳导电材料

电碳导电材料在汽车电气设备中用于制作电动机的电刷、分电器盖中的碳棒、节气门位置传感器中的碳膜电阻、高压线中的导线接头等。

1. 电刷

电刷用在电动机的换向器或集电环上，如图9-2-1所示，作为导出或导入电流的滑动接触体，其主要作用是在电动机的固定部件和旋转部件之间传导电流。

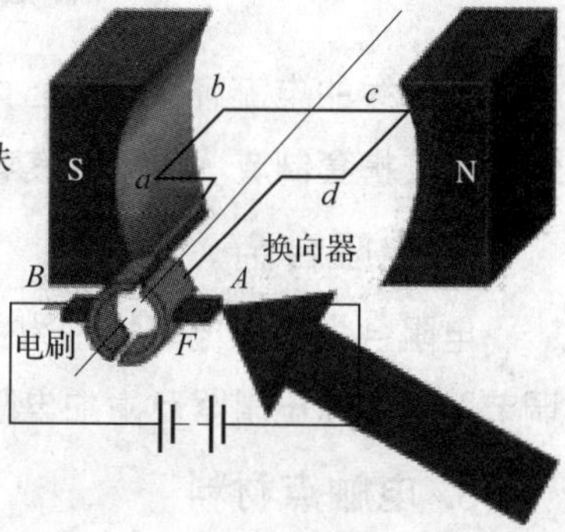

● 图 9-2-1　电动机中的电刷

2. 碳棒

碳棒在电碳导电材料中占有重要的份额，在汽车设备中常用于制作导电元件，如分电器盖的中心电极。碳棒是以石墨和煤焦沥青为主要原料，掺入少量焦炭粉和黏土等辅助原材料加工成形的。碳棒中石墨的含量高，则碳棒中碳的含量也高，碳棒的电导率也越高。

四、特殊导电材料

特殊导电材料不仅具有传导电流的功能，还具有高电阻、电热、电接触等特殊功能。汽车电气设备中常用的特殊导电材料有熔体材料、电阻合金、电触点材料、热双金属片材料、电热材料、弹性合金等。

1. 熔体材料

熔体是熔断器的主要组成部分，串联于电路中。当正常电流通过时，仅起导电作用；出现过电流时，在短时间内熔体产生的热量将使熔体自行熔断，使电路断路，从而起到保护线路和电气设备的目的。

在汽车电气设备中，熔体材料常用于制作熔断器、易熔线等。为防止电流过大而损坏电路，汽车电气设备的大部分电路中均设有熔断器或易熔线。

为便于选用和识别，熔断器外壳标有标称电流值，并分为多个档次，如 5 A、10 A、15 A 等，如图 9-2-2 所示。各档次有时用不同的颜色加以识别，如黄色为 5 A、蓝色为 10 A、红色为 15 A 等。选用时可按电路额定电流值的 1.5 倍选择熔断器的标称电流值。

图 9-2-2　汽车常用熔体材料（熔丝）

易熔线的电流容量比熔丝大，主要用于保护电源电路或大电流电路，由多股绞合线外套橡胶护套制成。为区别其容量，橡胶护套有不同的颜色。

2. 电阻合金

电阻合金是以电阻特性为主要特征的合金材料，在汽车电气设备中常用于制作电压调节器的加速电阻器及附加电阻器、燃油量传感器的可变电阻器等。

3. 电触点材料

两个带电部分连接在一起时，在接触处所用的材料即为电触点材料。它起着传递电流、接通或切断电路的作用。常用的触点材料有纯金属（纯银、细晶银、钨）、合金（银合金、金基合金、铂族合金、钨合金、银基复合触点材料、铜基复合触点材料）等。在汽车上用得最多的就是图 9–2–3 所示的各种继电器触点。

图 9–2–3　汽车常用电触点材料——继电器

4. 热双金属片材料

由热膨胀系数差异较大的两种金属（或合金）牢固结合而形成的组合材料即为热双金属片材料。其中热膨胀系数大的一层称为主动层，热膨胀系数小的一层称为被动层。当热双金属片受热时，主动层的自由膨胀长度大于被动层的自由膨胀长度，但由于两层金属被牢固地结合在一起，相互牵制，不能自由伸长，迫使双金属片弯曲，呈主动层凸起、被动层凹陷的圆弧形。

根据使用要求可将热双金属片做成不同的形状，以产生直线或转角位移，并在位移过程中产生一定的推力或力矩，从而起到控制作用。

5. 电热材料

电热材料是一种能将电能转变成热能的材料。根据使用特点，电热材料应具有较高的电阻率、较小的电阻温度系数、良好的抗氧化性能和加工性能及耐蚀性等。

6. 弹性合金

弹性合金是一种既具有一定的导电性又有良好弹性的材料。常用的弹性合金材料有高弹性合金、高温高弹性合金、恒弹性合金、耐腐蚀弹性合金等。

五、电磁线

电磁线是一种具有绝缘层的裸导线，常用以绕制电动机、电工仪表中的线圈或绕组。其作用是通以电流后产生磁场，或切割磁力线后产生电流，以实现电能与磁能的相互转换。

电磁线按线芯外形可分为圆线、扁线、带、箔等，按线芯材质可分为铜、铝线等，按绝缘层特性和用途可分为漆包线、绕包线、无机绝缘线和特种电磁线等。

1. 漆包线

漆包线是在导电线芯上涂覆绝缘漆后烘干而成的电磁线。其特点是漆膜薄且牢固，均匀光滑，有利于线圈的高速绕制和绝缘，如图 9–2–4 所示。

图 9–2–4　电磁线（漆包线）

按其长期使用温度及使用特点来分，漆包线分为普通漆包线（长期工作温度在 155 ℃以下）、耐高温漆包线（长期工作温度在 180 ℃以下）、特种漆包线。

按其导电线芯材料不同，漆包线分为铜漆包线、铝漆包线、锰铜漆包线、康铜漆包线等。按其外形分为圆线、扁线、方形线和空心线。

● 图 9–2–5 怠速电动机

现代汽车电气设备中大量使用了微型电动机，如电喷发动机怠速控制装置中的怠速电动机（见图 9–2–5）、防抱死制动系统压力调节器中的双向直流控制电动机、电控悬架装置中悬架控制执行器所用的步进电动机、电动后视镜结构中的直流电动机等，其中应用的就是特种漆包线。

2. 绕包线

用绝缘纸、玻璃丝、天然丝或合成树脂薄膜等绝缘物质紧密绕包在导电线芯（或漆包线芯）上而制成的电磁线，即为绕包线。与漆包线相比，绕包线的绝缘层较厚，电气性能更为优良，电流过载能力更强。

绕包线按其绝缘层的结构可分为纸包线、纤维绕包线、薄膜绕包线等。

3. 无机绝缘线

是用无机绝缘材料，如陶瓷、玻璃膜、氧化膜等作为绝缘层的电磁线。

4. 特种电磁线

是具有适用于特殊场合使用的绝缘结构及特性的电磁线，如中、高频绕组线，聚乙烯绝缘尼龙护套潜水电机绕组等。

5. 电磁线的选用

不同的电气产品对电磁线有不同的性能要求，选用时应考虑以下因素：电气性能、耐热等级与热性能、周围空间、力学性能、相溶性、环境条件及其他情况。

六、汽车常用电线电缆

汽车内部是一个十分复杂的小环境，存在着振动、摩擦、油污、高热、寒冷和电磁辐射等各种复杂条件，因而要求汽车所用电线、电缆除具有良好的导电性能和绝缘性能外，还应具有优良的力学性能及耐热、耐寒、耐磨、耐油和抗干扰等能力。图 9–2–6 所示为汽车发动机舱的管线。

1. 电线、电缆的性能

（1）导电性能

发动机在启动过程中，由蓄电池供给起动机的电流在 200 A 以上，要求导线的电

● 图 9–2–6 汽车发动机舱的管线

阻率几乎为零；为了满足汽车电控技术的发展，要求电线的电阻率小于 0.5 Ω·m。汽车常用电线、电缆的线芯常采用铜或铜合金。

（2）绝缘性能

现代汽油发动机点火系统二次绕组的电压较高，为 30 ~ 45 kV。在点火系统中工作的高压电气零件（如高压导线）则要求其绝缘材料具有较高的绝缘电阻。

（3）力学性能

当汽车行驶在不平路面上时，车身会产生振动，安装在车身上的电气元件相互间的位置也会发生微小的移动，因此，要求所用电线、电缆应具有一定的抗拉强度、伸长率、弹性等。

2. 电线、电缆的结构

汽车上常用的电线、电缆采用圆形导线结构，一般由导电线芯、绝缘层和护层组成。

七、半导体材料

导电能力介于导体与绝缘体之间的材料称为半导体。

1. 半导体材料的分类

半导体材料按化学成分分为元素半导体、化合物半导体、固溶体半导体、玻璃半导体和有机半导体。图 9-2-7 所示的汽车发电机中就应用了半导体器件。

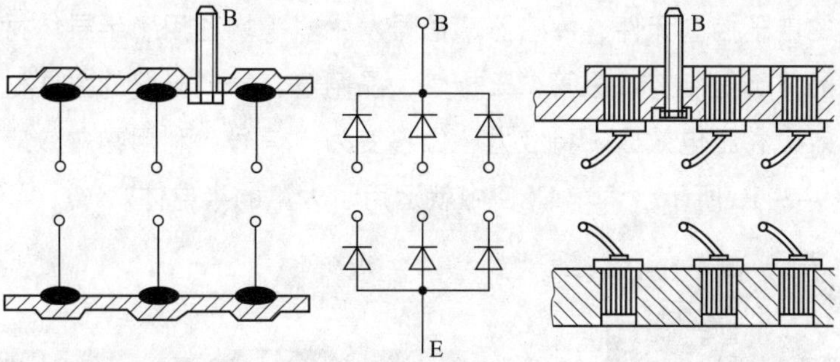

图 9-2-7　汽车发电机中的半导体器件（正负极板）

（1）元素半导体

由单一元素组成的半导体材料称为元素半导体，如硅、锗、硼、砷、锑、硒等。图 9-2-8 所示为常用的半导体材料。在当今的电子通信半导体市场中，有 95% 以上的半导体器件和 99% 以上的集成电路是用硅材料制作的。相对其他半导体材料而言，硅具有价格低廉、储量丰富、易于生成大尺寸高纯度晶体及热性能、力学性能优良等优点。

（2）化合物半导体

由两种或两种以上元素组成并具有半导体特性的化合物称为化合物半导体，如砷化镓、磷化镓、锑化铟以及金属氧化物、稀土金属氧化物等。

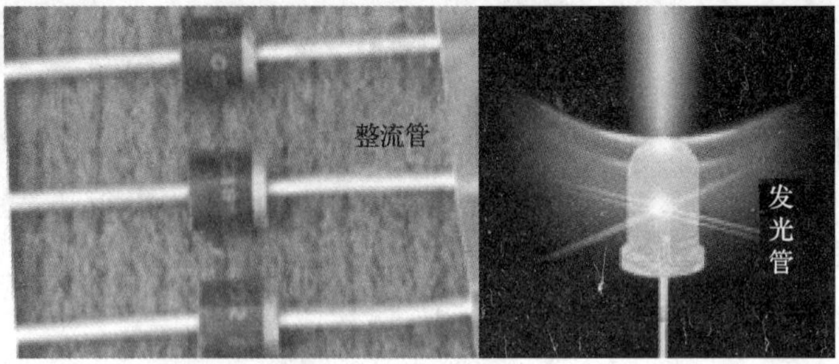

图 9-2-8　常用的半导体材料（二极管）

2. 半导体材料的导电性

半导体材料的导电性介于导体与绝缘体之间，导电类型分为电子导电和空穴导电两种，并可用掺入适量杂质的方法来实现两种导电类型的互换。半导体的导电性还与外界条件（温度、光照、电场、磁场等）有关。当环境温度升高时，其导电能力增强，根据此原理，将半导体材料做成了各种热敏元件。当半导体材料受到光照射时，导电能力变强；当无光照射时，它又变得像绝缘体一样不导电，根据此原理将半导体材料做成了各种光电元件。半导体材料在汽车电气元件及电控系统中得到了广泛的应用，图 9-2-9 所示为汽车常用半导体器件（影音器材）。

3. 半导体材料的应用

现代汽车的机电一体化离不开电子技术，汽车工业的迅速发展也离不开半导体材料。现代汽车的电子控制元件、传感器、信号发生器等均利用了半导体材料。例如，元素半导体中的晶体硅是制造二极管、三极管、晶闸管、集成电路的主要材料；利用半导体材料的电阻效应和压电效应，将应力、位移变为电信号；利用霍尔效应原理制成各种传感器。如图 9-2-10 所示，汽车 ECU 中就运用了大量的半导体。

图 9-2-9　汽车常用半导体器件（影音器材）

图 9-2-10　汽车常用半导体器件（ECU）

想一想

什么是LED灯？它是用什么材料做成的？能用在汽车上吗？

思考与练习

1. 金属导电材料分为哪几种？各种金属导电材料都有什么特点？
2. 汽车上都有哪些部件用到了半导体材料？

§9—3　电池及其他电工材料

学习目标

1. 认识常见动力电池及其所用的材料。
2. 了解汽车中用到的磁性材料及其选用方法。
3. 熟悉锡焊的方法。

在汽车电工材料中，除了前面介绍的导电材料、绝缘材料、半导体材料以外，还有电池、磁性材料和一些辅助性的材料。

案例链接

一辆北京吉普越野车在行驶中一按喇叭，发动机立即熄火。经检查发现，是蓄电池至点火开关间的熔丝烧断导致的。换上新熔丝再按喇叭，发动机又熄火，熔丝又随之烧断。

1. 案例分析

北京吉普越野车喇叭继电器和点火系的供电电路经过同一组熔丝。上述现象说明喇叭继电器或喇叭电路存在搭铁故障。为判断两者究竟是哪一个搭铁，可将喇叭至喇叭继电器接线柱上的导线拆下，再按喇叭按钮，结果熔丝又烧断了。拆开喇叭继电器外壳检查，没有搭铁现象。故断定喇叭继电器线圈电路有问题。

该继电器线圈并联一只二极管，以消除感应电动势。为断定是二极管击穿还是线圈搭铁，可先将二极管焊接头断开，再按喇叭按钮，结果熔丝不再烧断。接上喇叭线后按按钮，喇叭响，说明二极管击穿短路。换上新二极管，故障排除。

2. 故障原因

当该二极管击穿后，按下喇叭按钮，电源火线供给继电器线圈的电流不再经过线圈和按钮触点搭铁，而是直接通过击穿的二极管和按钮搭铁，形成短路，所以出现烧断熔丝导致点火系断电熄火现象。

一、电池

根据国家转变经济增长方式、实行低碳经济政策的总体要求，新能源汽车由于其节能减排的显著特征，已经被确定作为战略新兴产业予以优先发展。目前，动力电池是影响新能源汽车产业发展的最关键因素之一，众多厂商和研究机构正在全力开发各种高性能动力电池及电池材料。

随着现代高新技术的迅猛发展，电源技术进入到一个新的快速发展时期。传统化学电源如锌锰电池和铅酸蓄电池等不断更新换代，性能得到长足进步，传统电池产业表现出了长盛不衰的发展势头；新型化学电源如金属氢化物镍电池、锂离子电池、燃料电池等绿色、高能电池相继问世，并以前所未有的速度迅速发展起来。一个新型化学电源的时代已经到来。

1. 铅酸电池

铅酸电池（VRLA）是一种电极主要由铅及其氧化物制成，电解液是硫酸溶液的蓄电池。

其特点有：原料价格低廉、高倍率放电性能好、高低温性能好（可在 −40 ~ 60 ℃范围内工作）、使用寿命长、无记忆效应、废旧电池易回收；缺点是比能量低，使用寿命没有镉镍电池和锂离子电池长；制造过程易造成铅环境污染。铅酸电池材料主要应用于备用电源、通信设备、汽车及摩托车启动、点火、照明等领域。

2. 镍氢电池

镍氢电池利用储氢合金的氢气吸收、释放反应的电化学可逆性，以氢氧化镍作为正极，以储氢合金作为负极，并使用碱性水溶液作为电解液，可分为高压镍氢电池和低压镍氢电池两大类。

其特点有：高压镍氢电池具有较高的比能量、使用寿命长、耐过充过放、可通过氢压来指示电池荷电状态等，主要应用于空间技术中。低压镍氢电池能量密度高，是镍镉电池的 1.5 倍；无记忆效应，循环使用寿命长；可大电流放电，承受过充电、过放电能力强；无污染，为绿色环保电池。主要应用在民用通信电源及各种便携式设备电源、电动工具、动力电源等小型绿色电源中，以替代镉镍电池。

3. 锂离子电池

锂离子电池是分别用两个能可逆地嵌入与脱嵌锂离子的化合物作为正负极构成的二

次电池。人们将这种靠锂离子在正负极之间的转移来完成电池充放电工作的锂离子电池形象地称为“摇椅式电池”，俗称“锂电池”。根据锂离子电池所用电解质材料不同，锂离子电池可以分为液态锂离子电池和聚合物锂离子电池。

其特点有：其高能量密度为镍镉电池的三倍、镍氢电池的两倍；在 -20 ~ 60 ℃的温度范围内工作，低温下的工作性能优于其他电池；没有记忆效应，无须定期放电，最理想的保存方式就是在充电 40% 后冷藏保存，可以保存十年之久；自放电率低；具有长循环使用寿命；无重金属，无污染，环保。主要应用在手机、电动自行车、电动汽车等领域。

知识链接

锂离子电池成本构成

组成材料分类	正极材料	负极材料	电解液	隔膜	其他
所占成本比例 / %	40 ~ 46	5 ~ 15	5 ~ 11	10 ~ 14	18 ~ 36

4. 燃料电池

燃料电池是等温地将燃料和氧化剂中的化学能直接转化为电能的一种电化学发电装置。燃料电池发电效率高达 75%（火力发电效率约 35%）。以氢气和氧气作为燃料的氢 - 氧燃料电池常作为太空船的能源，最后生成水，成为太空中所需的日常用水，不会造成环境污染。燃料电池还具有无噪声、用途多、免充电、燃料来源极广等特点，只要是含有氢原子的石化能源，通过一个转换器，都可作为燃料电池的能源进料。因此，燃料电池材料被认为是 21 世纪新一代的发电技术。

5. 太阳能电池

太阳能电池利用光电转换原理使太阳的辐射光通过半导体物质转变为电能，这种光电转换过程通常称为光生伏打效应，因此，太阳能电池又称为光伏电池，太阳能电池结构原理如图 9-3-1 所示。

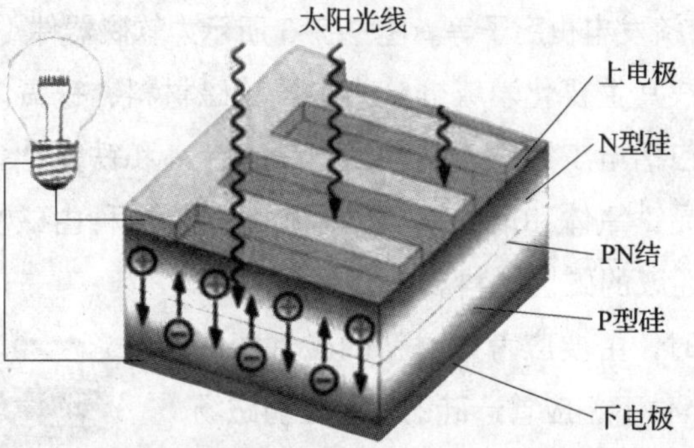

图 9-3-1　太阳能电池结构原理

图 9–3–2 所示为太阳能电池根据所用材料进行的分类。

太阳能电池根据所用材料分类
- 硅系太阳能电池
  - 单晶硅太阳能电池
  - 多晶硅薄膜太阳能电池
  - 非晶硅薄膜太阳能电池
- 多元化合物薄膜太阳能电池
  - 砷化镓Ⅲ–Ⅴ化合物
  - 碲化镉
  - 铜铟硒
- 聚合物多层修饰电极型电池
- 纳米晶化学太阳能电池

图 9–3–2 太阳能电池根据所用材料进行的分类

太阳能极其丰富，几乎是无限的能源，太阳每 30 min 辐照到地球上的能量就足够全世界人类使用一年。太阳能为绿色环保能源，目前，其主要应用于光伏电站、通信、石油、海洋、气象、户外产品等领域中。

二、磁性材料

磁性是物质的基本属性之一。物质的磁性与其他属性之间存在着广泛的联系，并构成了多种多样的交叉耦合效应和双重效应，如磁电效应、磁光效应、磁热效应和磁声效应等。随着汽车技术的不断发展，体积小、质量轻、节能、环保、舒适和美观、个性化等已成为大众化的要求，对于汽车零部件则要求其尺寸、质量和性能之间的协调一致。要满足上述要求，在汽车上采用高性能的磁性材料已成为必然趋势。

现代汽车已有百余处采用了磁性材料，可以说，磁性材料覆盖了汽车的整个系统。磁性材料按其特性与应用范围分为软磁材料、硬磁材料和特殊性能用磁性材料。

1. 软磁材料

软磁材料是一种自身不具有吸力但易被磁化也易于去磁的磁性材料，具有较高磁导率、较低剩磁和矫顽力，磁滞现象较轻。其广泛应用于交变磁场条件下工作的各种设备的铁芯，如点火线圈的铁芯、交流发电机定子等。图 9–3–3 所示为软磁器件（电动机转子）。

常用的软磁材料按其主要化学成分分为金属软磁材料、铁氧体软磁材料和磁介质三大类。金属软磁材料包括电工纯铁、硅钢片、铁镍合金和铁铝合金等；铁氧体软磁材料包括多晶铁氧体、单晶铁氧体和取向铁氧体；磁介质是一种由磁性粉末和有机绝缘胶合成剂混合加热后模压而成的磁性材料。

在选用软磁材料时，主要应考虑材料的磁性能和价格因素。在强磁场条件下，应首选硅钢片；在弱磁场条件下，常选用各种铁镍合金或铁铝合金；在高频条件下，一般应选用铁氧体软磁材料。

图 9–3–3 软磁器件（电动机转子）

2. 硬磁材料

硬磁材料又称永磁材料或恒磁材料，其自身具有吸力，是矫顽力大于 20 kA/m 的磁性材料。此类材料是经强磁场饱和磁化后制成的，具有较高的剩磁和矫顽力以及宽大的磁滞回线，并能在较长时间内保持强而稳定的磁性，因而被广泛应用于现代汽车上。目前，汽车上用量最大的是电动机、执行器和传感器等，如图 9-3-4 所示。

硬磁材料的种类很多，目前应用广泛的硬磁材料大致可分为金属硬磁材料、铁氧体硬磁材料、复合硬磁材料及半硬磁材料。其中，金属硬磁材料包括铝镍钴系永磁合金、铁氧体永磁材料、稀土永磁材料和塑性变形硬磁材料。图 9-3-5 所示为扬声器中的硬磁材料。

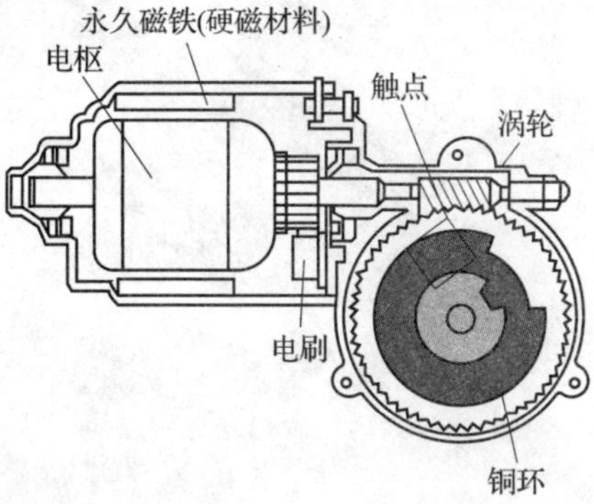

● 图 9-3-4　汽车刮水器电动机中的硬磁材料

● 图 9-3-5　扬声器中的硬磁材料

3. 特殊性能用磁性材料

主要有磁致伸缩材料、磁记录材料、磁电阻材料、磁泡材料、磁光材料、旋磁材料以及磁性薄膜材料等。

三、锡焊材料

锡焊是连接金属零件的一种方法。它利用比母材（基体材料）熔点低的焊锡作为中间介质，将其与被连接件一起加热到稍高于焊锡的熔化温度后，使焊锡熔化并填满被连接件的间隙，冷凝后即形成牢固的接头，且将零件连接起来。

锡焊所用到的材料有焊料、助焊剂和阻焊剂。

1. 焊料

焊料的作用是将被焊物连接在一起。锡焊的焊料是锡与铅的合金，锡能与多种金属反应，形成金属化合物，但其金属化合物很脆。为改变其不足，在锡中加入铅，构成锡铅合金，俗称焊锡。焊锡具有良好的导电性和抗腐蚀性，强度较高，附着力强。

焊锡按产品形式可分为：无焊剂芯的丝材、棒材、扁带和三角条；有松香焊剂芯的焊管（也称松香焊剂丝）；在松香芯中加入活性剂的活性焊锡丝。常用焊锡丝如图 9-3-6 所示。

2. 助焊剂

由于金属表面在空气中会产生氧化层，在进行焊接时，为能使被焊物与焊料焊接牢固，必须采取措施将氧化物和杂质清除干净。

助焊剂的作用是清除金属表面的氧化物及各种污物，使被焊物表面保持清洁。同时，助焊剂还起到了加速热量传递、润湿焊点、帮助焊料流动、防止焊接面氧化的作用。

常用的助焊剂有无机助焊剂、有机助焊剂和松香、酒精助焊剂，松香、酒精助焊剂无腐蚀性，常用于电子电路的焊接。常用助焊剂松香如图 9–3–7 所示。为增加焊剂的助焊性，常添加一定量的活性剂。常用的活性剂有氯化锌、氯化铵、水杨酸、溴化水杨酸等。

图 9–3–6　常用焊锡丝

图 9–3–7　常用助焊剂松香

3. 阻焊剂

在自动化焊接过程中，焊点之间常会发生短路现象，如果在需要焊接的部位涂上阻焊剂，就可避免此种现象的发生。

阻焊剂的作用是在对印制电路板进行焊接时，抑制导线间的桥接和焊点之间的短路现象。常用阻焊剂有光固化型和热固化型两类。

4. 锡焊方法

焊接方法种类繁多，目前广泛应用的焊接方法主要有火焰焊接、电阻焊接、感应焊接、电烙铁焊接以及炉中焊接等。在汽车电工维修中，最常用的是电烙铁焊接。

汽车组合式仪表是采用印制电路板将各仪表机芯经电气连接而成。在电气连接中，锡焊因投入少、成本低、操作简单、拆装方便等优点而被广泛应用。

想一想

为什么有些人用焊锡焊接不了铜导线？原因是什么？用焊锡能焊接铝导线吗？为什么？

思考与练习

1. 动力电池都有哪几种？锂离子电池的优点有哪些？
2. 磁性材料都有哪几种？各种磁性材料都有什么特性？